信阳师范学院商学院 学术文库

ZHONGGUO ZHANLUEXING XINXING CHANYE
FAZHAN PINGJIA YU LUJING XUANZE YANJIU

中国战略性新兴产业发展评价与路径选择研究

曹江宁 ◎ 著

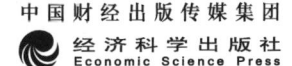

中国财经出版传媒集团
经济科学出版社
Economic Science Press

图书在版编目（CIP）数据

中国战略性新兴产业发展评价与路径选择研究/曹江宁著.—北京：经济科学出版社，2019.8
ISBN 978-7-5218-0769-1

Ⅰ.①中⋯ Ⅱ.①曹⋯ Ⅲ.①新兴产业-产业发展-研究-中国 Ⅳ.①F269.24

中国版本图书馆 CIP 数据核字（2019）第 168168 号

责任编辑：顾瑞兰
责任校对：齐　杰
责任印制：邱　天

中国战略性新兴产业发展评价与路径选择研究
曹江宁　著
经济科学出版社出版、发行　新华书店经销
社址：北京市海淀区阜成路甲 28 号　邮编：100142
总编部电话：010-88191217　发行部电话：010-88191522
网址：www.esp.com.cn
电子邮件：esp_bj@163.com
天猫网店：经济科学出版社旗舰店
网址：http://jjkxcbs.tmall.com
北京财经印刷厂印装
710×1000　16 开　13 印张　200 000 字
2019 年 8 月第 1 版　2019 年 8 月第 1 次印刷
ISBN 978-7-5218-0769-1　定价：58.00 元
（图书出现印装问题，本社负责调换。电话：010-88191510）
（版权所有　侵权必究　打击盗版　举报热线：010-88191661
QQ：2242791300　营销中心电话：010-88191537
电子邮箱：dbts@esp.com.cn）

总 序

商学院作为我校 2016 年成立的院系，已经表现出了良好的发展潜力和势头，令人欣慰、令人振奋。办学定位准确，发展思路清晰，尤其在教学科研和学科建设上成效显著，此次在郑云院长的倡导下，拟特别资助出版的《信阳师范学院商学院学术文库》，值得庆贺，值得期待！

商学院始于我校 1993 年的经济管理学科建设。从最初的经济系到 2001 年的经济管理学院、2012 年的经济与工商管理学院，发展为 2016 年组建的商学院，筚路蓝缕、栉风沐雨，凝结着教职员工的心血与汗水，昭示着商学院瑰丽的明天和灿烂的未来。商学院目前拥有河南省教育厅人文社科重点研究基地——大别山区经济社会发展研究中心、理论经济学一级学科硕士学位授权点、工商管理一级学科硕士学位授权点、理论经济学河南省重点学科、应用经济学河南省重点学科、理论经济学校级博士点培育学科、经济学河南省特色专业、会计学河南省专业综合改革试点等众多科研平台与教学质量工程，教学质量过硬，科研实力厚实，学科特色鲜明，培养出了一批适应社会发展需要的优秀人才。

美国是世界近现代商科高等教育的发祥地，宾夕法利亚大学沃顿于 1881 年创建的商学院是世界上第一所商学院，我国复旦公学创立后在 1917 年开设了商科。改革开放后，我国大学的商学院雨后春笋般成立，取得了可喜的研究成果，但与国外相比，还存在明显不足。我校商学院无论是与国外大学相比还是与国内大学相比，都是"小学生"，还处于起步发展阶段。《信阳师范学院商学院学术文库》是起点，是开始，前方有更长的路需要我们一起走过，未来有更多的目标需要我们一道实现。希望商学院因势而谋、应势而动、顺势而为，进一步牢固树立"学术兴院、科研强院"的奋斗目标，走内涵式发展之路，形成一系列有影响力的研究成果，在省内高校起带头示范作用；进一步推出学术精品、打造学术团队、凝练学术方向、培育学术特色、发挥学术优势，尤其是培养一批仍处于"成长期"的中青年学术骨干，持续提升学院发展后劲并更好服务地方社会，为我校实现高质量、内涵式、跨越式发展，建设更加开放、充满活力、勇于创新的高水平师范大学的宏伟蓝图贡献力量！

"吾心信其可行，则移山填海之难，终有成功之日；吾心信其不可行，则反掌折枝之易，亦无收效之期也。"习近平总书记指出，创新之道，唯在得人。得人之要，必广其途以储之。我们希望商学院加快形成有利于人才成长的培养机制、有利于人尽其才的使用机制、有利于竞相成长各展其能的激励机制、有利于各类人才脱颖而出的竞争机制，培植好人才成长的沃土，让人才根系更加发达，一茬接一茬茁壮成长。《信阳师范学院商学院学术文库》是一个美好的开始，更多的人才加入其中，必将根深叶茂、硕果累累！

让我们共同期待！

前　言

当今世界新技术、新产业迅猛发展，孕育着新一轮的产业革命，全球产业格局和国际分工体系正在发生深刻变化。2008年金融危机以后，世界各国对经济危机的反思日益深刻，主要发达国家纷纷调整和优化经济发展战略，回归实体经济，积极培育和发展战略性新兴产业，以抢先占领未来经济领域竞争的制高点，继续保持在新一轮国际产业分工中的优势地位。随着经济全球化进程的不断深化，科技创新已成为国际竞争的主要内容，新兴经济体也纷纷出台发展战略和举措，努力实现向国际产业价值链高端的跃升。主要国家在经济领域的最新举措表明，发展战略性新兴产业已成为各国获取国际竞争新优势，掌握下一轮经济发展主动权的必然选择。

随着中国劳动力成本的持续上升，人口红利逐渐消失，资本边际收益递减，经济进入新常态，经济潜在增长水平出现回落。与此同时，中国承接国际产业转移步伐放缓，经济有效需求不足日益显现，产能过剩问题日益突出，加之经济发展正处于结构调整和转型升级的关键时期，因此，顺应信息化、工业化深度融合和"互联网+"的发展趋势，发展战略性新兴产业是中国实现"中国制造2025"，完成产业质态提升，提高国际竞争力的必然选择，更是中国经济发展阶段的内在要求。本书通过分析和评价中国战略性新兴产业发展现实，借鉴主要国家战略性新兴产业发展经验，提出发展我国战略性新兴产业的基本路径和对策建议。本书所做的主要研究工作和研究结论包括以下几个方面。

（1）重新梳理战略性新兴产业内涵特性与相关理论支撑。分析战略性新兴产业与基础产业、战略性产业、新兴产业、主导产业的内涵、区别及内在联系。认为战略性新兴产业具有竞争性、带动性、创新性、发展性和碳减性的鲜明特征，为对中国战略性新兴产业发展进行实证分析提供理论依据。本书以产业经济学、区域经济学等有关理论为基础，明确了以产业相关理论、产业创新理论、发展潜力理论、产业竞争理论、创新发展理论、不平衡发展理论、产业保护理论、市场竞争理论与政府干预理论为主要依据。

（2）系统分析主要国家发展战略性新兴产业的主要举措。发达国家扩大重点领域的产业布局，培育和发展新兴产业，力图抢占新一轮经济增长战略制高点；新兴经济体立足本国优势和特殊资源禀赋，采取重点赶超战略，力图保持未来经济持续增长，从根本上改变国际产业竞争格局。在分析发达国家、新兴经济体战略性新兴产业选择的基础上，重点对英国的"高价值制造"、美国的"再工业化"、德国的"工业4.0"、日本的"新成长战略"、印度的信息产业、俄罗斯的"新型工业化"、巴西的新能源产业、韩国的"未来增长动力落实计划"发展状况进行深入剖析，总结归纳主要国家发展战略性新兴产业的启示，即把握产业发展规律和趋势，制定有效的产业政策，推进信息化和工业化深度融合，加强标准规范制定和推广，推动产学研与行业组织合作，促进持续的技术创新，推进产业集群和集聚发展，构建多方参与的投融资体系，加大市场培育力度，为中国发展战略性新兴产业提供方向和有益借鉴。

（3）全面分析中国战略性新兴产业发展现实和发展制约。在分析中国战略性新兴产业发展必要性、提出背景、产业范畴基础上，从产业规模、产业政策、产业布局、产业结构与国际贸易五个维度反映中国战略性新兴产业发展现实。结果显示：在产业规模上，近年中国战略性新兴产业发展迅速，部分领域已居世界前列；在产业政策上，我国通过产业规划、财政政策、税收政策等手段有效促进了战略性新兴产业发展；在产业布局上，中国战略性新兴产业初步呈现"东强西弱"和产业集群两大趋势；在产业结构上，大型企业和内资企业是中国战略性新兴产业发展的主体；在国际贸易上，中国高新技术产品的国际竞争力不断提升，但出口创汇能力仍需进一步加强。分析中国战略性新兴产业发展面临的机遇和挑战，主要机遇是产业发展环境与产业政策逐步完善，战略性新兴产业发展需求巨大，国家战略的出台和推动为发展战略性新兴产业提供了难得机遇。主要挑战是战略性新兴产业自身发展的不确定性，高端领域的国际竞争日益激烈，工业经济发展的矛盾日益突出。根据要素禀赋状况，对制约中国战略性新兴产业发展的主要因素进行深入分析，指出投入制约、技术制约、制度制约、市场制约和产业链制约是制约中国战略性新兴产业发展的主要因素。

（4）对中国战略性新兴产业发展现实进行实证分析。本书建立了以产业竞争力、产业带动力、产业创新力、产业发展力、产业碳减力为一级指标，包涵16个二级指标的评价指标体系，采用层次分析法对中国2013年五大战略性新兴产业发展情况进行实证分析，结果显示，目前中国五大战略性新兴产业发展优劣情况依次排序为新一代信息技术产业、生物产业、高端装备制造业、新材料产业、新能源产业。选取 2009~2013 年中国五大战略性新兴产业相关数据，对中国战略性新兴产业发展态势进行动态评价，结果显示，五大战略性新兴产业中生物产业发展态势最好，其次是高端装备制造业、新一代信息技术产业、新材料产业发展态势一般，新能源产业发展态势较差。

（5）提出中国发展战略性新兴产业的路径选择及保障机制。本书提出，发展战略性新兴产业必须处理好四个关系，即处理好存量与增量的关系，处理好政府与市场的关系，处理好中央与地方的关系，处理好短期与长期的关系。提出发展战略性新兴产业的路径选择，即在产业培育上，选择传统产业与新兴产业协同发展；在发展动力上，选择政府机制与市场作用共同推进；在集聚模式上，选择外源型与内源型共同发展；在发展布局上，选择总体非均衡与局部均衡发展。提出战略性新兴产业发展路径的保障机制：构建和完善产业政策保障体系，明确和优化区域空间产业体系，培育和建设有效的市场供求体系，建立健全多层次资本市场体系，构建和完善产业技术创新体系。

曹江宁
2019 年 5 月

目 录

第1章 导 论 ……………………………………………………… (1)
  1.1 研究背景和意义 ………………………………………… (1)
  1.2 国内外研究综述 ………………………………………… (6)
  1.3 研究思路与主要框架 …………………………………… (25)
  1.4 研究方法与创新之处 …………………………………… (27)

第2章 发展战略性新兴产业的理论依据 ……………………… (29)
  2.1 相关概念分析 …………………………………………… (29)
  2.2 产业选择与评价理论 …………………………………… (31)
  2.3 产业发展与演进理论 …………………………………… (35)
  2.4 市场竞争与政府干预 …………………………………… (40)

第3章 发达国家战略性新兴产业发展经验与借鉴 …………… (42)
  3.1 发达国家的战略性新兴产业 …………………………… (42)
  3.2 发达国家产业发展战略与主要举措 …………………… (44)
  3.3 发达国家发展战略性新兴产业的启示 ………………… (50)

第4章 新兴经济体战略性新兴产业发展经验与借鉴 ………… (54)
  4.1 新兴经济体战略性新兴产业 …………………………… (54)
  4.2 新兴经济体产业发展战略与主要举措 ………………… (55)
  4.3 新兴经济体发展战略性新兴产业的启示 ……………… (61)

第5章 中国战略性新兴产业发展现状分析 …………………… (64)
  5.1 中国战略性新兴产业发展背景 ………………………… (64)
  5.2 中国战略性新兴产业发展现状 ………………………… (68)

第6章 中国战略性新兴产业发展面临的机遇和挑战 ………… (93)
  6.1 战略性新兴产业发展面临的机遇 ……………………… (93)
  6.2 战略性新兴产业发展面对的挑战 ……………………… (94)
  6.3 制约中国战略性新兴产业发展的主要因素 …………… (95)

第 7 章	战略性新兴产业评价体系构建	(102)
7.1	战略性新兴产业评价内容	(102)
7.2	战略性新兴产业评价指标体系	(103)
7.3	战略性新兴产业评价框架	(109)
第 8 章	中国战略性新兴产业发展评价	(116)
8.1	数据来源与处理	(116)
8.2	中国战略性新兴产业分类评价	(117)
8.3	中国战略性新兴产业发展综合评价	(122)
8.4	中国战略性新兴产业发展动态评价	(126)
第 9 章	中国发展战略性新兴产业的路径选择	(131)
9.1	发展战略性新兴产业必须处理好四个关系	(131)
9.2	在产业培育上，选择传统产业与新兴产业协同发展	(135)
9.3	在发展动力上，选择政府机制与市场作用共同推进	(137)
9.4	在集聚模式上，选择外源型与内源型共同发展	(138)
9.5	在发展布局上，选择总体非均衡与局部均衡发展	(139)
第 10 章	中国战略性新兴产业发展路径保障机制	(141)
10.1	构建和完善产业政策保障体系	(141)
10.2	明确和优化区域空间产业体系	(144)
10.3	培育建设有效的市场供求体系	(145)
10.4	建立健全多层次资本市场体系	(150)
10.5	构建和完善产业技术创新体系	(152)
结论		(156)
附录		(158)
参考文献		(168)
后记		(194)

第1章

导　论

本章主要从研究的基点出发，在总结国内外研究现状的基础上，发现和细化研究的空间。阐述研究的背景、意义、思路、框架、方法与研究的创新之处，既是本书的引言，又是对本书的鸟瞰。

1.1 研究背景和意义

本节主要从国际、国内两个背景，理论、现实两个意义讨论本书研究的必要性和重要性，阐述问题的提出。

1.1.1 研究背景

当今世界，新一轮科技革命与产业革命在全球范围内初露端倪，主要国家纷纷展开布局，研究制定新兴产业的发展战略，以把握新一轮世界科技革命和产业革命的历史机遇，抢占未来竞争制高点。从国内情况看，近年来，工业经济增长步伐放缓，吸引和承接国际产业转移步伐放缓，对外直接投资快速增长，国内有效供给与有效需求不足，产能过剩问题日益突出，产业结构升级需求日益迫切。

1.1.1.1 国际背景

新一轮的科技革命方兴未艾。历史经验表明，全球每一次重大的经济危机之后都会产生新的科技进步，出现新的产业形态，进而实现产业革命，培育出新的经济增长极。科技的发展水平是经济发展水平和社会进步程度的重要体现和重要标志。当今世界以信息技术、自动化技术、生物技术、新能源技术、航天技术等为代表的先进适用技术，在主要国家逐渐兴起并发展，出现了新一轮技术革命的趋势，为新兴产业以及战略性新兴产业的发展奠定了坚实的技术基础。

主要国家纷纷提出新一轮经济发展战略。2008年发生的国际金融危机影响了世界产业结构变动，促使美、日、德等工业强国，甚至英、法等传统的工业强国重新反思制造业在国民经济中的战略作用，并以更加积极的政策推动先进制造业发展，例如，美国政府提出"先进制造业国家战略计划"，德国提出"工业4.0计划"，欧盟提出"未来工厂计划"，等等，以刺激产业内部的结构调整，从而达到提升相关产业竞争力的目的。同时，发达国家更加注重科技创新并促使其产业化，特别是以生物科技、新能源等为代表的高精尖技术产业，力图在全球范围内形成强大的综合竞争优势。

经济全球化进程不断深化。贸易自由化、投资自由化的兴起，市场经济得到世界主要国家的认同，信息技术、电子技术、航空航天技术等高新技术的深入发展，以及跨国公司这一世界性生产方式的不断扩张，为加快经济全球化发展步伐奠定了坚实的制度、技术和组织保障，也导致全球经济体系、投资方式及国际分工出现明显变化。经济全球化的持续深入发展促使国际分工体系不断深化改革，为主要国家优化产业结构提供了世界性的市场和发展空间。在经济全球化背景下，如何广泛占有、使用和支配全球信息和知识资源，发展战略性新兴产业是世界经济的发展方向。

全球产业格局发生深刻变化。当前，全球产业格局正在发生明显变化，一是新的产业形态不断涌现。近年来，全球范围内新的产业形态不断出现，在信息技术、节能环保、生物医药等技术领域出现了持续的科技创新，世界各国利用新兴技术深入发展实体经济，拓展新兴产业，逐渐形成了信息产业、节能环保产业与生物产业等新兴产业体系和新的经济增长点。二是新兴经济体力图向全球产业链顶端跃升。近年来，新兴经济体尤其是金砖国家经济发展迅速，依托自身的资源禀赋优势积极开展国际产业转移，经济增长速度较快，经济实力不断提升。但就目前来看，新兴经济体在目前的国际竞争中仍处于劣势地位，产业链条也仍处于加工等低级环节。创新是一国经济增长的持续动力，新兴经济体唯有不断发展新兴产业，持续推动技术创新和产业升级，才能实现先进技术领域的跃升，提高本国的国际地位和在产业分工中的位置，新兴产业的出现和发展为新兴经济体实现价值链跃升提供了良好机遇。

科技创新已成为国际竞争的主要内容。经历了金融危机的考验，发达国家和新兴经济体均认识到只有在科技创新领域开展持续创新，不断产生新的经济增长动力，才能保持竞争优势。因此，在全球科技竞争日益激烈的形势下，主要国家纷纷出台政策明确技术发展方向，提高产品研发能力，提升本国竞争优势。主要国家致力于推动经济领域的持续创新，大力发展新兴高端产业领域，并根据本国的技术优势，在未来发展的高端竞争领域寻求突破，以求在国际产业竞争中继续处于优势地位。

低碳经济已成为世界经济的发展方向。战略性新兴产业与低碳经济是相辅相成的，战略性新兴产业的发展可以提升低碳经济的发展水平，低碳技术的提高又推进了战略性新兴产业的不断优化。近年来，世界主要国家纷纷聚焦低碳经济，将其作为国家经济发展的重要战略支撑，美国、欧盟和日本出台的诸多经济政策、产业政策均与建设低碳经济体系相关，低碳经济的持续发展正在催生新的战略性新兴产业的形成，低碳经济和低碳技术的发展已成为战略性新兴产业发展的重要推动力。

从国际环境来看，世界各国都在努力寻找推动下一轮经济增长的新引擎，主要国家基于竞争优势，纷纷制定新兴产业发展战略和规划，采取诸多措施培育和发展先进信息技术、节能环保、生物医药、先进制造等战略性新兴产业，力图在国际产业竞争和国际产业体系中处于优势地位。

1.1.1.2 国内背景

当前，中国经济有效供给与有效需求不足问题已经初步显现，工业经济增长和承接国际产业转移步伐放缓，产能过剩问题日益突出，加之中国长期存在的资源禀赋不足与产业结构调整压力，经济发展内部矛盾日益显现。

有效供给与有效需求不足。需求方面，一是中国对外贸易尤其是出口增速由于国际市场需求等短期因素、利率和国内要素成本等长期因素出现下降。二是决定消费水平的分配体系、收入水平等因素尚未发生根本变化，消费领域对经济发展的推动作用相对有限。供给方面，一是国内主要投资领域将由于基础设施和房地产投资的不可持续性，制造业投资产能过剩而出现下降。二是当前资本投入是经济增长的主要来源，TFP增长对经济拉动贡献相对较小。但资本的边际产出已呈现递减趋势，中国经济增长主要依靠要素投入、创新驱动不足的特征也将导致有效供给不足。

工业经济增长步伐放缓。当前，工业经济劳动力成本不断上升，对外贸易领域的竞争日益激烈，工业自身投资边际产出下降，加之工业经济增长动力由投资向消费相对转变，城市化进程步伐放缓，工业增速出现下降，持续十年左右的重化工业高速增长周期基本结束。另外，从产业结构的发展趋势来看，中国产业结构将呈现"三、二、一"的长期趋势，第三产业在国民经济中的比重上涨的空间仍然较大，而且从近年经济发展实际来看，劳动密集型的服务业比工业增长更快，工业经济发展的步伐放缓不可避免。

产能过剩问题日益突出。目前，中国经济处于新常态，市场需求持续不足，导致第二产业尤其是重化工业的产能过剩现象日益突出，企业淘汰产能的压力增大，亏损和资金链断裂问题可能恶化。国家发改委数据显示，中国现有的24个主要工业领域中，已经有19个领域出现程度不同的产能过剩问题，其中，钢材生产领域过剩达40%，电解铝达58.4%。[1] 有研究显示，当经济增速下降到7%以下时，将有大约40%的企业处于亏损状态。[2] 由于中国利率水平缺乏市场调节弹性，在经济增速放缓、企业效益恶化时，商业银行往往通过控制信贷规模来控制风险，从而会进一步加大工业企业内部和企业之间资金流断裂的风险，而缺乏实物资产抵押和融资能力的中小企业受到的影响更加严重，中小企业"倒闭潮"风险可能会加大。

吸引和承接国际产业转移步伐放缓。从国际上看，在新一轮产业革命推动下，发达国家纷纷提出"再工业化"战略，力图通过生产的智能化和自动化提升已有的生产体系，促进先进制造业回流。与此同时，南美与东南亚国家不断加强国际引资力度，以本国的劳动力优势承接国际产业转移，出现对中国产业转移的替代。例如，泰国的制造业劳动生产率与中国大致相当，但人均工资水平却显著低于中国。从国内看，由于中国经济增长速度持续放缓，国内的主要投资需求出现下降，这就必然导致国际直接投资的不断下降。

对外直接投资快速增长。当前，中国制造业"走出去"步伐日益加快，特别是2008年国际金融危机之后，中国对外直接投资的速度明显提升。2013年，中国对外投资实现历史最高水平的1 010亿美元，成为美、日之后的全球第三大对外投资国。[3] 究其原因，一是由于中国现有的技术跟随战略空间越来越小，国内技术水平与发达国家的差距进一步缩小，吸收发达国家先进技术的难度增大，必然导致越来越多的国内企业走出去，投资发达国家市场，以尽快整合和利用先进技术资源。二是随着国内企业对先进技术的需求越来越高，产业转型升级的动

---

[1] 李平，等．提升竞争力与结构转型是化解过剩产能的重要方式［N］．东方早报，2013-10-8．
[2] 刘世锦．寻找中国经济增长新的动力和平衡［N］．中国发展观察，2013-6-5．
[3] 资料来源：2014年世界投资报告。

力充足，许多企业将以前的加工贸易模式转向对外投资转型升级。三是国内大型企业希望通过对外直接投资降低产业风险。

经济发展内部矛盾日益突出，产业结构升级需求日益迫切。当前，中国正处于经济社会发展的战略转型期和全面建设小康社会的关键时期，经济发展和产业结构调整压力并存，长期以来，中国传统的资金密集和劳动力密集产业发展迅速，承接的国际产业转移也以制造业为主，这种发展方式的局限性使得中国资源供给力与环境承载力不足，倚重低价劳动力资源，自主创新技术和人力资本的作用不足等矛盾愈发明显，这些矛盾阻碍了经济生产方式的转变与发展路径的创新。与此同时，中国的工业化进程仍处于深化之中，传统产业在相当长的一段时期内仍处于稳定增长阶段，只有不断用新兴产业改造和升级传统产业，才能使产业结构实现合理化和高级化。

因此，在当前国内外背景下，发展战略性新兴产业已成为中国把握新一轮产业革命机遇，实现全球价值链跃升，提高国际竞争力，稳定经济增长，缓解发展矛盾，优化产业结构，实现"中国制造2025"的迫切需求和必然选择。

1.1.2 研究意义

发展战略性新兴产业对中国经济具有重要意义和深远影响，本书通过研究在产业转型升级关键时期，中国战略性新兴产业发展现状和现实评价，借鉴主要国家发展战略性新兴产业的最新举措，为中国战略性新兴产业发展路径和政策选择提供有益的参考，具有一定的理论与现实意义。

1.1.2.1 研究的理论意义

国内外学者的既有研究主要集中在战略性新兴产业的内涵和政策支撑体系等，为战略性新兴产业发展起到指导意义。本书在借鉴现有学者研究的基础上，从战略性新兴产业的五个显著特性出发，深入探求战略性新兴产业发展的内在规律，在此基础上，将产业选择与评价理论、产业发展与演进理论、市场竞争与政府干预理论融入对战略性新兴产业的发展评价和发展路径之中，为中国发展战略性新兴产业提供理论支持。

1.1.2.2 研究的现实意义

一方面，本书通过研究发达国家、新兴经济体发展战略性新兴产业的最新战略和主要举措，提出对中国发展战略性新兴产业的启示和借鉴，并基于战略性新兴产业发展现实提出中国发展战略性新兴产业的路径选择和保障机制，有助于中国发展战略性新兴产业，提高国际竞争力。另一方面，通过对中国战略性新兴产业发展现状和制约因素的分析，以及对中国战略性新兴产业的具体发展情况进行静态和动态评价，有助于认清中国战略性新兴产业发展现实，为政策选择提供现实依据。

1.2 国内外研究综述

总体而言，既有对战略性新兴产业的研究主要聚焦于战略性新兴产业内涵特性、影响因素、发展评价、发展模式以及相关对策建议等方面，本节主要从这五个方面进行分析总结。

1.2.1 对战略性新兴产业内涵特性的研究

"战略性新兴产业"这一概念在其他国家主要是指主导产业或战略性产业等相近概念。著名经济学家罗斯托最早提出主导产业的定义，根据经济发展的"六阶段论"，罗斯托提出在经济发展的每一个阶段都由主导产业主导着经济发展，经济增长以及结构优化的过程就是主导部门变更与替代的过程。"战略性产业"是经济学家赫希曼最早提出的，他认为一国的经济体系中存在一个投入与产出关联度最高的产业，即"战略性产业"。布朗克（Blank，2008）认为，由于存在不确定性，新兴产业往往是处于产业发展初期阶段且充满未知性的产业，新兴产业的产品需求尚不明确、增长潜力也不确定，往往由一个新的创意产生，没有原路可循。波特（2005）指出，新兴产业往往是由于新的消费需求或技术创新以及其他经济因素产生的可以商品化、市场化的新产品、新服务形成的。[①]

相比西方国家，我国学者对战略性产业一词的使用率更高。李晓华等（2010）明确指出战略性新兴产业具有战略性、不确定性、复杂性与正的外部性四个显著特征，在此基础上，指出战略性新兴产业的产业关联度和辐射带动作用大，在技术、市场和组织等方面存在不确定性，涉及的基础性研究将带来较强的外部性，在产业分工、产业技术及产业化各个环节上比较复杂。[②] 高友才等（2010）指出战略性新兴产业具有"五力"特征，引领力主要指战略性新兴产

---

① ［美］迈克尔·波特. 竞争优势［M］. 陈小悦，译. 北京：华夏出版社，2005.
② 李晓华，吕铁. 战略性新兴产业的特征［J］. 理论参考，2010（11）：9–11.

能够引领未来产业发展方向，对一国经济增长和相关产业产生较强的带动和促进作用；创新力主要指战略性新兴产业能够在科技领域、产业组织和产业结构等方面实现创新和突破；持续力主要指战略性新兴产业的生命周期较长，有稳定的发展前景和市场需求；集约力主要指战略性新兴产业具有低能耗和低污染的特性，能够实现生产的低碳化和集约化；聚集力主要指战略性新兴产业的产业链较长，带动面较广，能够有效形成产业集聚和产业集群。[①] 吴传清等（2010）总结出战略性新兴产业具有全局性、潜导性和联动性三个显著特性。全局性主要指战略性新兴产业对一国经济增长的贡献较大，能有效带动社会技术进步，提升本国竞争力，事关国家经济和社会发展大局；潜导性主要指战略性新兴产业是一国未来经济增长的风向标，产业发展具有很好的政策导向作用；联动性主要指战略性新兴产业的产业带动力强，关联度较高，产业链较长，具有较强的就业吸纳和就业创造能力，能够有效拉动配套产业与相关产业的发展。[②] 林学军（2012）概括了战略性新兴产业的另外五个特性。导向性主要指战略性新兴产业代表了未来发展方向；创新性主要指战略性新兴产业代表了高新技术的发展方向；外部性主要指战略性新兴产业对相关产业的带动作用和对经济的促进作用；地域性主要指不同地区的战略性新兴产业应该有所不同，要凸显本地的资源优势和特殊条件，因地制宜；风险性主要指战略性新兴产业尚不成熟，可能带来较大的风险。[③] 郑江淮（2010）指出发展战略性新兴产业必须明确其"战略性"和"新兴性"，他将战略性新兴产业定义为一个发展潜力大、增长率高的产业。[④] 总的来看，随着国家对战略性新兴产业定义的确定，其内涵基本统一，但关于战略性新兴产业的特性尚未形成较为一致的意见。

1.2.2 对战略性新兴产业影响因素的研究

贾建锋等（2011）在分析沈阳战略性新兴产业发展的基础上，认为有四个因素是推动战略性新兴产业发展的主要影响因素，即产业政策、市场需求、资源优势和科技创新。因此，发展战略性新兴产业必须综合考虑本地的资源禀赋情况、

---

① 高友才，向倩. 我国战略性新兴产业的选择与发展对策 [J]. 经济管理，2010（11）：21-25.
② 吴传清，周勇. 培育和发展战略性新兴产业的路径和制度安排 [J]. 学习月刊，2010（19）：8-9.
③ 林学军. 战略性新兴产业的发展与形成模式研究 [J]. 中国软科学，2012（2）：26-34.
④ 郑江淮. 理解战略性新兴产业的发展——概念、可能的市场失灵与发展定位 [J]. 上海金融学院学报，2010（4）：5-10.

科技基础实力、政府支持力度、市场需求情况与资本支持情况等多方面的因素。① 牛立超等（2011）提出资本投入和金融体系是发展战略性新兴产业的基本保障，战略性新兴产业的发展受主导产业变迁因素的影响。② 陈锦其等（2013）研究指出战略性新兴产业是科学技术和市场需求的统一体共同产生，既代表着科技进步的方向，又代表着市场需求的方向。③ 王新新（2011）则认为发展战略性新兴产业必须以市场为导向，按照市场经济的规则发展。④ 姜大鹏等（2010）明确指出发展战略性新兴产业需要完善的资本管理体制和人才培养机制，并提出企业规模也是影响战略性新兴产业发展的动力因素。⑤ 刘红玉等（2012）分析指出，战略性新兴产业的形成与发展是内因与外因共同推动的结果，在战略性新兴产业发展初期需要政府的大力支持和引导，在战略性新兴产业的成长期需要市场与政府和共同作用，在战略性新兴产业成熟期则必须依托市场机制，自行发展。⑥ 张艳芳等（2018）采用 Urbansim 大尺度模型动态模拟北京 2016~2030 年的战略性新兴产业空间布局，研究发现首都战略性新兴产业的空间布局存在严重的职住分离问题，战略性新兴产业主要集聚在主城区的西北部、东部及东南部，其布局主要受交通成本、支付能力、地价、人口及就业密度等因素影响。⑦ 杨源源等（2018）基于 DEA–Malmquist 非参数方法对我国新兴产业发展成效进行评估，同时以融资约束为切入点深入探讨新兴产业全要素生产率动态演变，结果显示，新兴产业全要素生产率整体呈低端化趋势。融资约束、固定资产过快扩张是导致新兴产业低端化演进的重要原因，研发投入能有效促进全要素生产率改善，融资约束显著阻碍了企业研发。⑧ 孙国民等（2018）提出战略性新兴产业集群形成发展的五要素，并构建了四环层级相互联结的战略性新兴产业集群发展的动力动态演化模型，对不同生命周期下新兴产业集群的主要特征、优势、劣势、典型

---

① 贾建锋，魏艳霞. 沈阳市战略性新兴产业的发展现状与对策研究 [J]. 冶金经济与管理，2011（2）：45–48.
② 牛立超，祝尔娟. 战略性新兴产业发展与主导产业变迁的关系 [J]. 发展研究，2011（6）：77–81.
③ 陈锦其，徐明华. 战略性新兴产业的培育机制：基于技术与市场的互动模型 [J]. 科技管理研究，2013（2）：97–101，108.
④ 王新新. 战略性新兴产业的培育与发展策略选择 [J]. 前沿，2011（7）：20–23.
⑤ 姜大鹏，顾新. 我国战略性新兴产业的现状分析 [J]. 科技进步与对策，2010（17）：65–70.
⑥ 刘红玉，彭福扬，吴传胜. 战略性新兴产业的形成机理与成长路径 [J]. 科技进步与对策，2012（11）：46–49.
⑦ 张艳芳，刘治彦. 基于 Urbansim 优化提升首都核心功能的动态模拟研究——以战略性新兴产业为例 [J]. 中国流通经济，2018，32（10）：121–128.
⑧ 杨源源，于津平，杨栋旭. 融资约束阻碍战略性新兴产业高端化了吗？[J]. 经济评论，2018（5）：60–74.

轨迹、政策干预五个维度进行了总结，并结合发展实践进一步提出了集群发展的四个新动向。总的来看，既有研究均认为政府政策与市场机制是影响战略性新兴产业发展的最根本因素。①

1.2.3 对战略性新兴产业评价体系的研究

关于战略性新兴产业选择基准的研究。万钢（2010）提出，战略性新兴产业的培育和发展不仅受基础资源禀赋和产业结构等要素的影响，还受到科技创新的重要影响。通过研究得出自主创新技术进步、产品的推广应用和自主创新政策的落实是培育和发展战略性新兴产业的前提条件。②刘洪昌（2011）指出，战略性新兴产业的选择要遵循国家意志、产业关联、就业吸纳、持续发展、技术创新和市场需求六个原则。国家意志主要指一国未来一定时期内产业重点发展方向；产业关联主要指要考虑产业的产业链条和横向带动能力；就业吸纳主要指战略性新兴产业的选择要考虑就业等社会效益；持续发展主要指选择战略性新兴产业要考虑对经济发展的可持续性；技术创新主要指选择的产业必须具有科技含量高、自主创新强的特点；市场需求主要指产品的国内外市场需求要充足。③程宇等（2012）通过研究地方政府战略性新兴产业的选择，提出了战略性新兴产业的选择标准：一是符合本地资源禀赋特征；二是对相关产业具有明显的拉动效应；三是有利于产业创新和制度创新的实现；四是有利于发挥区域内的产业总体优势；五是有利于提高本地的总体竞争力。④武瑞杰（2012）从结构调整的角度提出了选择战略性新兴产业的六个标准，即节能效应、区位规划、区域优势、地域发展特征、科技贡献以及相关安全措施，并指出按照这一标准构建的评价体系能够有效选择目标产业。⑤张冀新等（2018）从研发创新、转化创新、产品创新、载体创新四个维度及创新价值链三个环节，构建战略性新兴产业创新能力评价指标体系。结果表明，仅载体创新具有显著影响，转化创新与载体创新协同作用影响显著。并运用均衡判别法和威弗组合指数，设计创新能力均衡发展筛选体系，选定

---

① 孙国民，陈东. 战略性新兴产业集群：形成机理及发展动向 [J]. 中国科技论坛，2018 (11)：44 – 52.
② 万钢. 把握全球产业调整机遇 培育和发展战略性新兴产业 [J]. 求是，2010 (1)：28 – 30.
③ 刘洪昌. 中国战略性新兴产业的选择原则及培育政策取向研究 [J]. 科学学与科学技术管理，2011 (3)：87 – 92.
④ 程宇，肖文涛. 地方政府竞争背景下的战略性新兴产业选择 [J]. 福建论坛（人文社会科学版），2012 (2)：30 – 35.
⑤ 武瑞杰. 区域战略性新兴产业的评价与选择 [J]. 科学管理研究，2012 (2)：42 – 45.

粤、京、苏、陕、沪、浙、鲁、鄂八个省域为战略性新兴产业创新能力均衡推进区。[①] 李桥兴等（2017）采用灰关联法对贵州省 2006~2015 年的数据进行分析，遴选出生物医药产业、高端装备制造业、新一代信息技术产业和新能源产业等作为贵州省优先发展的战略性新兴产业，选择节能环保产业，新材料产业作为重点培育和扶植的战略性新兴产业。[②]

关于战略性新兴产业整体评价的研究。如果没有一套先进有效的评价方法，就难以为战略性新兴产业发展规划、产业政策制定提供科学合理的依据。因此，只有使战略性新兴产业评价科学化、规范化和现代化，才能为发展战略性新兴产业提供现实依据。当前，学者们对战略性新兴产业的含义认识不一致、不统一，许多学者从不同角度对评价战略性新兴产业的指标体系进行了初步研究。熊勇清等（2012）综合使用了主成分分析法和层次分析法用以选择战略性新兴产业的评价模型，并从四个层面构建战略性新兴产业的评价指标体系，即基础层面、创新层面、激励层面和政策层面。[③] 刘嘉宁（2013）在分析新兴产业评价指标体系基础上，认为战略性新兴产业评价指标体系的构建，首先要考虑到战略性新兴产业的特征，其次要考虑到战略性新兴产业对区域产业结构优化升级的推动路径，从而在此基础上得以综合构建，并采取模糊分析法和层次分析法综合构建评价模型。[④] 贺正楚等（2011）在对主导产业进行评价的基础上，提出了战略性新兴产业的评价指标体系，包括 4 个一级指标和 27 个二级指标，并以此对湖南省的战略性新兴产业进行选择评价，验证了评价指标的适用性和可行性。[⑤] 李勃昕等（2013）则根据战略性新兴产业的特性，建立了 5 个一级指标和 10 个二级指标的评价体系，主要包括禀赋条件、基础条件、创新能力、政策条件和市场需求等内容，并利用熵值法明确各项具体指标的权重，在灰色关联分析的基础上，构建对战略性新兴产业进行评价的基本模型。[⑥] 胡振华等（2011）使用主客观相结合的方法确定指标权重，用主成分分析法确定各级评价指标的客观权重，用层次分析

---

① 张冀新，胡维丽. 基于"四三结构"的战略性新兴产业创新能力非均衡判别与评价 [J]. 科技进步与对策，2018，35（21）：65-72.

② 李桥兴，徐思慧，宋山梅. 基于生态和发展底线的贵州省战略性新兴产业选择 [J]. 贵州社会科学，2017（12）：163-168.

③ 熊勇清，曾铁铮，李世才. 战略性新兴产业培育和成长环境：评价模型及应用 [J]. 软科学，2012（8）：55-59，64.

④ 刘嘉宁. 战略性新兴产业评价指标体系构建的理论思考 [J]. 经济体制改革，2013（1）：170-174.

⑤ 贺正楚，吴艳. 战略性新兴产业的评价与选择 [J]. 科学学研究，2011（5）：678-683，721.

⑥ 李勃昕，惠宁. 战略性新兴产业指标体系的省际区别：新能源汽车例证 [J]. 改革，2013（3）：45-52.

法确定各级评价指标的主观权重，并据此综合赋权，明确地区战略性新兴产业的选择领域。① 汤长安等（2018）对中国战略性新兴产业空间格局的时空演变进行了分析和研究。结果显示，中国战略性新兴产业发展规模不断扩大的同时，发展效益也在较快增长。其中，节能环保产业发展规模最大，且发展效益最好，而新材料产业发展规模还较小，新一代新兴技术产业发展势头强劲。从区域层面来看，中国战略性新兴产业扩张的主战场是华北地区，华北地区与华东地区发展效益最好，而西北地区战略性新兴产业发展效益欠佳。②

关于战略性新兴产业影响因素评价的研究。孙早等（2017）利用中国战略性新兴产业2006～2014年产业层面的数据估计了产业所有制结构变化对产业创新绩效的效应。结果显示，中央政府控股企业比重的变化与战略性新兴产业创新绩效之间呈现出正相关关系；地方政府控股企业和民营企业比重的变化与战略性新兴产业创新绩效之间呈现出负相关关系。③ 闫志俊等（2017）采用1999～2007年中国工业企业数据，实证检验政府补贴对企业全要素生产率的影响。结果显示，政府补贴对企业生产率的提升产生了显著的负面效应；政府补贴不能有效地提高企业的创新能力，容易使企业形成政策依赖；虽然创新绩效能够显著促进企业生产率的提高，但创新绩效并未能成为政府补贴与企业生产率之间一个有效的中介变量，补贴资源在研发部门和生产部门的不合理分配，使新兴产业的规模扩张具有粗放型特征，并非以生产率提升为基础。④ 李晓梅（2018）采用规模报酬可变的数据包络模型测算了2008～2017年26家样本上市公司的投入产出的技术效率、纯技术和规模效率。结果表明，战略新兴产业企业近10年投入产出效率发展不均衡，仅有部分企业达到了技术效率、纯技术效率、规模效率最优水平状态，大部分企业是纯技术无效率或规模无效率，从而最终导致投入产出效率没有达到最优状态。⑤ 陈红玲（2018）从产业维度和地区维度出发，引入资源环境因素，运用SBM方向性距离函数和GML指数，测算了2005～2014年中国战略性新

---

① 胡振华，黎春秋，熊勇清．基于"AHP－IE－PCA"组合赋权法的战略性新兴产业选择模型研究[J]．科学学与科学技术管理，2011（7）：104－110．

② 汤长安，张丽家，殷强．中国战略性新兴产业空间格局演变与优化[J]．经济地理，2018，38（5）：101－107．

③ 孙早，肖利平，刘李华．产业所有制结构变化与产业创新绩效改善——国有企业为主的产业所有制结构就一定不利于产业创新吗？[J]．南开经济研究，2017（6）：3－19．

④ 闫志俊，于津平．政府补贴与企业全要素生产率——基于新兴产业和传统制造业的对比分析[J]．产业经济研究，2017（1）：1－13．

⑤ 李晓梅．美国贸易打击清单内的中国战略性新兴产业企业投入产出效率研究——基于2008—2017年26家上市公司样本数据分析[J]．中国科技论坛，2018（11）：178－188．

兴产业的环境技术创新效率增长值。结果显示，中国战略性新兴产业整体环境技术创新效率偏低，原因在于技术效率和规模效率的显著下降；战略性新兴产业的环境技术创新效率从东向西依次减弱，且空间集聚性显著。[①] 曾刚等（2018）对京津冀战略性新兴产业融资效率进行静态和动态评价，利用 Tobit 模型回归分析影响融资效率的外部环境因素。结果显示，京津冀战略性新兴产业融资效率均值小于 1，技术进步指数对北京影响最大，技术效率指数对天津和河北地区影响明显；根据对外部环境影响因素的分析，地区 GDP、技术市场交易规模等外部变量与战略性新兴产业融资效率正相关。[②] 王登礼等（2018）以 2010～2016 年我国战略性新兴产业上市公司为样本构建研发费加计扣除激励效应指数，通过构建逐步回归模型实证检验了研发费加计扣除政策对战略性新兴产业上市公司的税收激励效应。结果显示，研发费加计扣除政策对战略性新兴产业上市公司具有显著的税收激励效应。[③] 申俊喜等（2018）采用 DEA – Malmquist 指数方法，测算了 2007～2015 年长三角地区战略性新兴产业上市公司全要素生产率及其分解效率。结果显示，长三角地区战略性新兴产业上市公司呈现纯技术效率和规模效率双低的低端化发展趋势；其中，政府补贴资金使用效率较低、企业员工素质不高、技术设备的使用效率不高都使长三角地区战略性新兴产业呈现低端化发展的趋势。[④] 李云鹤等（2018）利用 2008～2015 年 A 股上市公司中战略性新兴产业公司数据，考察了非国有股权对企业创新的影响。结果显示，非国有股权对战略性新兴产业公司总创新具有显著的促进作用，而对发明创新没有显著作用效果，境内与境外非国有法人股权对总创新及发明创新均没有显著作用，非国有股权在强法律保护下能够显著促进公司总创新及发明创新。[⑤] 罗斌（2018）基于双边随机边界模型，对战略性新兴产业上市公司投资支出中的融资约束效应与代理成本效应及其净效应进行了研究。结果显示，融资约束与代理成本均对战略性新兴产业上市公司投资支出具有重要影响，同时，代理成本对投资支出的影响略微高于融

[①] 陈红玲. 环境约束下中国战略性新兴产业的技术创新效率研究 [J]. 经济经纬，2018，35（3）：90 – 95.

[②] 曾刚，耿成轩. 京津冀战略性新兴产业融资效率测度及其协同发展策略 [J]. 中国科技论坛，2018（12）：142 – 149，172.

[③] 王登礼，赖先进，郭京京. "研发费加计扣除政策"的税收激励效应——以战略性新兴产业为例 [J]. 科学学与科学技术管理，2018，39（10）：3 – 12.

[④] 申俊喜，杨若霞. 长三角地区战略性新兴产业全要素生产率及其影响因素研究 [J]. 财贸研究，2017，28（11）：24 – 33.

[⑤] 李云鹤，李昱. 法律保护、非国有股权与企业创新——基于战略性新兴产业的实证研究 [J]. 当代经济科学，2018，40（1）：106 – 115，127 – 128.

资约束；现金流量的增加不仅没有缓解上市公司面临的融资约束，反而使其增加了。[①] 姚潇等（2017）利用 2012~2013 年中国七个省市战略性新兴产业的微观调研数据，对产学研合作模式及其影响因素的异质性问题进行分析。结果显示，产学研合作受企业技术创新因素、结构因素和环境因素的影响；其中，"产—学"合作受到创新绩效和政府税收优惠的显著促进作用，而"产—研"合作则受 R&D 强度和所有权结构的显著正向影响。齐齐等（2017）采用数据包络分析方法，从效率、有效性、规模收益及投影分析四个方面，对东北地区 150 家战略新兴产业企业创新活动进行分析。结果显示，东北地区战略性新兴产业企业创新效率整体偏低，90% 以上的企业呈规模报酬递增态势。[②] 杜传忠等（2016）选取节能环保产业中小板和创业板的 43 家上市公司，实证分析了风险投资对该产业发展的作用效应。结果表明，研发投入占营业收入比率、净资产收益率与公司成长性显著正相关，总资产规模、期间费用率、资产负债率、总资产周转率与公司成长性显著负相关。[③] 谭蓉娟等（2016）深入探究科技创新与金融创新之间的作用机制，构建战略性新兴产业科技创新与金融创新系统耦合度及耦合协调度模型，利用 2009~2013 年上市公司数据定量评价我国战略性新兴产业七大产业科技创新与金融创新耦合效率。[④] 庄德林等（2017）基于 2004~2013 年战略性新兴产业上市公司数据，运用社会网络分析法对长江三角洲城市群空间结构演变规律进行了分析。结果显示，高行政级别城市在网络要素资源配置中占据主导地位，省会城市的中介能力呈现倒 U 型发展趋势。上海、杭州、南京、宁波、苏州、合肥 6 城市构成了长三角城市网络的核心层，核心—边缘层联系成为占据主导地位的联系方式。[⑤] 张晴（2016）利用安徽 2005~2014 年面板数据构建空间面板模型，分析战略性新兴产业集聚对区域经济竞争力的空间溢出效应。结果显示，战略性新兴产业集聚作用显著为正，但效果

[①] 罗斌. 上市公司非效率投资行为实证研究——以战略性新兴产业上市公司为例 [J]. 当代财经, 2018（6）: 63-71.

[②] 齐齐, 赵树宽, 李其容. 战略性新兴产业企业创新效率评价研究——以东北地区为例 [J]. 中国流通经济, 2017, 31（10）: 65-72.

[③] 杜传忠, 李彤, 刘英华. 风险投资促进战略性新兴产业发展的机制及效应 [J]. 经济与管理研究, 2016, 37（10）: 64-72.

[④] 谭蓉娟, 刘贻新. 战略性新兴产业科技创新与金融创新耦合效率研究——基于上市公司数据的实证分析 [J]. 科技管理研究, 2015, 35（24）: 110-115.

[⑤] 庄德林, 杨羊, 晋盛武, 韩荣. 基于战略性新兴产业的长江三角洲城市网络结构演变研究 [J]. 地理科学, 2017, 37（4）: 546-553.

低于资金、科技投入。[①] 石璋铭等（2018）以 2011～2016 年五大类战略性新兴产业省级面板数据为样本，运用面板分位数估计方法，实证研究集聚对于战略性新兴产业创新生态系统的促进作用。结果显示，集聚对于新能源、高端装备制造、生物医药与节能环保四大类战略性新兴产业创新生态系统的创新网络、创新能力提升具有较为显著促进作用。[②] 曹虹剑等（2017）构建 GMM 动态面板数据模型研究产业组织模块化对战略性新兴产业全要素生产率的影响。结果显示，模块化会降低当期的全要素生产率，但会提高滞后期的全要素生产率；公共品性质的产业标准对全要素生产率有显著的正向影响，而非公共品性质的产业标准对全要素生产率有显著的负向影响；模块化程度对技术效率的正向影响比较显著。[③] 姜南（2017）提出了知识产权保护与战略性新兴产业专利竞争优势发展关系的假设，采用统计和回归分析对我国各省域知识产权保护强度与战略性新兴产业专利竞争优势发展的关系进行了研究。结果显示，我国省域的知识产权保护强度对大部分战略性新兴产业的专利竞争优势产生积极影响，但对某些战略性新兴产业专利竞争优势影响不明显甚至有负向影响。[④] 张敬文等（2018）通过构建集群创新网络结构、网络能力、知识协同与协同创新绩效的关系模型，并运用实证研究方法对它们之间的关系进行验证。发现集群创新网络结构、网络能力对战略性新兴产业集群创新网络协同创新绩效具有显著影响，知识协同在战略性新兴产业集群创新网络结构、网络能力与协同创新绩效之间起到中介作用。[⑤]

总的来看，现有研究总结了选择战略性新兴产业的不同标准，并分别采用不同的分析方法对战略性新兴产业进行选择，对影响战略性新兴产业的技术创新、财政补贴、投融资、空间集聚、产业组织等因素进行实证分析，但对现有战略性新兴产业总体发展情况的定量评价涉及较少。

---

① 张晴. 战略性新兴产业集聚对区域经济竞争力的空间溢出效应——基于安徽省地市空间面板模型 [J]. 华东经济管理, 2016, 30 (12): 30-34.
② 石璋铭, 徐道宣. 集聚促进战略性新兴产业创新生态系统发展的实证分析 [J]. 科技进步与对策, 2018, 35 (23): 92-98.
③ 曹虹剑, 余文斗. 中国战略性新兴产业国际竞争力评价 [J]. 经济数学, 2017, 34 (1): 26-30.
④ 姜南. 我国省域战略性新兴产业专利竞争优势研究 [J]. 情报杂志, 2017, 36 (10): 117-122.
⑤ 张敬文, 李一卿, 陈建. 战略性新兴产业集群创新网络协同创新绩效实证研究 [J]. 宏观经济研究, 2018 (9): 109-122.

1.2.4 对战略性新兴产业发展路径的研究

关于战略性新兴产业与产业优化升级的研究。关于区域产业升级的方式，汉弗莱（Humphrey，2000）对发展中国家的产业升级路径进行了深入研究，并提出发展中国家的产业升级实质上是以国际贸易为基础的产业优化，而发展中国家产业优化的主要方式是沿着全球产业价值链向上延伸。与此同时，市场需求、就业结构、科技创新、制度体系和资源禀赋等条件也会对发展中国家产业优化升级产生重要影响。[1] 从升级的动力上看，迈克尔·波特（Michael Potter，2000）认为，技术进步是影响产业结构优化的最主要因素，其可以对国民经济产生正的效应，一是技术进步提高了某些产业的生产效率，使得资本和劳动力等基础因素向该部门流动；二是技术进步也在一定程度上刺激了大众对新产品的需求，并以此促进新兴产业比重的提高，使产业结构得到优化。[2] 国内学者也对产业优化升级进行了诸多研究。董树功（2013）通过研究指出，传统产业与战略性新兴产业应该是协同发展的有机体，通过技术进步和基础资源的转移，两者能够实现相互促进和协调发展。[3] 熊勇清等（2012）在分析战略性新兴产业与传统产业的战略关系之后，建立了两者耦合发展的评价体系和评价模型。[4] 姜泽华等（2008）认为，有四种主要因素影响着产业结构的优化升级，即制度安排、社会需求、资源禀赋和科技进步。其中，制度安排是保障，社会需求是根本发展动力，资源禀赋是产业结构优化的根本基础，科技进步是产业结构优化的技术支持。[5] 李林玥（2018）以金融周期与经济周期的分离作为研究背景，提出通过引入多层次动态因子模型的研究框架，为侧重研究战略性新兴产业与传统型产业的耦合促进机制以及在此基础上进一步促进战略性新兴产业国际化发展的相关政策提出研究新思路。[6] 常嵘（2017）在产业生命周期理论的基础上，提炼出影响并购转型升级效

---

[1] Humphrey J., Schmitz H. Governance and upgrading: Linking industrial cluster and global value chain research. IDS Working Paper No. 120. Brighton: Institute of Develop-ment Studies, University of Sussex, 2000.

[2] Michael Porter. Location, Completion and Economic Development: Location Cluster in Global Economy [J]. Economic Development Quarterly, 2000 (14): 15-20.

[3] 董树功. 战略性新兴产业的形成与培育研究 [M]. 北京：经济科学出版社，2013.

[4] 熊勇清，曾铁铮，李世才. 战略性新兴产业培育和成长环境评价模型及应用 [J]. 软科学，2012 (8): 55-59, 64.

[5] 姜泽华，白艳. 产业结构升级的内涵与影响因素分析 [J]. 当代经济研究，2008 (10): 53-56.

[6] 李林玥. 促进我国战略性新兴产业国际化发展研究的新思路 [J]. 管理世界，2018, 34 (9): 180-181.

果的主要因素，并利用 A 股传统行业上市公司并购战略性新兴企业的事件，构建有序响应模型。结果表明，传统企业的要素禀赋结构与战略性新兴企业的适配性、传统企业的外源融资水平对其通过并购促进自身转型升级具有正向作用。在跨区域并购中，双方经营所在地的制度距离对并购的转型升级效果有负面影响。[①] 刘满凤等（2017）根据生产函数模型，建立基于间接 R&D、生产要素和技术溢出对全要素生产率的贡献模型，并应用空间计量模型进行了实证检验。结果表明，战略性新兴产业对传统产业存在显著的拉动作用；华北地区和西南地区的战略性新兴产业对传统产业的技术溢出效应较为显著，而传统产业对战略性新兴产业的技术溢出效应并不显著。[②] 王宏起等（2018）以中国新能源汽车产业为例，揭示基于主导优势的战略性新兴产业核心能力形成机理。结果显示，伴随产业主导优势经历碎片化网络、单一辐轴网络到多中心小世界网络的动态演化，产业核心能力依次从产品模仿创新能力、产品系列化自主开发能力到全面拓展的产业协同创新能力，在创新驱动力、需求拉动力和政策引导力三重动力作用下，实现战略性新兴产业主导优势特色不断升级和核心能力的持续积累。[③]

关于战略性新兴产业与创新的研究。国内学者普遍认为，创新是战略性新兴产业发展的核心动力，只有创新能够支撑战略性新兴产业的持续发展。肖兴志等（2011）基于近年来中国高新技术产业的基础数据，通过模型对比分析国有企业与私有企业的研发行为，得出了定性结论，即政府的资金投入在一定程度上对企业研发产生了挤出效应，不能充分调动企业研发的主动性和积极性，但对于私有企业而言，政府的研发投入能在一定程度上刺激其加大研发经费投入力度。[④] 纪晶华等（2013）在深入研究的基础上，得出发展战略性新兴产业必须依靠先进适用的核心技术，而这一技术并非是来自国外的引进或是简单模仿，而是必须依靠企业的自主创新。[⑤] 陆国庆（2011）针对上市公司数据进行实证分析，创新对战略性新兴产业的促进作用是明显的，且其在市场和企业业绩上都显著强于非战略

[①] 常嵘. 并购战略性新兴企业对传统企业转型升级的影响因素分析 [J]. 经济理论与经济管理，2017（12）：88 - 101.
[②] 刘满凤，李昕耀. 我国战略性新兴产业与传统产业互动发展的计量验证——基于生产函数角度 [J]. 江西财经大学学报，2017（4）：14 - 23, 134.
[③] 王宏起，杨仲基，武建龙，李玥. 战略性新兴产业核心能力形成机理研究 [J]. 科研管理，2018, 39（2）：143 - 151.
[④] 肖兴志，等. 中国战略性新兴产业发展战略研究 [J]. 经济研究参考，2011（7）：47 - 60.
[⑤] 纪晶华，许正良. 发展战略性新兴产业的关键是实现自主创新 [J]. 经济纵横，2013（1）：98 - 100.

性新兴产业上市公司。创新的绩效程度与产品利润、创新环境和研发投入呈正相关性，尤其是与产品的利润的相关关系十分显著。[①] 吴福象等（2011）从人力资本的角度对战略性新兴产业的创新效果进行实证分析，并据此提出发展战略性新兴产业的建议，即企业应当注重产业规模化，走集团式发展的道路，应当注重产品新型化，以及目标市场的细分。[②] 张路蓬等（2018）基于技术扩散视角，构建二元属性创新网络演化模型，利用 Matlab 软件分别进行时间及空间演化仿真分析。结果显示，战略性新兴产业创新网络在演化过程中逐步呈现衰减性的"边缘—多核"型混合结构；随着创新网络规模的扩张，战略性新兴产业创新网络的平均路径长度逐步缩短，网络中技术、信息传播效率提升。[③] 汪明月等（2018）建立了技术共享演化博弈模型，认为技术共享策略与产业技术的可共享系数密切相关，内部激励机制激发了参研单位选择技术共享的意愿，随着内部激励系数的变化，产业技术创新系统趋向收敛到技术共享，进而为产业政策的制定和效果评估提供决策支持。[④] 张敬文等（2016）运用演化博弈理论构建集群协同创新复制动态模型，探究战略性新兴产业集群主体间协同创新发生机理及其动态演化过程，提出战略性新兴产业集群协同创新促进策略。[⑤] 吕晓军（2016）以 2009～2013 年战略性新兴产业上市公司为样本，分析了政府补贴对企业技术创新投入的影响及市场化进程、市场竞争与股权集中度的调节作用。结果显示，政府补贴能够激励企业增加技术创新投入，并且市场化进程越高的地区，政府补贴对企业技术创新投入的激励作用越显著。[⑥]

关于战略性新兴产业发展模式的研究。喻登科等（2012）在分析中国经济发展现实的基础上，提出了战略性新兴产业的集群式发展路径，具体而言，战略性新兴产业的集群发展要结合不同地区的发展环境和市场需求，采取不同的发展路

---

① 陆国庆. 中国中小板上市公司产业创新的绩效研究 [J]. 经济研究，2011 (2): 138-148.
② 吴福象，等. 行业集中度、规模差异与创新绩效——基于 GVC 模式下要素集聚对战略性新兴产业创新绩效影响的实证分析 [J]. 上海经济研究，2011 (7).
③ 张路蓬，周源，薛澜. 基于区块链技术的战略性新兴产业知识产权管理及政策研究 [J]. 中国科技论坛，2018 (12): 120-126.
④ 汪明月，肖灵机，万玲. 基于演化博弈的战略性新兴产业技术异地协同共享激励机制研究 [J]. 管理工程学报，2018, 32 (3): 206-213.
⑤ 张敬文，于深. 基于 SNM 理论的战略性新兴产业技术创新联盟运作机理研究 [J]. 北京联合大学学报（人文社会科学版），2016, 14 (01): 107-112.
⑥ 吕晓军. 政府补贴与企业技术创新产出——来自 2009-2013 年战略性新兴产业上市公司的证据 [J]. 中国科技论坛，2016 (12): 60-66.

径，包括多核模式、单核模式和星形模式等。[①] 乔玉婷等（2011）从国防建设的角度提出了战略性新兴产业的具体发展模式，认为发展战略性新兴产业要充分考虑军队需求，并充分利用现有的国防资源，瞄准军用和民用两个市场，实现战略性新兴产业的融合式发展道路。[②] 涂文明（2012）在分析研究的基础上提出了战略性新兴产业的集聚发展模式，认为产业的集聚包括三个层次，即国家集聚、区域集聚和产业集聚，在此基础上，提出了战略性新兴产业的三种发展模式，即技术创新模式、高新区模式和创新联盟模式。[③] 林学军（2012）提出了三种战略性新兴产业的发展模式，即融合式、裂变式和嫁接式。融合式主要指传统产业与高新技术全面结合，针对传统产业的各个环节，利用高新技术提升和改造传统产业；裂变式主要指在传统产业中融入新技术，在传统产业的设计、生产等环节向外衍生出新的分工，使得传统产业向新的关联产业或上下游产业发展；嫁接式主要指基于科技领域全新的高新技术，发展战略性新兴产业新领域。[④] 王利政（2011）从技术生命周期和技术水平的国际比较优势的视角，分析了在起步、成长、成熟等不同阶段发展战略性新兴产业所需的发展模式，并在此基础上提出了战略性新兴产业发展的两种模式，即技术领先的发展模式和技术追随的发展模式。[⑤] 申俊喜（2012）主张当前发展和培育战略性新兴产业必须坚持研发优先和技术驱动，而不是投资拉动，必须以强大的研发能力去支撑核心技术的实质突破和实现企业的自主知识产权，并提出在产业发展的不同时期选择不同的产学研创新模式，明确产学研创新的目标定位与发展重点，此外，要科学严谨地制定战略性新兴产业发展路线图，以增强企业技术创新的动力和能力。[⑥] 刘志彪（2012）基于全球价值链角度对战略性新兴产业进行分析，明确提出战略性新兴产业不是低端的"加工制造业"，必须从全球生产链的站位寻求战略性新兴产业的发展方向和对策，具体包括创新链、产业链、价值链、生态链和服务链五个方面的内

[①] 喻登科，涂国平，陈华. 战略性新兴产业集群协同发展的路径与模式研究 [J]. 科学学与科学技术管理，2012（4）：114 - 120.
[②] 乔玉婷，曾立. 战略性新兴产业的军民融合式发展模式研究 [J]. 预测，2011，30（5）：1 - 5.
[③] 涂文明. 我国战略性新兴产业区域集聚的发展路径与实践模式 [J]. 现代经济探讨，2012（9）：54 - 59.
[④] 林学军. 战略性新兴产业的发展与形成模式研究 [J]. 中国软科学，2012（2）：26 - 34.
[⑤] 王利政. 我国战略性新兴产业发展模式分析 [J]. 中国科技论坛，2011（1）：12 - 15，24.
[⑥] 申俊喜. 创新产学研合作视角下我国战略性新兴产业发展对策研究 [J]. 科学学与科学技术管理，2012（2）：37 - 43.

容。[1] 兰筱琳等（2018）以中国科学院海西研究院在战略性新兴产业科技成果转移转化方面的探索与实践为例，分析了三螺旋模型在实际应用中的表现模式，提出适用于战略性新兴产业科技成果转移转化的新型三螺旋模型。[2] 王晓丹等（2016）深入探析国家重要科技领域的跨越发展与战略性产业发展的对接，提出实现科技发展与战略性产业发展良好对接的可行性措施。通过对国家重要科技领域跨越发展的研究，实现科技创新促进战略性产业发展。[3] 李苏秀等（2018）构建了涵盖"触发—演变—评价"动态环节的战略性新兴产业商业模式创新的系统研究框架。研究表明，战略性新兴产业商业模式创新的理论分析框架对于商业模式的动态和系统演变具有重要意义。[4] 龙跃（2018）构建耦合协调度模型和基于改进 Lotka – Volterra 模型的组织种群协同演化模型。结果显示，组织种群影响因子、最大生态位等因素对组织种群生态位扩张及演化均衡态具有正向反馈作用；以集群自组织为核心，借助政府他组织，调节组织种群生态位，有助于提高集群演化均衡和耦合协调度，推动战略性新兴产业集群协同演化发展。[5]

关于战略性新兴产业发展载体的研究。杜占元（2010）认为，高新区是战略性新兴产业的主要载体，并据此提出有针对性的对策建议：强化辐射和带动作用，搭建公共服务平台，营造良好的人才发展环境，实现地区经济发展的增长极目标。[6] 王晓阳（2010）也认为，高新区是战略性新兴产业集聚发展的主要载体，这主要是由于高新区特别是国家高新区在产业发展环境、人力资本支持和产业集群基础等方面拥有巨大优势的规模经济。[7] 陈清泰（2010）通过研究指出，国有企业是战略性新兴产业发展的重要支撑，中国国有企业要必须充分发挥自身优势，积极展开新兴产业布局，研究新技术，开发新产品，实现产品结构优化升级，提高企业自身的竞争力。[8] 刘芸等（2018）认为，培育领先市场是中国战略

---

[1] 刘志彪. 战略性新兴产业的高端化：基于"链"的经济分析［J］. 产业经济研究，2012（5）：9 – 17.

[2] 兰筱琳，洪茂椿，黄茂兴. 面向战略性新兴产业的科技成果转化机制探索［J］. 科学学研究，2018，36（8）：1375 – 1383.

[3] 王晓丹. 国家重要科技领域跨越发展与战略性产业发展对接研究［J］. 科学管理研究，2016，34（6）：5 – 8.

[4] 李苏秀，刘颖琦，张力，Ari Kokko. 战略性新兴产业商业模式创新的系统理论框架［J］. 科学学研究，2018，36（6）：1110 – 1118.

[5] 龙跃. 基于生态位调节的战略性新兴产业集群协同演化研究［J］. 科技进步与对策，2018，35（3）：52 – 59.

[6] 杜占元. 依靠自主创新 转变发展方式［N］. 科技日报，2010 – 5 – 13.

[7] 王晓阳. 集聚战略性新兴产业应成为开发区发展的主旋律［J］. 改革与开放，2010（11）.

[8] 陈清泰. 培育新兴产业是提高国家竞争力的重大战略［N］. 科技日报，2010 – 6 – 17.

性新兴产业高端化发展的重要途径,是本土核心技术成为全球主导设计的关键。领先市场形成的实质是通过架构创新构建了技术创新与市场需求之间的正反馈机制,呈现出核心技术创新的乘数效应和相关产业的连锁反应。[①] 王芳等(2016)依据普利高津的耗散结构理论,对战略性新兴产业系统的演化发展条件、运行机制进行定性研究,得出系统演化状态随着系统总熵变化而变化的结论。总熵越低,体系的演变成长状况越有序;总熵越高,体系的有序度越低。[②] 张敬文等(2017)运用演化博弈理论探究战略性新兴产业集群行为主体的知识协同演化行为,并从构建战略性新兴产业集群知识协同平台、提升集群行为主体知识协同能力、提高集群知识协同效应和形成信任共享的集群文化环境等方面,提出促进战略性新兴产业集群知识协同的策略建议。[③]

总的来看,对于战略性新兴产业与产业升级,国内外学者普遍认为发展战略性新兴产业必须与传统产业相互融合共同发展。关于战略性新兴产业与技术创新,学者们普遍认为技术创新是产业发展的基础驱动因素。关于战略性新兴产业的发展模式,学者们阐述了技术创新和技术赶超模式、区域集聚发展模式以及产业链发展模式。关于战略性新兴产业的发展载体,学者们认为高新区是战略性新兴产业集聚发展的主要载体。

1.2.5 对战略性新兴产业发展保障机制的研究

关于战略性新兴产业发展中政府定位的研究。现有研究普遍认为,政府应在战略性新兴产业的培育和发展过程中起到重要作用,并分别从不同角度明确政府的战略定位。汪文祥(2011)指出,各地纷纷利用财政政策投入代替市场引导机制是非理性的,有必要明确政府在发展战略性新兴产业中的边界和范围。[④] 李晓华等(2010)指出中国现有的战略性新兴产业企业创新动力严重不足,特别需要政府对企业的大力创新尤其是基础领域的研究提供财政等支持。[⑤] 时杰(2010)认为政府政策的支持是发展战略性新兴产业的保证,因此,政府必须注重对企业

---

① 刘芸,朱瑞博. 架构创新与战略性新兴产业全球价值网络的自主建构及其治理挑战[J]. 中国地质大学学报(社会科学版),2018,18(4):111-125.
② 王芳,邓明然. 战略性新兴产业系统自组织条件:耗散结构研究[J]. 科技进步与对策,2016,33(1):64-68.
③ 张敬文,吴丽金,喻林,黄婕. 战略性新兴产业集群知识协同行为及促进策略研究[J]. 宏观经济研究,2017(10):74-82,168.
④ 汪文祥. 明晰政府战略性新兴产业投资的边界和范围[J]. 中国经贸导刊,2011(17):14.
⑤ 李晓华,吕铁. 战略性新兴产业的特征与政策导向研究[J]. 宏观经济研究,2010(9):20-26.

的发展引导和对市场的培育，尤其是在战略性新兴产业正处于起步阶段时更应加强政府扶持力度。① 盛朝迅等（2018）按照"政策制定依据、政策作用对象、政策实施机制"三个维度，明确项目导向型产业政策向能力导向型产业政策转型的重点和难点，推动政策制定依据由幼稚产业扶持论调整为市场失灵理论，政策作用对象由单一企业转变为产业发展平台，政策实施机制由项目为主的政府—市场线性关系转型为政府、市场和参与各方多元互动的新机制。② 江飞涛等（2018）认为中国的产业政策越来越注重市场机制的作用，但仍保留了大量直接干预市场的措施，由此带来的不良政策效应日趋突出。应转为实施以功能性政策为主体的产业政策体系，重在完善市场机制、维护公平竞争、促进创新、推动产业绿色与包容性发展。③ 王博雅等（2018）以高新技术产业、战略性新兴产业和知识产权密集型产业三大创新产业政策为研究对象，借鉴发达国家相关创新产业政策制定经验，对中国创新产业支持政策体系现状、问题以及调整方向进行研究。④ 章文光等（2017）回顾了改革开放以来中国产业发展四个阶段中政府作用范围演进，提出了新时期政府在产业转型升级中作用范围的优化原则与框架内容，具体包括构建产业发展制度体系、加快人才发展战略布局、强化技术创新驱动作用、推动资本市场优化升级、打造高端优良产业载体。⑤ 周城雄等（2017）从政策工具的视角出发，构建了一个两维度的区域战略性新兴产业政策分析框架，并运用本分析框架对F市战略性新兴产业政策进行了实证检验。⑥ 靳光辉等（2017）围绕战略性新兴产业政策制定、实施，并将产生何种影响所引发的一系列不确定性预期，以战略性新兴产业相关企业为研究样本，分别从省际层面和公司层面，实证检验政策不确定性对企业投资行为的影响。研究发现，政策不确定性加剧了企业融资约束预期，改变了企业经营环境，显著降低了企业投资。⑦ 白恩来等（2018）构建了产业政策工具与产业政策功能和产业发展政策需求相适应的政策

---

① 时杰. 战略性新兴产业发展中的政府角色［J］. 理论参考，2010（11）：26-27.
② 盛朝迅. 战略性新兴产业政策转型方向和重点［J］. 经济纵横，2018（3）：58-66.
③ 江飞涛，李晓萍. 改革开放四十年中国产业政策演进与发展——兼论中国产业政策体系的转型［J］. 管理世界，2018，34（10）：73-85.
④ 王博雅，蔡翼飞. 创新产业支持政策体系研究［J］. 宏观经济研究，2018（10）：93-104，120.
⑤ 章文光，闫蓉. 基于政策文本计量的中国中小企业创新政策变迁研究［J］. 湘潭大学学报（哲学社会科学版），2017，41（5）：19-28.
⑥ 周城雄，李美桂，林慧，等. 战略性新兴产业：从政策工具、功能到政策评估［J］. 科学学研究，2017，35（3）：346-353.
⑦ 靳光辉，刘志远，花贵如. 政策不确定性与企业投资——基于战略性新兴产业的实证研究［J］. 管理评论，2016，28（9）：3-16.

支持机制，明确了新兴产业发展的政策支持机制运行的原理，并提出通过政策的反馈修正，找到制约机制作用发挥的阻碍因素的分析方法，进一步完善了政策支持新兴产业发展机制的理论结构。[①]

关于财政政策促进战略性新兴产业发展的研究。多数学者认为，财政政策对于战略性新兴产业的发展意义重大。黄京京（2014）在借鉴发达国家发展经验的基础上，提出政府在发展战略性新兴产业时必须因地制宜，出台和利用合理的财政政策，促进战略性新兴产业的发展。[②] 姚林香等（2018）认为税收优惠政策不仅显著激励了企业创新，还通过显著增加企业研发资金和研发人员间接激励企业创新，财政补贴政策显著抑制了企业创新；税收优惠对战略性新兴产业中信息技术行业有显著的促进作用，财政补贴对战略性新兴产业中新材料行业有显著的抑制作用。[③] 杨思辉等（2011）基于税收的角度进行研究，得出税收优惠可以降低企业成本的结论，并认为税收优惠可以降低产品价格，扩大市场需求，促进企业的生产，并最终实现产业结构优化。[④] 陆国庆等（2014）认为财政补贴是发展战略性新兴产业的又一重要手段，利用证券市场作为研究样本和系统数据，构建了包含外溢效应的超越对数 CDM 模型，对中国战略性新兴产业补贴的实际效果进行研究。结果发现，政府对战略性新兴产生的补贴绩效是显著的，创新的外溢效应也是显著的，并且外溢效应产出的弹性系数大于政府补贴产出的弹性系数，表明政府补贴对创新的影响不显著。[⑤] 伍健等（2018）分析政府补贴在企业创新中的资源属性和信号属性作用，发现政府补贴能够发挥资源属性的作用，促进战略性新兴产业内企业的创新投入；政府补贴能够发挥信号属性作用，帮助企业获取利益相关者的资源和支持，直接促进企业的创新产出。[⑥] 杨荣海等（2017）结合面板 VAR 模型，采用 GMM 方法对战略性新兴产业从企业治理角度展开了金融支持动力源分析。结果显示，直接金融支持与间接金融支持短期内对新兴产业上市公司企业存在一定程度拉动作用；间接金融对新兴产业企业成长带来的冲击高于

[①] 白恩来，赵玉林. 战略性新兴产业发展的政策支持机制研究［J］. 科学学研究，2018，36（3）：425 – 434.

[②] 黄京京. 我国战略性新兴产业发展的财政政策研究［D］. 辽宁大学，2014.

[③] 姚林香，冷讷敏. 财税政策对战略性新兴产业创新效率的激励效应分析［J］. 华东经济管理，2018，32（12）：94 – 100.

[④] 杨思辉，黎明. 动用税收政策促进战略性新兴产业发展［N］. 贵州日报，2011 – 1 – 6（B02）.

[⑤] 陆国庆，王舟，张春宇. 中国战略性新兴产业政府创新补贴的绩效研究［J］. 经济研究，2014（7）：44 – 55.

[⑥] 伍健，田志龙，龙晓枫，熊琪. 战略性新兴产业中政府补贴对企业创新的影响［J］. 科学学研究，2018，36（1）：158 – 166.

直接金融，而直接金融支持冲击带来的影响在稳健增加。① 李紫薇（2018）认为，在国际投资和贸易环境恶化的背景下，战略性新兴产业的起步和发展亟须税收政策的支持。② 王宇等（2018）通过建立一个基于纵向质量差异的双寡头竞争模型，分析了政府调整补贴门槛对产业发展和社会福利的影响。结果显示，当战略性新兴产业中企业之间存在较大成本差距时，降低补贴门槛能够有效缓解企业的质量升级惰性，提高整个行业的产品质量水平。③

关于科技创新和人才促进战略性新兴产业发展的研究。黄海霞等（2015）采用数据包络分析（DEA）方法，从投入与产出角度对2009~2012年中国战略性新兴产业的技术水平开展实证研究。结果显示，中国战略性新兴产业的科技资源配置效率正在不断提升，但尚未实现最优，且不同产业之间与同一产业内部之间仍存在较大差异的结论。④ 武建龙等（2014）从模块化角度分析战略性新兴产业技术创新的特征，以及实现技术突破的动力机制，通过综合理论分析，构建了战略性新兴产业突破性的技术创新路径，并提出了不同路径之间的差异与适用条件。⑤ 王雷等（2014）以中国140家战略性新兴产业上市企业为样本，构建了固定效应的模型，通过实证分析，研究了政府补贴、专项资助与公共资本、薪酬激励等的交互作用，对企业R&D投入与创新的影响，得出了优化公共资本支出可以明显提高产业创新水平的结果。⑥ 潘剑波等（2018）分析了新能源光伏产业的发展现状和人才培养的迫切性，以常州大学光伏科学与技术学科的工程人才培养为案例，提出工程教育的进一步思考和建议。⑦ 逯东等（2018）认为战略性新兴产业政策促进了受该政策支持企业的创新，但这一影响主要表现在市场化程度较低地区的国有企业中，而在非国有企业中均不显著。进一步研究发现，受战略性

---

① 杨荣海，李亚波. 战略性新兴产业企业治理金融支持动力源分析［J］. 软科学，2017，31（10）：47-51.

② 李紫薇. 战略性新兴产业自主研发激励机制研究——以新通信网络业税收政策为例［J］. 宏观经济研究，2018（8）：94-100.

③ 王宇，汤家红，江静. 补贴门槛调整与战略性新兴产业发展［J］. 中国经济问题，2018（4）：38-50.

④ 黄海霞，张治河. 基于DEA模型的我国战略性新兴产业科技资源配置效率研究［J］. 中国软科学，2015（1）：150-159.

⑤ 武建龙，王宏起. 战略性新兴产业突破性技术创新路径研究——基于模块化视角［J］. 科学学研究，2014（4）：508-518.

⑥ 王雷，詹梦皎. 公共资本支出、管理层薪酬激励与战略性新兴产业技术创新［J］. 统计与决策，2014（22）：163-166.

⑦ 潘剑波，丁建宁. 基于战略性新兴产业工程人才培养——光伏产业高层次人才培养的探索和实践［J］. 高等工程教育研究，2018（6）：55-59.

新兴产业政策支持的国有企业获得了更多的政府补贴,战略性新兴产业政策通过政府补贴机制促进了国有企业的创新。[①] 武咸云等(2017)以2010~2014年278家战略性新兴产业上市公司为研究对象,利用固定效应面板模型进行分析。结果显示,企业研发投入会显著降低企业当期财务绩效和市场价值,提高企业滞后两期的财务绩效以及滞后三期的企业市场价值。[②] 方炜等(2018)应用演化博弈理论,构建基于有限理性下以战略性新兴产业和学研方为参与主体的演化博弈模型,探讨产学研合作创新后续稳定性问题。结果显示,博弈双方合作创新稳定性与双方合作收益、政府激励、违约金正相关,与双方投入的合作创新成本、风险成本、背叛收益负相关,存在合理的收益分配系数有助于双方合作稳定性。[③] 商华等(2017)基于战略性新兴产业企业内部人才生态环境需求特征,并运用Delphi法和AHP构建出定量评价体系,对云计算行业进行实证分析。[④]

既有研究对如何发展战略性新兴产业得出了一定的共识,即必须通过政府政策和科技创新支持战略性新兴产业的发展,但目前的政策研究还缺乏针对性和有效性,尚未形成有效的保障机制的体系,需要在借鉴国外先进经验的基础上,提出中国战略性新兴产业的路径选择和保障机制,形成完整的政策体系,提供有效的策略和建议。

近年来,国内外学者针对围绕战略性新兴产业进行了大量研究,不同学者针对不同的研究方向提出了不同的对策建议。与此同时,既有研究对战略性新兴产业的理论基础不断深化,研究方法不断扩充,且重视与中国经济实际发展情况相结合,为战略性新兴产业研究做出了重要工作。但从目前研究状况看,现有研究内容碎片化,未形成全面、系统的分析梳理和研究发展战略性新兴产业的评价标准、评价体系和发展路径等问题,具体表现以下几个方面:

第一,对战略性新兴产业的评价标准有待进一步明确。既有研究主要是在借鉴主导产业和高技术产业等基础上明确战略性新兴产业评价内容,没有充分考虑产业的本质特性,导致评价标准不明确,难以与主导产业等评价标准有差异,结

[①] 逯东,朱丽. 市场化程度、战略性新兴产业政策与企业创新[J]. 产业经济研究, 2018 (2): 65 - 77.

[②] 武咸云,陈艳,李秀兰,李作奎. 战略性新兴产业研发投入、政府补助与企业价值[J]. 科研管理, 2017, 38 (9): 30 - 34.

[③] 方炜,王婵,王莉丽. 战略性新兴产业与学研方合作创新的稳定性分析——基于演化博弈视角[J]. 软科学, 2018, 32 (10): 23 - 28.

[④] 商华,邱赵东. 战略性新兴产业人才生态环境定量评价研究[J]. 科研管理, 2017, 38 (11): 137 - 146.

果是对战略性新兴产业的评价与以往研究没有明显差异。战略性新兴产业具有独特的发展特性、判断标准、评价依据等，必须充分考虑其内涵特性，在此基础上明确产业的具体评价标准。

第二，对战略性新兴产业的评价内容有待进一步完善。现有成果对评价内容的研究只注重指标的可得性，未考虑战略性新兴产业的发展潜力和低碳属性，即建立的指标体系没有充分体现产业的未来发展能力和能耗排放水平，因此，在指标中必须考虑现有产业竞争能力，并在此基础上把未来的潜力进行量化，所以要求指标体系要对潜力指标进行界定，并量化产业未来的规模与技术的成长能力。

第三，对培育与发展战略性新兴产业的路径有待进一步深化。现有研究仅提出了发展战略性新兴产业的几种实现途径，但对于如何实现这一路径以及实现这一路径的保障机制未进行全面探求。发展战略性新兴产业必须充分考虑产业发展特性，还必须遵循产业成长的基本路径。一项技术逐渐发展成为独立的产业，不是一蹴而就的，如果单凭主观意志，脱离战略性新兴产业发展实际，必然会失败。因此，必须充分考虑中国经济发展的实际情况，结合产业发展规律，深化战略性新兴产业发展的路径。

综上所述，既有研究成果在评价标准、评价体系、路径选择等方面研究不足，为本书完善战略性新兴产业评价内容和发展路径留下空间。因此，本书在现有研究的基础上，明确了战略性新兴产业的评价内容，完善评价体系，探寻发展路径，这既是本书研究的主要内容，也是本书的创新点所在。

1.3 研究思路与主要框架

本书主要从产业经济学视角，对中国战略性新兴产业发展及演变进行实证分析和定性考察，力图实现对战略性新兴产业发展水平的准确把握。在厘清战略性新兴产业内涵特性和相关理论支撑的基础上，研究中国战略性新兴产业发展的主要成就和制约因素，通过评价指标和评价体系的构建，对中国战略性新兴产业发展现实和发展趋势进行实证分析。在此基础上，借鉴发达国家和新兴经济体发展战略性新兴产业的相关经验，提出中国发展战略性新兴产业路径选择和保障机制，力求为政府政策制定提供有益参考。

本书研究的主要框架如下：

第一部分（第1~2章），重新梳理战略性新兴产业的内涵特性与相关理论支撑。在文献回顾和分析的基础上，明确战略性新兴产业与基础产业、战略性产业、新兴产业、主导产业的内涵，分析其区别及内在联系，认为战略性新兴产业具有竞争性、带动性、创新性、发展性和碳减性的鲜明特性。在此基础上，寻求发展战略性新兴产业的一般规律和理论依据，即产业选择与评价理论、产业发展与演进理论、市场竞争与政府干预理论。产业选择与评价理论主要包括产业相关理论、产业创新理论、发展潜力理论和产业竞争理论。产业发展与演进理论主要论述了创新发展理论、不平衡发展理论和产业保护理论。市场竞争与政府干预理论主要论述了市场竞争理论与政府干预理论。

第二部分（第3~4章），系统分析主要国家发展战略性新兴产业的基本路径和主要举措。当前，主要国家纷纷调整和重新制定经济发展战略，采取有力措施推动战略性新兴产业的发展。本部分重点分析了发达国家和新兴经济体发展战略性新兴产业最新战略和发展举措，并总结提出对中国发展战略性新兴产业的有益借鉴。从发达国家战略性新兴产业发展战略看，主要是英国的"高价值制造"、美国的"再工业化"、德国的"工业4.0"和日本的"新增长战略"，通过分析得出发达国家纷纷实施的"再工业化"战略，实质上是一种"再平衡"的战略，而不是简单的制造业的回归，重点是强调高新技术的应用，强化制造业的国际分工优势，继续保持其世界领先地位。从新兴经济体战略性新兴产业发展战略看，主要是印度的信息产业、俄罗斯的"新型工业化"、巴西的新能源产业、韩国的"未来增长动力落实计划"，通过分析得出新兴经济体采取的重点赶超战略，力图在新兴产业竞争中抢占一席之地，从根本上改变国际产业竞争格局。在总结主要国家战略性新兴产业发展经验的基础上，得到以下启示：把握产业发展规律和趋势，制定战略规划；推进信息化和工业化深度融合，打造制造业升级版；加大市场培育力度，制定有效的产业政策；加强标准规范制定和推广，促进跨界互联互通；推动产学研与行业组织合作，促进高新技术产业化；引导资金投入方向，构建多方参与的投融资体系；优化产业布局，推进产业集群和集聚发展；优化智力支持，促进持续的技术创新。

第三部分（第5~6章），全面分析中国发展战略性新兴产业的主要成就和制约因素。指出中国发展战略性新兴产业的必要性，以及当前面临的良好机遇和面对的重大挑战。从产业政策、产业结构、产业规模、产业分布、国际贸易五个维度反映中国战略性新兴产业发展现实。通过数据分析得出：在产业规模上，近年来，中国战略性新兴产业发展迅速，部分领域已居世界前列；在产业政策上，中国通过产业规划、财政政策、税收政策等手段有效促进了战略性新兴产业发展；

在产业布局上，中国战略性新兴产业初步呈现"东强西弱"和产业集群两大趋势；在产业结构上，大型企业和内资企业是中国战略性新兴产业发展的主要载体；在国际贸易上，中国高新技术产品的国际竞争力不断提升，但出口创汇能力仍需进一步加强。在此基础上，结合要素禀赋情况，明确提出中国发展战略性新兴产业还存在技术制约、投入制约、制度制约、市场制约和产业链制约。

第四部分（第7~8章），对中国战略性新兴产业发展现实进行实证分析。明确评价内容，建立评价指标体系，通过主观赋权的层次分析法明确各级指标的权重，以此对中国战略性新兴产业发展进行实证分析。根据战略性新兴产业的特性，本书构建的战略性新兴产业评价指标体系包括五个模块：产业竞争力指标、产业带动力指标、产业创新力指标、产业发展力指标、产业碳减力指标，共计16个二级指标。在此基础上，选取2013年相关战略性新兴产业数据，对新一代信息技术产业、新能源产业、生物产业、新材料产业和高端装备制造业五大产业发展情况进行实证研究。结果显示，目前中国五大战略性新兴产业发展优劣依次为新一代信息技术产业、生物产业、高端装备制造业、新材料产业、新能源产业。选取2009~2013年中国五大战略性新兴产业相关数据，对中国战略性新兴产业发展态势进行动态评价，结果显示，五大战略性新兴产业中生物产业发展态势最好，其次是高端装备制造业和新一代信息技术产业，新材料产业的发展态势一般，新能源产业的发展态势较差。通过实证分析，为加快发展中国战略性新兴产业提供科学、有效的决策参考。

第五部分（第9~10章），提出发展我国战略性新兴产业的路径选择及保障机制。在上述分析的基础上，明确发展中国战略性新兴产业的路径选择：在发展前提上，应当处理好"四个关系"；在产业培育上，选择传统产业与新兴产业协同发展；在发展动力上，选择政府机制与市场作用共同推进；在集聚模式上，选择外源型与内源型共同发展；在发展布局上，选择总体非均衡与局部均衡发展。在此基础上，提出中国战略性新兴产业发展路径的保障机制：构建和完善产业政策保障体系，明确和优化区域空间产业体系，培育建设有效的市场供求体系，建立健全多层次资本市场体系，构建和完善产业技术创新体系。

1.4 研究方法与创新之处

本书主要介绍研究采用的方法与研究的创新之处，阐明本书的主要特色。

1.4.1 研究方法

本书的研究方法主要体现以下几个方面：

第一，调查分析法。本书使用的数据，主要通过对搜集的文献资料和统计数据资料进行加工、整理、筛选和分析，在结合中国战略性新兴产业发展现实的基础上，对其发展状况进行客观分析；另外，积极进行数据的甄别，为构建科学的评价体系奠定客观基础。

第二，比较研究法。本书利用比较研究的方法分别对发达国家和新兴经济体发展战略性新兴产业的主要举措进行比较分析，探寻共性经验和发展特点，提供学习借鉴的依据，从而为提出适合中国的战略性新兴产业发展路径提供支持，也为促进中国战略性新兴产业发展提供有益借鉴。

第三，实证分析法。本书利用层次分析法构建对战略性新兴产业发展评价的基本模型，选取2013年中国战略性新兴产业数据对五大战略性新兴产业进行分类和综合评价；选取2009~2013年中国五大战略性新兴产业的有关数据，对近年中国战略性新兴产业发展态势进行动态评价。

1.4.2 研究的创新之处

本书研究的创新之处主要体现在以下几个方面：

第一，拓展和完善了战略性新兴产业评价指标体系。一是在战略性新兴产业评价指标体系中加入了具体的产业发展潜力指标。二是将战略性新兴产业的低碳特性加入评价指标体系中，即产业碳减力指标，以更加客观、准确地评价和反映战略性新兴产业。

第二，反映了战略性新兴产业的动态发展趋势。对中国2009~2013年战略性新兴产业的相关数据进行实证研究，以反映和评价近年来战略性新兴产业的发展态势。

第三，明确了发展战略性新兴产业的路径选择。在发展前提上，应当处理好"四个关系"；在产业培育上，选择传统产业与新兴产业协同发展；在发展动力上，选择政府与市场共同推进；在集聚模式上，选择外源型与内源型共同发展；在发展布局上，选择总体非均衡与局部均衡发展。

第 2 章
发展战略性新兴产业的理论依据

战略性新兴产业理论体系主要建立在产业经济学、区域经济学的基础理论之上,本书着重从产业选择与评价理论、产业发展与演进理论、市场竞争与政府干预理论三个方面阐述战略性新兴产业的理论基础。

2.1 相关概念分析

本节主要阐述战略性新兴产业与战略性产业、新兴产业、主导产业等产业形态的关系,阐明战略性新兴产业的本质特性。

2.1.1 战略性新兴产业及相关概念的内涵

战略性新兴产业这一概念拥有丰富的内涵,对于它的定义已基本确定。多数学者认为,战略性新兴产业是以重大技术突破和发展需求为基础,对经济社会全局和长远发展具有重大引领作用,知识技术密集、物质资源消耗少、成长潜力大、综合效益好的产业。[①] 战略性新兴产业与新兴产业、高技术产业等具有深入而广泛的联系。

新兴产业:新兴产业是相对于传统产业而言的,新兴产业是动态变化的,一般处于产业生命周期的初期和发展期,由于技术革新和市场需求的变化产生,依靠新的技术突破或现有的创新和技术改造,具有地区差异的产业。新兴产业蕴藏

---

① 国务院. 国务院关于加快培育和发展战略性新兴产业的决定 [R]. 2010.

着劳动的社会分工的新任务，代表了产业结构的转型和科学技术产业化水平新方向。[①] 但新兴产业不能充分体现国家意志，且后期只能通过优化传统产业推动经济增长。因此，战略性新兴产业属于新兴产业，又比新兴产业更具战略属性和主导属性。

主导产业：主导产业是指依靠科技进步和技术创新，通过比其他行业更快地获得成长，有力地促进其他相关产业的产业或产业群的快速发展，处于上升期的产业形态。主导产业在产业体系中居支配地位，主要是由其关联带动效应实现的，对整个产业体系的完善和发展起着基础性的主导作用。它与战略性新兴产业的相同之处是产业带动能力强，在促进自身发展的同时能够有效拉动相关产业的发展。但主导产业属于产业生命周期的成熟期，不如战略性新兴产业的科技创新优势明显。

基础产业：基础产业是为其他产业及整个产业体系服务的基础，其与战略性新兴产业的相同之处在于两者均对国民经济有着较大的贡献。两者的不同之处在于贡献的侧重点有所不同，战略性新兴产业侧重于发挥未来产业的综合竞争优势，基础产业则侧重于对一国经济的基础支撑，基础产业的创新能力一般较弱。

战略性产业：对战略性产业的界定主要包括以下两种观点：第一种观点认为战略性产业等同于主导产业，或扩大至与支柱产业的综合，指在一个国家和地区的国民经济中的占比较高，在产业结构调整和经济发展中起基础性作用的产业。第二种观点是指在一国国民经济中对产业发展和结构调整起主导作用的产业。由此可见，与战略性新兴产业相比，战略性产业不涉及物质资源消耗的多少，对科技创新的要求也不高。

高技术产业：高技术产业的主要特征是技术密集、产品效益好。战略性新兴产业与高技术产业的相同之处在于两者都是技术密集型产业，且两个产业具有的关联度都较高。两者的不同之处在于高技术产业主要体现的是它的高科技含量，在产业生命周期中的阶段可能是成熟期，也可能正处于萌芽期和发展期，与战略性新兴产业相比，高技术产业的战略作用和主导作用不如战略性新兴产业。

2.1.2 战略性新兴产业的特性

战略性新兴产业具有竞争性、带动性、创新性、发展性和碳减性五大主要属

---

① 陈刚. 新兴产业形成与发展的机理探析 [J]. 探讨与争鸣, 2004 (2): 40-42.

性。(1)竞争性主要指战略性新兴产业的规模较大,影响深远,具有很强的竞争力,能够促进经济的全面发展。一是战略性新兴产业能够促进经济增长,提升产业体系发展水平。二是战略性新兴产业能够促进经济协调发展,解决就业问题,维护社会稳定。(2)带动性主要指战略性新兴产业在发展过程中,能够通过产业关联和溢出效应带动其他产业发展,促进区域经济发展水平的整体提升。(3)创新性主要指战略性新兴产业是新兴产业与科技的综合体,也是创新活动的集中地。此外,战略性新兴产业的创新还包括发展模式、营销手段以及发展模式上的创新。(4)发展性包括三个层面的含义,第一层含义是战略性新兴产业本身能够产生长期效益,对于一国的经济发展意义重大。第二层含义主要指战略性新兴产业和新兴产业一样,不是一成不变的,它是随着经济发展、科技进步的步伐而相应进行调整的。第三层含义主要指战略性新兴产业拥有新兴产业的另外一个属性,即未来的市场需求将会稳定增长。反过来说,也只有市场未来的需求量会大费增长,产业发展的空间才大,战略性新兴产业的发展优势才能得以体现。(5)碳减性是指战略性新兴产业是节能、环保的产业,符合低碳、节能和降耗的属性,有利于产业的持续良性发展,更有助于整个产业体系发展水平和发展质量的持续提升。

2.2 产业选择与评价理论

产业选择与评价理论是本书对战略性新兴产业评价的理论基础,主要包括产业创新理论、产业竞争理论、发展潜力理论和产业相关理论。

2.2.1 产业创新理论

美国经济学家熊彼特提出的创新理论指出创新是企业家对生产要素的新结合,主要手段为引入新产品、新方法、新工艺,开辟新市场,获得新原料等,其实质是企业家通过对一系列创新资源和创新要素的优化整合,实现的一种创新过程。熊彼特指出,正是由于创新的阶段性和不平衡性,才产生经济的周期性波动。不同程度、不同层面、不同领域内的创新对经济起着不同的作用,也正因为如此才形成了经济周期。技术创新主要包含在产品上的创新和在工艺流程上的创新。在此基础上,熊彼特提出了"第二次浪潮",所谓"第二次浪潮"是由于创新导致产品的需求增加、物价上涨、投资和投机行为增多,最终导致投资过度。他认为性质完全不同的创新由于所需的时间不一样,从而对实体经济的影响也不相同,不同的影响范围和影响程度导致多种周期的出现。①

第三次技术革命以来,技术创新在创新活动的地位日益重要。罗杰斯在熊彼特的基础上提出了创新扩散理论,他在深入分析影响创新使用和创新扩散的主要因素基础上,指出创新属性、时间和空间、传递渠道等都将影响创新扩散的实现。当今时代,创新的影响在新技术革命推动下越来越重要,人们逐渐认识到创新是一种复杂现象,随着信息技术的发展,创新被认为是技术进步和技术应用的双重构造。

创新理论将新兴产业与科技进步和创新联系起来,从世界各国战略性新兴产业发展来看,加强关键核心技术的自主创新是非常必要的。因此,创新能力是衡量战略性新兴产业发展情况的重要标准之一,发展战略性新兴产业要特别注重创新理论的应用,包括知识的积累、新技术的发明、人才的培养,并最终实现产业化。

2.2.2 产业竞争理论

本书论述的产业竞争理论主要是迈克尔·波特提出的钻石理论。钻石理论认为,某种产业的竞争力主要是由要素禀赋、市场需求、关联产业、企业战略四个主要因素决定,以及随机事件和政府两种外部力量。国家竞争优势理论在继承比较优势理论基础上,力图阐释一国的相对竞争优势如何才能持续保持,波特的钻石理论是超越比较优势理论的存在。②

钻石理论着重讨论了特定国家在国际竞争中获取竞争优势的条件。波特指出一国的竞争优势决定了这个国家在国际市场上的经济地位,而具体产业和具体企业的竞争优势又是国家竞争优势的最重要体现。某一产业要成为主导产业必须确定其是否具有竞争力,当前国际背景下,各国的产业选择具有很大的空间,一国的产业结构也不是一成不变的,各国都应积极发挥自身的资源禀赋优势和国际比较优势,发展符合自身实际的战略性新兴产业。钻石理论是一个动态的体系,一国的竞争力大小主要体现在该国是否持续拥有竞争力较强的产业集群。因此,产业竞争力的强弱是衡量战略性新兴产业发展程度的标准之一。

---

① [美] 熊彼特. 经济发展理论 [M]. 邹建平,译. 北京:中国画报出版社,2012.
② [美] 迈克尔·波特. 竞争优势 [M]. 陈小悦,译. 北京:华夏出版社,2005.

2.2.3 发展潜力理论

发展潜力理论主要指日本经济学家筱原三代平的"两基准"理论。该理论主要是用于选择战略性产业和主导产业的标准，往往用生产率增长率和收入弹性的大小体现产业的选择。收入弹性的高低作为选择战略性产业的基本准则，是由于收入弹性较大的产业拥有广阔的市场需求，有利于实现规模经济、提高生产效益和利润，所以要把资本和劳动力投入这些高收入弹性的产业中。生产率上升基准要求将生产率增长率的高低作为选择战略性产业的基本准则，由于生产率增长较快的产业具有未来的低成本优势，产业的收益和利润也将大幅提高，因此，要将有限的资源投入这些生产率增长率较快的部门。同时满足这两个条件的产业为战略性产业。[①]

"两基准"理论为中国选择和发展战略性新兴产业提供了理论依据。目前，中国的经济实力、人均收入和工业化所处的阶段，都与六七十年代的日本相似，从表面上看，GDP增长较快，但从本质上来看，经济发展却是"大而不强"，产业结构与筱原"两基准"理论不相符。因此，准确评价中国的战略性新兴产业发展情况，必须利用收入弹性基准和生产率上升基准衡量战略性新兴产业的未来发展潜力。

2.2.4 产业相关理论

产业结构随经济发展而不断变动，在产业由低级向高级演进的同时，产业之间的联系也不断由简单向复杂演进，这两个层次的演进推动产业结构向合理方向发展。当前，在各种产业相关理论中，影响较大的有主导产业理论、产业关联理论和产业链理论。

2.2.4.1 产业关联理论

产业关联是一种产业链上经济关系的体现，着重强调产业之间的投入产出关系。因此，产业关联理论是考察经济体系内各产业之间的经济技术关系的基本理论，即对不同产业之间的投入产出关系进行量化。[②] 里昂惕夫利用横行分配方程式对不同产业之间的投入产出进行分析。

[①] 杨治. 筱原三代平的产业结构理论 [J]. 现代日本经济, 1982 (4): 38-43.
[②] 李善同, 钟思斌. 我国产业关联和产业结构变化的特点分析 [J]. 管理世界, 1998 (3): 61-68.

按照不同的关联性质，产业关联可以划分为空间关联和结构关联。空间关联主要是指不同产业之间在产品、价格和技术等生产要素在空间上的关联关系。狭义上的产业关联主要是指结构关联，即不同产业之间由于投入和产出关系而形成的紧密联系。[①] 结构关联既包括产品关系，也包括技术关系等。该理论对利用战略性新兴产业的带动和扩散效应改造传统产业，促进产业结构优化升级具有重要意义。反过来讲，对传统产业的优化升级又深化了战略性新兴产业与其他产业的各种关联关系。

赫希曼提出，某一产业带动能力大小是主导产业选择的标准。战略性新兴产业如果缺乏很强的带动作用，就不可能在经济发展中发挥主导作用。利用传统产业与战略性新兴产业的高产业关联性，战略性新兴产业可以通过技术扩散、产业扩散及上下游关联产业等作用带动传统产业发展，形成新的产业集聚优势，实现传统产业向战略性新兴产业转型升级。

2.2.4.2 主导产业理论

罗斯托提出的主导产业理论主要是指在经济发展的不同阶段，都会有一个主导产业引领着经济的发展方向，而每个阶段的发展和演进都是对新的主导产业的替代为依据的。罗斯托认为，经济发展的各个阶段都必然会存在起主导作用的产业，通过前向、后向和旁侧关联影响，主导产业带动着其他产业的发展。由此可知，主导产业迅速发展和带动作用是一个国家和地区经济持续增长的原因，与此同时，主导产业的发展又强化了对其他产业的促进作用。罗斯托的这些理论被称为扩散效应，一国主导产业的持续增长，构成了一国经济增长的主轴。因此，主导产业的扩散效应是选择和评价战略性新兴产业的标准之一。

2.2.4.3 产业链理论

1958年，赫希曼最早阐述了产业链的概念，产业链是指以某项核心技术或工艺为基础，基于增强竞争力和强化合作关系的需要，根据特定的空间布局及逻辑关系形成的相互衔接的经济关系。具体而言，产业链具有三个层次的含义：一是产业链是一种相关资源的组合；二是这个组合是围绕着某项核心技术加以优化和提升的；三是能否最大限度地实现其资源的全部价值是评价产业链是否优化的标准。与一般的供应链不同，产业链是特定产业集聚内相关企业的集合，且与其他相关机构和群体有着密切的联系。产业链内的各企业之间存在一种长期的战略合

---

① 李国娟. 从产业关联看上海产业结构的调整方向 [J]. 上海统计，2000 (10)：8-11.

作关系，产业链并非是一体化，它是独立企业之间的联合。[1]

构建产业链主要有两种具体形式，即完善产业链和扩展产业链。完善产业链是指通过新的产业部门将现有的未形成产业体系或经济关系不紧密的产业融合到一起，使产业链产生了原来所不具备的利益共享与风险共担功能，与此同时，这也将衍生出一系列新兴产业环节，增加产业链的附加价值。延伸产业链主要是指将现有的产业链条向上游、下游拓展和延伸，使产业链条触及产业链的研发、原材料等上游环节和市场开发、销售等终端环节。由于战略性新兴产业具有很强的带动力，对战略性新兴产业的评价不仅要求其能够突破关键核心技术，还能够遵循产业链的发展要求，带动相关产业发展，打造具有国际竞争力的产业链和产业体系。

2.3 产业发展与演进理论

产业发展与演进理论可以为中国发展战略性新兴产业提供可操作的发展思路和发展建议，主要包括新型发展理论、不平衡发展理论和产业保护理论。

2.3.1 新型发展理论

2.3.1.1 产业转移理论

产业转移是基于主要生产要素或市场需求的变化，一国将某些产业转移到生产要素更易获得或市场更庞大的国家或地区的经济行为。20世纪以来，产业转移是推动国际产业转移的重要推动力，对一个国家和地区的经济发展具有重要发展意义。产业转移的接受国通过对承接的产业转移实施再创新和再优化，可以迅速提升本国的经济发展水平，提高资源利用率，实现经济发展的新跨越。[2]

吸引产业转移必须持续对引进的产业进行再创新，加快转移来的产业融入当地经济的步伐，加快产业规模的迅速扩大，并拓展产业链条，发展相关产业。产业转移要解决创建自己的品牌，提高工业增加值等问题，产业转移的过程是产业不断吸收和优化升级的过程。总之，产业转移不仅可以实现企业自身发展的优

---

[1] 刘贵富. 产业链基本理论研究 [D]. 吉林大学, 2006.
[2] 王辉堂, 王琦. 产业转移理论述评及其发展趋向 [J]. 经济问题探索, 2008 (1): 45-48.

化，使内部经济联系更加紧密，还将对产业转移地区的其他产业产生优化影响，有利于加强经济联系，优化产业机构。当前，接受产业转移必须做到趋利避害，尤其是要积极开展自主创新能力建设，通过自主创新能力的提高，强化产业的替代性，此外，要正确看待和处理技术引进与自主创新之间的关系。

2.3.1.2 产业集群理论

产业集群主要是指在特定的环境和地域内，大量企业为了降低生产成本或是为了形成持续的竞争力，通过密切的经济联系在此集中或集聚。产业集群发展是规模经济的外延，是产业发展的有效战略，通过集群发展，可以快速提升地区竞争力。从单个企业来看，企业在集聚区内横向一体化发展，可以减少市场交易，降低企业生产成本。企业在集聚区内的纵向一体化发展，可以提高生产和销售的稳定性，在生产成本、产品销售与产品价格等方面形成一定的竞争优势。产业集群是一种全新的企业组织形式，通过集群组织，企业可以充分利用集群优势，在专业化分工和协作基础上，形成创新优势，更借助这种优势使企业的关系更加紧密，企业之间的合作更加稳定。①

产业集群发展对战略性新兴产业具有重要的现实意义，由于产业集群超出单个产业的范畴，因此具有特殊的竞争优势，并通过地理位置上的靠近，形成种类较多、范围较广、融合度高的产业集群。从产业链和产业关系的维度看，产业集群实质上是企业链条的延伸，也是产业体系的优化的完善。从产业组织关系的维度看，产业集群实质上是一个大的企业集团，一些地区通过纵向一体化发展的大型企业集团。产业集群的核心是在一定空间内企业的高度集聚，这有利于企业降低生产成本，提高经济效益，提高企业和产业整体的市场竞争力。

2.3.1.3 产业融合理论

产业融合是由于技术进步或管制的放松，通过技术进步和技术融合，在产业边界发生新的反应，改变了产业原有的发展特点和需求条件，最终使企业之间的竞争关系发生明显变化，使产业的边界模糊甚至重新划分产业边界。产业融合是产业创新和产业发展的一种新方法，具有强大的生命力和创造力，可以有效地提高产业竞争力。融合式发展是产业结构优化的必然趋势，通过价值创造，产业融

---

① 卫玲，邱德钧. 现代产业集群理论的新进展及其述评 [J]. 兰州大学学报（社会科学版），2007 (2)：122 – 127.

合可以提高企业占领市场的能力，使企业不断扩大生产能力，增强发展动力，提高企业发展的可持续性。[①]

发展战略性新兴产业，产业融合具有重要影响和作用。产业融合可以通过建立新的组织之间的关系和实现改变行业和企业的竞争范围，使参与者进入和开拓新市场，提高竞争力，形成新的市场结构，有利于提高资源的优化配置水平，提高增加率等。企业通过并购等产业融合的发展过程创造了一个新的市场，这也在一定程度上反映了产业链和价值链的动态变化，即使产业的市场竞争环境逐渐由垄断竞争向完全竞争转变，产业的服务内容业从信息传递发展到制作、包装或是贸易，因此，产业融合可以快速提高企业的经济效率。产业融合的深度发展也使得企业的生产技术更加先进、生产流程更加严谨、生产管理更加优化，厂商可以以更廉价的生产成本生产更多更好的产品，满足不同消费者个性化的需求，提供多品种、高品质的产品。

2.3.2 不平衡发展理论

2.3.2.1 不平衡增长理论

赫希曼指出，因为资源的稀缺性，社会只能将有限的资源投入个别地区和个别行业，最大化实现资源的有效利用和经济的快速增长，这就是不平衡增长理论。赫希曼提出一国的生产和社会资本具有可代替性，于是产生了"短缺的发展"和"过剩的发展"两种不平衡的增长模式。[②] 由于中国是发展中国家，存在资本的短缺现象，因此，不平衡增长理论符合中国的实际发展情况。战略性新兴产业的发展需要选择不平衡增长路径，各地应根据自身的资源禀赋选择不平衡发展的方式。

不平衡增长理论有效地解决平衡增长理论的缺陷，不平衡增长理论本质上是用不平衡增长来实现平衡增长。因此，战略性新兴产业的发展应基于非平衡发展，以均衡发展为目标，强调平衡发展，实现产业升级。政府政策也应该关注产业的长期发展趋势，从行业内部与空间布局等各个方面合理安排战略性新兴产业发展序列，实现持续健康发展。

[①] 张建刚，王新华，段治平. 产业融合理论研究述评 [J]. 山东科技大学学报（社会科学版），2010（1）：73–78.

[②] 夏锦文，王波. 国外产业平衡增长和不平衡增长理论综述 [J]. 经济纵横，2005（9）：76–78.

2.3.2.2 增长极理论

增长极理论由法国经济学家佩鲁首先提出，是不平衡发展的理论依据。增长极理论提出在一个国家的经济发展中，一些领先的行业或创新的企业集群在一个特定的地区，将形成资本和技术高度集聚，增长迅速并具有显著的经济效益。增长极理论实质上是一种产业集聚理论，但更侧重于集聚与经济增长关系的研究，更加强调政府的职能和政府政策的作用，以政策保障主要产业发展，围绕主要产业形成产业集聚现象，然后利用主导产业的极化效应，促进区域经济持续增长。佩鲁指出，行业中包含一些具有活力的带动型产业，由于这些产业规模大、市场力量强、创新能力好，从而在一定程度上支配着其他行业，因此政府必须专注于这个行业，引导其他经济资源也加入进来以促进经济持续增长。在增长极理论下，地区的经济增长可以看成一个有机系统，由点及面、由部分到整体，相互联系，层层递进。增长极的形式包括各种各样的高科技园区与区域经济合作区等。①

发展战略性新兴产业需要发挥增长极的作用，尤其是高科技产业集聚，促使大量的资本、技术和人才汇集，形成产业集聚，并不断的输出新产品，开发新业务，衍生新企业，将产品、资本、技术等向外辐射，因此在发展战略性新兴产业的过程中，政府要积极创造各种有利条件，加快战略性新兴产业集聚和扩散，真正实现战略性新兴产业的"增长极"作用。

2.3.3 产业保护理论

2.3.3.1 幼稚产业保护理论

幼稚产业保护理论是贸易保护主义的基本理论，由美国经济学家汉密尔顿首次提出，德国经济学家李斯特进行了系统研究。幼稚产业保护理论是指一个行业在其发展初期，无法抵御外国竞争对手的竞争，政府应该对那些拥有比较优势的产业提供保护政策，以避免外国竞争对手阻碍它们的发展。李斯特提出了三种幼稚产业保护理论：一是经济发展阶段理论。政府在国家发展的不同阶段应采取不同的贸易政策，以避免外国经济影响。二是生产力理论。他认为一个产业的比较优势是能够培育的，贫穷国家为了促进生产力的发展，应采取保护幼稚产业的措施。三是国家干预的理论。该理论指出政府应该积极制定和出台相关产业政策，

---

① 安虎森. 增长极理论评述 [J]. 南开经济研究，1997 (1)：31 - 37.

以保护国内企业和国内市场的良性发展。①

战略性新兴产业具有明显的幼稚产业保护理论认为的"幼稚产业"的特点，即属于新兴产业范畴，产业关联度高且具有积极的外部效应，与其他国家竞争优势较弱，有巨大的发展潜力。根据幼稚产业保护理论，在战略性新兴产业的发展初始阶段，没有能力与外国企业竞争。政府应当通过适当的产业政策，如金融支持政策、税收优惠政策与关税保护政策等保护战略性新兴产业发展，提高产业竞争力，使其具有比较优势。幼稚产业保护理论为政府积极发挥调控作用，促进战略性新兴产业发展提供了一个更明确的理论支撑。

2.3.3.2 产业生命周期理论

产业生命周期理论由经济学家施蒂格勒首先提出，主要是指一个产业从萌芽发展到完全退出市场的完整过程，每一个产业一般都会经历从产生到衰退的过程，由此将产业周期分为起步、成长、成熟和衰退四个阶段。由表2-1可以看出，从产业起步阶段到产业衰退阶段，企业数量、产品种类、产业规模、产业利润和对经济增长的贡献度都经历了一个由低到高，再由高到低的转变过程。由此也可以看出，产业的需求情况、市场份额以及技术创新情况是衡量某个产业所处的生命周期阶段的主要标准。②

表2-1　　　　　　　　产业生命周期各阶段的市场表现情况

阶段	企业数量	产品种类	产业规模	产业利润	贡献度
起步	少	单一	小	低	低
成长	增多	多样	变大	较高	增加
成熟	多	完善	大	高	高
衰退	下降	减少	缩小	下降	减少

只有深入理解产业生命周期理论，才能理解战略性新兴产业的行业发展规律，了解各种因素对生命周期的影响，正确认识产业的不同阶段，以及不同阶段的特点，并根据每个阶段的生命周期的特点，制定产业规划、产业政策，以确保战略性新兴产业平稳较快发展。战略性新兴产业也具有初步、成长、成熟和调整阶段的特征。但与传统产业相比，也有一些特殊性。因此，发展战略性新兴产业，必须因时制宜，尤其在战略性新兴产业的初始和发展期，需要政府

---

① 王小军. 幼稚产业保护理论的再思考 [J]. 国际贸易问题，1996 (8)：20-23.
② 李超，李伟，张力千. 国外新兴产业生命周期理论研究述评与展望 [J]. 科技进步与对策，2015 (2)：155-160.

政策的支持，提供配套设施，以鼓励企业技术创新，加快科技成果转化，实现良性发展。

2.4 市场竞争与政府干预

发展战略性新兴产业必须充分发挥市场竞争的基础性作用，然而，单一的市场配置还存在一定的缺陷，会产生市场失灵问题，发展战略性新兴产业，还需要政府的政策支持。"看不见的手"和"看得见的手"两种配置方式是一国经济发展的主要作用机制，也是发展战略性新兴产业的主要理论依据。

2.4.1 市场竞争

2.4.1.1 亚当·斯密的"看不见的手"

亚当·斯密在其著作《国富论》中，提出通过市场机制的利益刺激和引导，会促使市场主体自发的参与经济活动，实现社会资源的充分流动和优化配置。[①] 市场机制引导下的资源配置方式称为"看不见的手"。

2.4.1.2 克拉克的"有效竞争"理论

克拉克首次提出了"有效竞争"的概念，他认为对经济活动有益且可以实现的竞争是有效竞争。[②] 通过概念可以看出，有效竞争是既可以发挥竞争优势，又能实现经济效益的市场手段。

2.4.2 政府干预

政府干预是为实现某一目标对宏观经济的总体调控行为，经济学家凯恩斯在《就业、利息和货币通论》一书中系统阐述了政府干预的理论和实践。

2.4.2.1 政府干预的原因

市场机制在运行过程中会不可避免地产生一些问题，如垄断、信息不对称与收入分配不公等问题，这为政府干预提供了必要依据。

垄断：在市场机制与利益驱动下，当竞争发展到一定程度，就会引起垄断。

---

① 姚开建. 论斯密"看不见的手"[J]. 中国人民大学学报，2008（4）：97-104.
② 孟繁龙. 有效竞争理论的探讨及其基础框架的构建[D]. 吉林大学，2005.

为获取高额利润，垄断者和垄断组织往往通过各种途径和手段破坏市场作用，如限制产量、限制价格等。[①] 垄断的存在会对战略性新兴产业行业发展形成技术壁垒，阻碍产业的技术创新和更新换代。因此，需要政府出台政策破除垄断，打破行业技术壁垒。

信息不对称：市场机制在运行过程中，由于供求双方地位的不对称，双方掌握的信息不均衡，并由此产生"道德风险"和"逆向选择"[②]，发展战略性新兴产业需要不断地融合供求双方，引进资本、技术和人才。因此，为避免由于信息不对称产生的问题，需要政府的政策手段弥补市场本身的信息不对称。

外部效应：技术型企业往往具有正的溢出效应，这将导致私人效益和社会效益、私人成本和社会成本的不一致，影响企业实施技术创新的热情。[③] 战略性新兴产业代表先进技术和发展方向，需要政府政策的保护，并弥补其溢出的社会价值。

收入分配不公：竞争可能导致行业、地区之间的收入差距，战略性新兴产业由于自身的发展周期以及技术、资金的高要求等因素，在发展初期的收入水平较低。因此，需要政府政策的倾斜性支持，缓解战略性新兴产业发展之初的竞争劣势和收入较低问题。

2.4.2.2 政府干预的手段

政府干预的手段包括为行政手段、财政手段和公共产品等方面。

行政手段：政府的行政手段主要是通过出台法律法规、长远发展规划、发展战略和具体举措等手段规范市场行为，引导市场主体参与经济活动，以弥补市场缺陷。发展战略性新兴产业需要政府的行政手段营造良好的社会环境。

财政手段：政府主要通过支出和税收手段鼓励或限制某一产业的发展。战略性新兴产业发展的初期阶段，迫切需要政府通过税收优惠，提高补贴和转移支付力度，为战略性新兴产业的发展提供财政支持。

公共产品：公共产品是指政府投资建立生产企业或服务，为社会提供充足的公共产品或服务。战略性新兴产业具有公共物品的属性，因此，需要政府为其发展提供一定的后续社会服务，如节能环保产业领域等。

[①②③] 高鸿业．西方经济学[M]．北京：中国人民大学出版社，2011．

第 3 章

发达国家战略性新兴产业发展经验与借鉴

当今世界，经济领域的重心和主题出现显著变化，创新驱动已成为新的经济增长源，发达国家纷纷调整和重新制定经济发展战略，采取有力措施，推动战略性新兴产业的发展。分析和研究发达国家战略性新兴产业发展战略和主要举措，可以为中国发展战略性新兴产业提供有益的启示和借鉴。

3.1 发达国家的战略性新兴产业

根据世界经济的发展形势，发达国家不断调整其战略性新兴产业布局。当前，发达国家重点布局的关键领域主要包括以下内容。

英国：金融危机以后，英国逐渐将"八大技术和战略产业"作为国家未来的主要发展方向。具体是指"大数据、太空、机器人、合成生物学、再生医学、农业科学、先进材料和可再生能源"八个领域的发展方向。在大数据领域，2013年，英国政府投资1.89亿英镑发展大数据技术[1]；在太空领域，2014年，英国政府计划在2018年建成一个太空港，重点用于商用、民用航天飞行[2]；在机器人领域，2012年，英国政府确定RAS（机器人和自主系统）为"八大技术"之一；在合成生物学领域，2012年，英国技术战略委员会公布了《英国合成生物学路

---

[1] 资料来源：英国开放式数据研究所ODI（The Open Data Institute）。
[2] 资料来源：英国政府《航天创新与增长战略2014—2030》报告。

线图》；在再生医学领域，2012年，英国出台了再生医学发展战略，并提出了研究路线图；在农业科学领域，英国已是世界上农业科学技术发达国之一，在基础理论研究、农业机械化、自动化电气化等方面名列世界前茅；在先进材料领域，英国政府建立了高科技材料技术集成中心，以推动材料技术的创新；在可再生能源领域，英国致力于海上风电的开发利用。

美国：2015年，美国出台的创新战略主要内容是大力发展以下九大战略领域：一是先进制造。美国推出国家制造业创新网络来恢复其在高精尖制造业创新中的领先地位，重新投资供应链创新，支持扩大技术密集型制造业公司等。二是精密医疗。推动基因组学、大型数据集分析和健康信息技术的发展。三是大脑计划。通过基因对大脑进行全方位的认知，协助科学家和医生更好地诊断和治疗神经类疾病。四是先进汽车。突破在传感器、计算机和数据科学方面的发展，把车对车通信和尖端自主技术投入商用。五是智慧城市。美国政府从财政预算中拿出3 000多万美元用于投资智慧城市新研究和部署智慧城市设施。六是清洁能源和节能技术。联邦政府决定通过部署和开发清洁能源技术、鼓励投资倾向气候变化解决方案，进一步提高能源利用率。七是教育技术。为取得在教育领域新技术突破，美国2016年投资5 000万美元建立教育高级研究计划局。[①] 八是太空探索。2016年，美国财政预算拿出12亿美元用于美国宇航局的商业航天计划，拿出7.25亿美元用于美国宇航局的太空技术任务理事会。[②] 九是计算机新领域。2015年，美国制定了国家战略性计算机计划，创建和部署前沿计算技术，致力于发展下一代计算机通用技术。

德国：德国具有发展优势的战略产业主要包括：一是高端制造业。高端制造业的显著特征是高技术、高附加值、低污染、低排放，具有较强的竞争优势。二是可再生能源产业。德国不仅把发展可再生能源作为确保能源安全、能源多元化供应和替代能源的重要战略选择，而且也视之为减少碳排放和节约化石类燃料引起的环境问题的重要措施。德国在太阳能、风能、生物质能、地热能、水力发电等开发利用方面居世界领先水平。三是电气电子产业。德国拥有世界技术领先的电子电气工业，其研发投入约占德国工业总研发投入的1/5。四是环保产业。德国环保产业占世界环保产业贸易额15.4%，是德国的支柱产业之一，德国环保产业的发展，为德国的节能减排做出了巨大贡献。[③]

[①②] 资料来源：2015年美国创新新战略。
[③] 资料来源：2015年德国环保产业报告。

日本：日本政府确定的战略产业主要包括与环境技术有关的环保汽车、LED、节能家电；与新材料技术有关的锂离子电池、太阳能电池；机器人技术；工程机械技术；云技术；半导体技术；载人航天技术；微生物燃料电池技术；包括太阳能、核能、天然气在内的天然能源技术等。

由上述发达国家确定的产业重点发展方向和发展领域可以看出，出于国际竞争的压力和需要，发达国家基于本国先进的技术基础，将产业发展的重点集中于高端制造、新能源、生物医疗等领域，以图继续保持先进领域的国际竞争优势，占据全球产业链和国际分工的高端。

3.2 发达国家产业发展战略与主要举措

2008年国际金融危机以后，为了刺激经济的持续增长，寻求新的发展出路，发达国家开始重新审视和重视制造业发展。英国、美国、德国和日本等主要发达国家均将发展重点定位在先进制造业等高端领域，努力增强新一轮经济增长动力，强化竞争优势，以图抢抓新一轮经济发展制空权。

3.2.1 英国的"高价值制造"

英国工业基础雄厚，是世界上第一个实现工业化的国家。然而，随着全球化、国际金融危机、过度依赖服务业等问题的出现，以制造业为主的工业开始下滑，英国的经济受到了巨大冲击。为了促进制造业回流，抢占制造领域新的制高点，英国政府推出了新的经济发展政策，试图推动转移到国外的生产线和业务搬回国内，并重点出台了"高价值制造"的战略，希望能提高制造业在经济中所占的比重结构，并鼓励英国企业在国内生产更多的世界级的高附加值产品，提高制造业的作用，促进国家经济增长。英国的"高价值制造"是应用先进的技术和专业知识，创造潜在的经济价值较高的产品、生产过程和相关服务，带动经济的持续增长。在重振制造业的道路上，英国非常注重利用金融和市场等发达的服务业，使服务业和制造业相互补充和促进。此外，政府还采取了诸多措施加快先进制造业回流和向高端发展。

力图占据全球产业价值链高端。英国政府推出了一系列的资金支持措施，确保高价值生产成为经济发展的主要推动力，促进企业实现从设计到整个过程创新的商业化。政府明确了 22 个"生产标准"作为投资依据，来衡量具体的投资价值。投资高价值制造创新中心，为企业所需的全球推广提供先进的设备和技术资源。逐步开放知识和创新交流平台，包括知识网络、知识转换合作与特殊兴趣小组等，帮助企业整合最好的技术创新，打造一个世界级的产品、流程和服务。英国政府还通过税收优惠等措施促进制造业发展，2013 年，英国的公司税调整为 23%，低于其他国家大约 30% 的平均水平。[1] 通过以上种种措施，英国试图提升制造业科技含量，占据全球产业价值链的高端。

加大对无形资产的投资。英国特别重视利用创意和设计行业，品牌、物流与咨询等其他有利条件增强制造业的竞争力。英国工业联合会调查数据显示，英国制造商对无形资产的投资增长已超过传统产业两倍多，55% 的企业将设计和开发作为竞争优势的最重要来源之一。将创意产业和制造业进行结合能够确保产业的长期竞争优势，政府通过持续的政策扶持，促进设计界不断开发所需的技能，提高其设计能力，确保制造商的设计需求不断满足。政府还促使创意和文化委员会与设计委员会牵头成立致力于设计创新支持的技术联盟，确保本国的设计师拥有的技能能够参与全球竞争。

抢占低碳经济发展先机。英国历来重视低碳经济的发展，目前，英国已成为世界知名的绿色产品和绿色服务出口国，每年的总收入超过 250 亿磅，英国还拥有欧洲最大的绿色科技市场。为使制造业成为低碳工业革命的最前沿，国家出台相关政策，建立一个长期的监管和政策框架，为碳减排领域的目标和价格提供了一个明确的信号，帮助未来企业的投资决策。为发展低碳技术，2010 年，英国向"创新投资基金"投资 3.25 亿英镑。英国贸易和投资机构还帮助企业发展潜在的竞争优势，并开展营销材料和活动，以帮助英国的低碳企业开拓国际市场。与此同时，政府还积极与英国工业联合会等联合展示当前最好的低碳技术，以吸引世界各地的潜在投资者和制造商投资。

加快技术创新成果转化步伐。英国十分注重对高端制造技术的研发和成果转化，2013 年发布的政府报告显示，英国先进制造业的总研发投入占整个制造业研发投入的比重高达 62.8%。2014 年，政府资助成立了 14 个创新中心和特殊兴趣小组等，涉及生物制药、智能系统和材料化学等诸多领域。近年来，英国在产学研合作方面也成绩斐然。如成立的"高等教育创新基金"和"公共部门研究和开发基金"均用于大学、科研机构和企业的科研能力建设上。英国研究理事会

---

[1] 资料来源：2014 年中国企业在英投资指南。

也鼓励更多的研究机构和企业合作，与此同时，科技战略委员会还支持企业通过其知识转移和知识传播加强与科研的合作。

3.2.2 美国的"再工业化"

金融危机之后，美国政府通过各种政策持续加大对新兴产业的扶持力度。2009年，美国政府提出"再工业化"战略，力图通过重构国家创新基础，强化自主创新，激励发展创业竞争市场，为创业和风投营造良好的发展环境，以图保持并提高美国在全球创新体系中的国际竞争力。通过对重点行业研发的大力支持，推动战略性行业的重点科研项目实现突破。美国的"再工业化"战略是以复兴制造业为核心，力图通过重振国内工业尤其是制造业的"出口拉动"，实现制造业的高速增长，使美国回归实体经济。为此，美国政府采取了诸多措施推动这一战略的实现。[①]

政府战略推动持续创新。2009年，美国将重振制造业作为重大经济长远发展战略。随后政府出台"重振美国制造业框架"，详细分析制造业发展的理论基础和优势，成为制造业发展的战略指导，并提出了7 870亿美元的财政投资项目，分别为基础设施、可再生能源、医疗信息、环保等行业的研发提供资助。2010年，美国又推出"制造业促进法案"，决定暂时部分减免制造企业原材料的进口关税。2011年，美国又正式出台"先进制造业伙伴计划"，加快抢占21世纪先进制造业的高点。2012年，美国政府又进一步出台了"先进制造业国家战略"，通过积极的政策，鼓励制造商返回美国。该战略包括两个主要内容，一是传统制造业产业结构的调整和升级，提高竞争力，二是高新技术产业的发展，提出了包括发展先进制造技术和先进的生产技术平台，数据基础设施和其他先进的数字化制造技术等领域。2012年，奥巴马提出了建设"国家制造业创新网络"，决定建立45个研究中心，以加强高等学校和生产企业之间的有机结合。2013年，美国又颁布了"全国制造业创新网络初步设计"，计划投资10亿美元形成美国制造业创新网络（NNMI），专注于推动数字制造、新能源和新材料的应用等先进制造产业的创新和发展，建设一批先进制造业集群和创新能力集群。

产学研合作强化技术转化。美国政府通过立法明确了产学研合作中各方的职责和利益分配，形成完备的法律体系，在此体系下，大学、政府、企业和研究机

---

① 刘戒骄. 美国再工业化及其思考 [J]. 中共中央党校学报，2011（2）.

构各司其职，共同享受科研成果带来的利益。美国的产学研合作模式主要包括科技园区、孵化器、技术许可、合作研究中心、技术转移等。无论是哪一种合作模式，美国政府都将通过已经出台的优惠政策支持这些合作模式的发展。如法律明确规定了联邦政府机构、企业、大学与非营利研究研究和其他合作机构的合作协议，各类贸易法和竞争法的实施使得政府和行业之间的合作关系日益密切，促进高新技术的研发和技术成果转化。

产业联盟打通技术壁垒。美国注重用"软"服务促进新一轮工业革命，力图通过网络和数据的力量来提高整个产业的价值创造能力。除了美国政府的政策支持，行业联盟的形式已成为美国重返制造业发展的重要推动力。如"工业互联网"的成立，"工业互联网"于2012年首次提出，通用电气牵头美国五个行业龙头企业联手形成工业互联网联盟（IIC），并致力于推广这个概念。除了通用电气这样的制造业巨头，加入联盟的IT公司有IBM、思科和英特尔等。"工业互联网"产业联盟是一个开放系统，致力于发展技术通用，实现不同厂家的设备之间可以数据共享。它的目的是开发通用标准，以打破技术壁垒，利用互联网技术来激活传统工业的过程，实现更好地促进物理世界和数字世界的融合发展。

融资平台确保资金支持。美国金融市场体系发达，借贷市场和主板市场以及风险投资、私人资本市场等构成了完整的资金流通系统。在借贷市场方面，2009年，美国发起了一项总额为250亿美元的"高科技汽车制造业激励计划"，为先进的汽车制造商提供无息或低息贷款，用以支持新能源汽车的发展。在风险投资方面，除了主板市场，美国也有一个成熟的风险资本市场和创业板市场，以及为新兴产业融资的三板市场，这不但为新兴企业发展提供良好的融资渠道，也为风险投资提供了一种投入新兴产业的方式。根据美国国家风险投资协会的调查显示，超过80%的美国风险资本倾向于投资新兴高新技术企业。

为应对经济危机，争夺国际产业话语权，美国将重振制造业作为近年经济发展的战略目标。美国政府出台的一系列政策措施，着力于以高新技术改造传统制造业，推动美国经济再次走上可持续发展的道路。

3.2.3 德国的"工业4.0"

德国是全球制造业领域最具竞争力的国家之一，经济增长的动力主要来源于制造业的发展。在新时代的发展压力下，为了进一步提高国际竞争力，确保将来德国制造继续领先，德国政府提出"工业4.0"战略。"工业4.0"是德国政府

"2020年高技术战略"中的未来十大项目之一,重点是支持工业的新一代革命性的技术研发和创新,将虚拟网络和物理连接,形成一个更高效的生产体系。德国"工业4.0"战略的核心内容可以概括如下:建立一个网络、突破两个主题、实现三个集成。

建设一个网络即建设信息物理系统网络,以涵盖物流、生产、销售和服务等综合性环节,且各环节之间可以实现相互信息交换、控制进程和行动触发,实现生产过程智能化的目标,即用物联网和互联网将生产环境变成一个智能环境。突破两个主题即"智能工厂"和"智能生产"。前者侧重于智能生产过程,力图实现生产设施的网络化和分布式;后者侧重于人机互动和智能物流等,力图形成高度灵活,个性化和网络化的产业链条。实现三个集成即横向集成、纵向集成与端对端集成。"横向集成"主要是为了实现企业之间的无缝合作,提供实时的产品与服务;"纵向集成"是为了实现个性化的定制生产,以形成对传统固定生产流程的替代;"端对端集成"是为了实现公司之间不同价值链的一种资源整合,最大限度地实现个性化定制。为保障"工业4.0"的实现,德国政府还提出了8项具体行动,包括标准化与参考架构、管理控制系统、安全和保障、建立全面宽频的基础设施、持续的培训和专业发展、工作的组织和设计、监管框架和资源利用效率。"工业4.0"战略的核心是建设一个高度个性化与数字化的智能生产模式,并最终实现生产由集中向分散的转变,产品由同质向个性的转变,消费者由部分参与向全程参与的转变。[①]

总体而言,"工业4.0"战略反映了德国为了增强国际竞争力,抵御欧洲主权债务危机影响,实现新型工业化的目标,"工业4.0"战略将有效解决消费者的不同偏好和多样化的市场需求,该战略特别注重中小企业的参与程度,力图使中小企业成为工业4.0的生产者和使用者。德国十分注重各个生产环节上的共同研究和密切合作,以科技创新为导向,协调政府、科研机构、大学和企业主体的战略合作关系,推动传统产业的工业化和信息化改造,推动智能化生产,推进行业组织之间的深度合作,实现工业转型升级。"工业4.0"战略中,德国特别注重利用全球价值链增加附加价值,并推进其先进物流技术的持续发展。

注重在全球价值链中增加附加值。研发能力的强弱决定论企业的利润空间和在全球价值链中的地位,德国一直重视用科技研发促进产业的竞争力,政府在研发中增加投资,推动产业逐渐走向价值链的顶端,不断促进产业升级。"工

---

① 丁纯. 德国"工业4.0":内容、动因与前景及其启示[J]. 德国研究, 2014 (4).

4.0"战略让德国可以继续保持制造技术优势，提高价值链的附加值。与此同时，德国高度重视产业链的协调发展，政府通过指导建立合作网络，加强信息沟通，合理确定不同公司的发展方向，不仅有效避免了同质化的恶性竞争，还加强加快产业链的形成，保护新兴产业的健康发展。

注重促进先进物流技术的不断提升。德国的物流技术居全球首位，经济全球化发展的今天，大量的投资需求和大范围的连接，使得运输和分销网络使世界各地紧密相连。物流将全球价值链和全球网络链接，在日益激烈的竞争形势下，各种成本上升压力增加，许多市场日益饱和，物流执行的质量和效率面临新的挑战。德国对物流的管理进行了很大的改善，从单一生产扩展到整个价值链，德国在许多行业的供应链管理成为新的标准。此外，德国专注于物流改造信息流程和成本，通过物流环节的有效集成，极大地增强了制造业的竞争力。

3.2.4 日本的"新成长战略"

金融危机之后，日本加大了对环保产业、新能源产业等战略性产业的扶持力度，力图通过大力发展新兴产业恢复日本的经济增长速度。2009年4月，日本为了刺激经济发展，推出了"新增长战略"，实施低碳经济和自主创新"两大战略"，将未来产业重点发展方向定位于节能汽车、清洁能源发电与低碳经济等方面。2010年，日本又出台了"新成长战略"，以保证经济的长期稳定发展，该战略是当前日本经济发展的主要实施框架。"新成长战略"提出经济发展模式要由投资拉动型转向需求引导型。同年，经济产业省出台了《产业结构展望2010方案》，对未来10年的产业发展进行了总体规划。提出了未来重点培育的五大战略性产业领域，包括基础设施产业、文化创意产业、环保和能源产业、尖端技术产业以及社会公共产业。[①] 为顺利实现"新成长战略"，日本采取了诸多政策措施，主要包括以下内容：

注重加强对新兴产业市场的培育。在市场培育方面，日本倾向于采用不同的财政和税收政策手段助力新兴产业发展。在市场需求上，日本对于购买节能产品的机构和个人给予一定的价格补贴和税收优惠。在市场供给上，日本特别注重企业的长远发展，对企业的研发行为进行财政补贴，特别是对企业开发节能环保产品给予特殊的财政补贴，以增加新产品的市场供给。此外，针对新兴产业领域，

---

① 张晓兰. 2014年日本经济形势及2015年展望［J］. 宏观经济管理，2015（1）.

日本还出台了税收优惠政策，例如，日本对节能产品目录中产品实施一定的特别折旧和税收减免政策，有关企业大约可以降低7%的生产成本。同时，日本政府还允许用于新能源领域的生产设备进行加速折旧。

注重政策杠杆对新兴产业的支持。在财政支出方面，通过财政投入政策对新兴产业的发展给予较大支持，2010年，日本将科技研发投资占GDP的比重提高到4%以上，并提出重点发展医疗健康、能源环境、科技信息通信和金融等产业。在财政补贴方面，政府对市场发展潜力大的产业提供了特别的高额补贴政策。通过对创新技术研究提供财政补贴，加强创新技术研发和推广。在政府采购方面，日本特别注重通过加大购买性支出对新兴产业的支持。如日本政府是日本航空公司的最大客户，航空公司的多架大飞机均是由政府订购。在税收优惠方面，2009年开始，日本实施了"绿色税制"，对低排放且燃油消耗量低的车辆销售和购置给予一定税收优惠政策，其中，消费者购买纯电动汽车或混合动力车能获得多种税负优惠。此外，日本政府还注重对技术研发企业的税收优惠和减免政策，分别制定了特别折旧和准备金优惠政策，用以刺激企业的研发行为。

注重中小企业对新兴产业的支撑作用。日本特别重视中小企业的长远发展，政府采购优先安排购买由中小企业生产的商品或服务。2010年，日本出台政策对实力较弱的小型企业按28%的税率征收企业所得税，低于一般企业37%的税率。为了激励中小企业不断增加科研投入，日本政府按照中小企业的研发投入费用减少6%的企业所得税，对中小企业提取准备金等资金不计入年度应纳税所得额。在金融领域，各级政府设立了贷款机构，为企业家和小型企业提供无息贷款，特别是向信贷和担保能力弱的小企业发放无息贷款等。

3.3 发达国家发展战略性新兴产业的启示

在当今日益激烈的国际竞争中，科技竞争已日益成为制高点，谁占据了它，谁就能在国际竞争处于主动位置，就能在国际产业结构中居于顶端，主导新一轮的国际经济秩序。发达国家将发展战略性新兴产业作为应对国际金融危机、占领新科技制高点的重要途径，并积极出台产业规划，明确部署发展重点和发展方向，创新投入方式，支持技术研发和产业化，积极培育市场，加速新兴产业的发展。发达国家的发展战略和最新举措表明，战略性新兴产业已经成为经济发展的大势所趋。

金融危机之后，发达国家推出了各种推动战略性新兴产业发展的战略措施，一方面，这些战略体现了发达国家强调创新，希望依靠创新来推动产业发展的决心和方向，发达国家动用了大量的资源，鼓励新知识、新技术与新专利的生产，说明创新上的优势是发达国家今后赖以占据世界经济领先地位的依靠。另一方面，这些最新采取的战略和措施在很大程度上表现为对以前战略措施的发展和延续。对照之前发达国家推动研发的努力，可以发现发达国家一直对新兴产业的发展十分重视，但是新一轮的经济发展战略在投入力度上有所加强。

纵观美国、日本、德国和英国战略性新兴产业发展经验可以看出，在产业发展的过程中，这几个国家有着一些共性，主要包括以下几个方面：第一，在发展方向上，发达国家越来越注重发展先进制造业。各国实施的"再工业化"战略，不仅是对传统制造业的简单回归，而且是一种经济发展的"再平衡"，其实质是继续强化发达国家在全球产业体系和国际分工中的技术优势和分工优势，继续保持技术领先和先进制造业的领先地位。第二，在政策制定上，发达国家均十分注重通过政策引导，利用财政、税收和价格等有效经济杠杆，对战略性新兴产业发展速度和方向进行引导和调控，充分开发、有效利用已有资源，制定导向性政策确保战略性新兴产业的迅速发展。第三，在技术研发上，各国都将发展产业联盟和产学研结合作为发展科技能力的重点，同时，也注重科技成果的转化，加大研发投入和自主创新力度，以求能提高国家产业技术的核心竞争力，确保技术领先地位。第四，在发展主体上，各国都特别重视企业的发展主体地位，纷纷出台政策措施加大对企业尤其是中小企业的扶持力度，这种以企业为导向的发展战略，有利于市场机制的充分发挥。

通过分析发达国家产业发展战略和重点举措，可以得出以下启示：

（1）把握产业发展规律和趋势，制定战略规划。21世纪以来，世界经济已进入以知识经济为主导的科技时代，高新技术产业发展已成为重要发展方向，制定相关产业发展战略也已逐渐成为各国政府的主要职能。由于战略性新兴产业具有的高投入、高收益等特性，美、日、欧等国均通过制定战略规划来引导战略性新兴产业的发展。总的来看，发达国家战略性新兴产业发展规划可分为两类：一类是综合性的宏观战略，除包含战略性产业之外，还包含国家科学技术发展的总体战略等；另一类是专业性的微观规划，主要针对具体产业及其细分进行具体的政策引导。如美国的"网络与信息技术研发计划"、日本的"信息通信研究开发基本计划"、德国的"纳米技术征服市场计划"等。因此，中国在发展战略性新兴产业时必须首先清晰地了解产业发展的国际环境、国内发展水平、现有产业政策等，在此基础上，制定符合实际的战略性新兴产业的发展战略和发展细则，重点是明确具体的发展目标、政策支持的发展范围，明确战略性新兴产业发展的政策与措施，出台与产业发展相适应的法律和规章等。

（2）推进信息化和工业化深度融合，打造制造业升级版。为保持本国制造业领域领先地位，美、英、德、日等国都确定了适合本国国情的国家战略，争夺新一轮技术与产业革命的话语权。美国的"再工业化"、德国的"工业4.0"等战略与中国提出的"中国制造2025"战略有很多相似之处。因此，发展战略性新兴产业要向世界主要国家学习，深刻认识和把握全球产业发展的最新动态和最新趋势，立足充分发挥中国的现有优势，深入实施创新驱动发展战略，大力推进信息化和工业化深度融合，打造制造业升级版。并且，整合世界先进国家在工业和科技创新方面的资源，加大创新性改造，积极参加国际性战略研究，力争在全球建立自身的话语权。

（3）加强标准规范制定和推广，促进跨界互联互通。产业标准化是德国工业4.0战略八项关键领域行动的首要任务，2013年，德国还发表了"工业标准化路线图"。与之相比，当前，中国的信息化和工业化深度融合加速发展，使得标准规范不一致的问题日益突出。行业缺乏专业领域的智能制造标准，企业应用程序跨平台集成系统面临着许多复杂的技术问题，有些甚至需要重新来过。未来，在推进战略性新兴产业发展过程中，应该高度重视标准的主导作用，促进标准在产业转型升级中作用的发挥，及时建立标准化路线图。组织企业与行业协会、科研机构、专业机构和其他产业资源共享产业联盟，促进行业标准开发和升级，实现产业之间的网络和技术的互联互通等。在加强标准化研究的同时，也要努力推动建设标准的国际化，力争使中国建立的新型标准走向世界，得到世界各国的认同和广泛应用，并据此提升我国在全球产业体系中的地位。

（4）推动产学研与行业组织合作，促进高新技术产业化。美国成立了工业互联网联盟，该联盟是一个开放性的会员组织，由企业、研究人员和公共机构组成，意在为企业和高校研究人员创建互联网应用标准提供框架支持。同样，德国"工业4.0"的提出也得益于"官产学研"各方面的支持。在"智能工厂"项目中，有从西门子和菲尼克斯电气等知名企业，也有隆德大学、凯泽斯劳滕工业大学以及弗劳恩霍夫研究所等大学和科研机构。因此，中国应充分吸收和借鉴发达国家"官产学研用"的多方联动模式，紧紧抓住工业转型升级的良好机遇，积极引导和支持企业与高校和科研机构院联合，将政府的政策支持和引导、高校与研究机构的先进科技成果、企业的快速生产能力有机结合。以市场应用为导向，以骨干企业为龙头，依靠丰富的大学资源和科研机构资源，组建形式多样的产学研联盟和联合，开展新产品、新技术、新工艺研究开发和应用推广项目，通过协同发展与创新互补，逐步形成风险共担、利益共享、紧密结合的产学研联盟，推动产学研合作由短期合作、松散合作和单项合作向长期合作、紧密合作和系统合作转变。

（5）引导资金投入方向，构建多方参与的投融资体系。目前，发达国家发展战略性新兴产业的投融资来源主要有三个：一是政府机构的直接或间接财政投入。二是企业自身的资金投入和研发投入。三是各式各样的市场投资基金。总体来看，国家对战略性新兴产业的投入处于主导地位，这种主导地位主要体现在政府资金对全社会的经费投入的引导作用上，最终形成国家主导、多方参与的投入模式。具体来说，政府的财政投资专注于技术研发，特别是外部经济更大的产业，不仅可以有效地扩大产业发展的规模，还可以降低创新风险，增强投资者的发展信心，影响社会投资战略性新兴产业，营造良好的投资环境。企业的研发投资则需要政府的政策引导和鼓励，以增强企业投资的热情。与此同时，政府也需要通过金融手段来改善企业的融资体系，主要包括股票市场、债券市场和商业银行三大系统。在股票市场方面，发达国家在证券市场上设置了创业板，为大型高新技术企业项目融资提供了一个平台，更为中小企业和新型公司提供全新的融资方式，降低了中小企业融资的门槛。在债券市场方面，发达国家积极发展高收益债券市场，为新兴企业提供了融资的便利。在商业银行方面，发达国家积极推动金融产品创新，以此为战略性新兴产业融资提供广泛的支持，如浮动抵押、股权贷款等，解决了新兴企业在初创阶段由于缺乏固定资产很难获得贷款的难题，有效地弥补了政府和企业投资的不足。

第 4 章
新兴经济体战略性新兴产业发展经验与借鉴

当今世界,新兴经济体的异军突起正在深刻改变全球竞争与合作格局,但受限于资金、技术储备的相对薄弱,新兴国家发展战略性新兴产业主要聚焦于少数关键领域,并有所突破。

4.1 新兴经济体战略性新兴产业

近年来,新兴经济体的经济发展优势日益凸显,各国也均出台战略规划,支持重点战略产业的发展,以提高本国产业的国际竞争力。

印度:印度国内产业的发展重点集中在信息产业、文化产业和医疗产业。在信息产业领域,印度软件制造行业可称为世界一流。目前,印度是世界上获得质量认证软件企业最多的国家。有 170 家公司获得 ISO 9000 质量标准认证,在全世界获得美国 CMM5 级认证的 50 多家软件企业中,印度占了绝大多数。在文化产业领域,印度电影业已形成了一个年营业额约 12 亿美元,拥有近 200 万工作人员,年产 1 200 部影片的庞大行业。在医疗产业领域,印度的制药行业已经形成了"印度模式",即利用自身全面的低成本优势,实现快速的产业升级。

俄罗斯:发展高新技术产业是当前俄罗斯面临的重要任务。在信息产业方面,俄罗斯将大力发展微电子技术、计算机技术和现代通信技术。在纳米技术方面,重点发展纳米电子学,以便实现利用人工智能原理制造纳米电子产品。在新材料和新能源方面，俄罗斯的发展方向是研制高性能结构材料、信息功能材料、光学和光功能材料等。在生物工程方面，包括基因工程、细胞工程、酶工程、发酵工程等。在航天技术方面，近年来，政府致力于提高航天产业的利润率和回报率。

巴西：巴西重点发展信息、生物、纳米、新能源等相关领域。在信息产业领域，巴西的软件产业近年来发展较快。在生物产业领域，为赶搭生物经济快车，巴西大力实施基因组计划，在生物医药技术方面，巴西在热带病的免疫研究和药物开发方面成绩显著。在纳米产业领域，为加快扶持纳米技术的发展，巴西制定了纳米科技计划并拨出专项资金，重点扶持纳米材料等科研项目。在新能源产业领域，巴西根据自身资源禀赋优势，积极发展乙醇燃料、生物柴油和风能等新能源，最终实现了能源独立和能源安全。

韩国：2014年以来，韩国逐渐确定了九大战略产业，分别为智能汽车、5G移动通信、深海底海洋工程设备、智能机器人、可穿戴智能设备、实感内容、定制型健康管理、灾难安全管理职能系统与新再生能源混合系统。通过积极构建"创造经济"生态系统以引领未来产业发展新增长点。

由上述新兴经济体国家确定的产业发展重点来看，一方面，近年来新兴经济体国家继续基于本国的资源禀赋，发展特色优势产业，并谋求质的突破；另一方面，也逐渐加大了在高端制造、人工智能等高端领域的投入力度，以求提高其在国际分工中的地位，赢得未来国际竞争。

4.2 新兴经济体产业发展战略与主要举措

4.2.1 印度的信息产业

信息产业一直是推动印度经济增长的关键驱动力。金融危机的到来，使印度信息产业受到较大冲击，印度信息技术企业积极寻求新发展途径，云计算、物联网、大数据、智慧城市、下一代通信网络等新技术和新概念的创新应用成为印度信息技术产业的焦点方向，被赋予"抢占战略制高点"的使命，以期再次引领印度实现经济新跨越。金融危机后，印度信息企业掀起了新一轮发展热潮，为印度信息产业摆脱危机，走出阴霾发挥了积极作用。数据显示，2013年，印度信息产业实现总收入1090亿美元，从业人员同比增长18万人，信息产业的总就业人数接近 300 万人，间接就业人数达 1 000 万人。① 目前，印度的信息产业正在加快转型创新的步伐，力图实现产业发展的纵深化、技术化。为此，印度政府积极引导相关企业向新地理区域扩张，加大在战略层面和技术层面的合作，鼓励技术研发突破技术发展障碍，提供人工智能、嵌入式系统等核心技术，呈现出蓬勃的发展活力。印度信息产业良好发展主要源于以下几个方面。

信息产业与传统产业高度融合发展。一方面，利用信息技术改造提升传统产业。信息产业的知识、技术和集成优势通过对传统工业、农业和服务业的渗透，实现传统产业的升级转型，取得了实质性的发展。信息产业有很强的渗透性，能更好地实现与传统产业的融合，对传统产业发展提供了一个良好的管理环境。另一方面，传统产业促进信息技术产业升级。当前，企业信息技术的应用正日益呈现出多元化的发展趋势，数据挖掘、分布式网络技术、网络服务、多网融合、通信技术和商业智能等信息越来越被人们关注和深入应用。同时，为了促进行政服务创新的发展，政府推进电子政务的大力发展，提出了构建涵盖几乎所有的中央和政府部门的信息服务系统。建议所有政府部门的信息服务建设应该占总预算的 2%～3%，以促进信息技术产业在国内市场的发展。这种产业融合的方法极大地推动了印度信息产业优化升级。

显著的产业集群效应和辐射作用。印度的信息产业主要集中在班加罗尔、孟买和新德里等城市，主要聚集地的业务份额占印度总产业规模的 90% 以上。印度的班加罗尔是全国的信息产业中心，被称为印度的"硅谷"，是世界第五大信息技术中心，其总产值占全国总规模的 36%。大学以及各种研究所、实验室等机构在这里汇集。与此同时，周边城市海德拉巴和马德拉斯也纷纷建立高科技园区，成为著名的"金三角"地区，覆盖了全印度 42% 的软件公司。此外，印度还存在大量的新信息科技园区和经济特区，通过产业间和产业内的互补与竞争，使得产业的集聚带来资源、成本和市场上的巨大优势，实现规模经济，进而促进信息产业的发展。目前，印度的主要信息科技园包括班加罗尔、泰米尔纳德科技园（TIDEL）和咨询科技园（Infopark）等，软件园的建设使得主要城市地理区域大量集聚，大大提高了印度信息产业的整体实力。

依托先进技术实现产业发展高端化。印度在信息技术企业的发展初期，主要是依靠欧洲和美国等经济强国，所属低端服务是产业链的最脆弱的部分，技术价值不高。后危机时代，印度信息技术企业积极寻求新的发展道路，配合低端行

---

① 资料来源：印度软件和服务业企业行业协会（NASSCOM）。

业，在发达国家先进技术的帮助下，积极占领产业链的高端位置。现在，许多发达国家的企业外包到印度的产品大都包含了一些知识型业务，如卡通设计、产品支持、网络管理、系统集成、培训和咨询服务等，使专业人士的地位更加突出。目前，印度已经形成自己的核心竞争力，从以前简单的呼叫中心和简单的编程开发到涉及高新技术领域，如IT咨询和外包，企业研究和发展服务水平不断提高，涉及的领域不断扩大。印度信息技术企业基于低端产业，促进技术创新和产业升级，实现了企业产品和服务的高端化。

4.2.2 俄罗斯的"新型工业化"

近年来，俄罗斯经济增长持续低迷，为增强本国产业的竞争力，确保其经济大国的地位，普京总统提出了"新型工业化"发展战略，力图通过投资和创新政策，促使产业结构优化，实现产业的持续健康发展。俄罗斯的"新型工业化"不同于传统意义上的工业化，在经济全球化背景下，在以信息技术为代表的第五次技术革命的推动下，全球化、信息化、网络化、虚拟化、集成化、绿色化等一系列特征都对俄罗斯"新型工业化"产生重要影响，并提出了更高的要求。

从内容上看，俄罗斯的"新型工业化"包含两方面内容：一是对传统工业部门的现代化改造。俄罗斯的传统工业，如石油天然气行业、森工综合体等传统的资源部门，技术设备落后，需要进行彻底的更新换代和现代化改造；二是巩固和强化航空航天、原子能工业、军事工业、纳米、生物和遗传工程等部门的技术优势，增强产品在国际市场上的竞争力。俄罗斯的"新型工业化"主要是以创新为主导，以产业结构高级化为目标，以积极的投资政策为主要手段。

以创新为主导的新经济政策。创新政策是此次俄罗斯新政的重要内容，创新政策出台的目的是强化俄罗斯国际市场上创新产品的出口，转变能源与原材料出口导向型的经济发展方式，摆脱不利的国际分工。创新政策一方面着重于对传统竞争优势产业的优化和升级，另一方面致力于新兴产业发展，以增强其竞争力。为此，2012年，俄罗斯成立了创新发展和经济现代化委员会，为新兴产业发展和传统产业改造提供政策支持，在具体的产业区域支持上，俄罗斯将生物、新材料、纳米技术和节能技术等列为此次发展的重点，并出台特殊政策支持其发展，政府还制订了专门的行动计划，确保这些产业发展的组织保障。在创新激励上，该委员会致力于改善创新和研发的环境，提高研发投入，加快科研成果转化。

以产业结构高级化为目标。新普京时代提出"新型工业化"基础上的新经济发展构想，最终目的是实现产业结构的高级化。为此，俄罗斯选定工业尤其是具有技术优势的高技术产业作为战略性产业，重点投入，重点发展。俄罗斯的产业结构重组目的是实现工业内部结构升级和现代化。2012年，普京表示俄罗斯重点发展先进制造业领域包括生物制药、新材料、航空工业、信息技术和纳米技术等，以求改变俄罗斯在国际产业体系和产业分工中地位。因此，俄罗斯政府积极出台投资优惠和一系列倾斜政策确保重点产业的发展，如俄罗斯政府计划投资3 180亿卢布来支持纳米产业，使其成为主导产业之一。

以积极的投资政策为主要手段。俄罗斯实现"新型工业化"的手段主要是依靠积极的投资政策，金融危机之后，俄罗斯政府十分重视基础设施建设对其他产业和整体经济的拉动作用，新普京时代又在原来的基础上进一步提高了基础设施投资规模。2013年，俄罗斯出台了利用福利基金投资基础设施项目，计划拿出4 500亿卢布加强国家的基础设施建设领域的投资，其中当年就拿出1 000亿卢布用于基础投资。另外，各领域的国有企业投资也大幅增加，如2013年仅国有电力公司在电力行业总投资额就达到6 810亿卢布。

为保障"新型工业化"的顺利实现，改变工业结构不均衡现状，俄罗斯政府制定了一系列战略规划和政策措施。2008年出台的《2020年前俄罗斯社会经济发展构想》和2011年出台的《2020年前俄罗斯创新发展战略》中都提出了相关保障措施。2013年出台的《发展工业和提高工业竞争力国家纲要》提出了提高工业企业在国内外市场上竞争力的具体举措，是俄罗斯政府专门针对工业发展而制定的系统的长期政策，是研究俄罗斯"新型工业化"政策的主要文件。

总之，国际金融危机的冲击，使俄罗斯再次认识到通过产业政策实施国家管理的必要性与迫切性。新普京时期提出的新型工业化战略，离不开国家产业政策的支撑，从国内外环境看，产业政策得以发挥作用的基础发生了明显的改变。从外部环境看，随着经济全球化和世界经济一体化的深入，市场机制促进公平竞争的作用愈加明显，特别是加入世界贸易组织（WTO）以后，产业政策发挥作用的空间越来越小，要求俄罗斯政府必须调整产业政策。

4.2.3 巴西的新能源产业

巴西是世界上最发达的生物能源生产国之一，了解巴西新能源产业尤其是生物能源产业的发展历程可以为我国提供有益的借鉴。依靠丰富的生物质资源优势，巴西一直致力于生物燃料技术的研究和相关产业开发，新能源产业尤其是生物燃料生产已日趋成熟,成为用生物质能替代石油最成功的国家之一。2008年金融危机之后,巴西生物能源产业生态系统发展进入成熟期,产业形态不断丰富,产业组织不断增强,产业政策体系日趋成熟。

产业政策由政府支持转向市场引导。2011年,巴西政府颁布了《巴西生物质能源开发法》,将生物质能技术开发与产业发展作为巴西社会可持续发展的重要发展战略。目前,巴西的政策支持手段已涵盖产业链的多方面,并逐渐向市场手段过渡。在原料生产上,采取对能源作物种植者补贴的手段,2010年,政府在部分地区按照5美元/吨的标准直接补贴种植农户,以平衡种植成本;在产业融资上,政府为生物柴油企业提供90%的专项融资信贷,并设立信贷资金鼓励小农庄种植生物柴油原料;在技术研发上,从2012年开始,巴西政府每年投入4 500万美元用于甘蔗基因的改良,以及甘蔗种植机械化水平的提高,改造生产乙醇的工艺生产线。

逐步实现产业生态化和资源节约化。一方面,巴西在燃料乙醇的产业布局上特别注意防范生物能源原料的分散性问题,将原料种植、乙醇生产和产品消费等上下游产业链环节统筹考虑,更好地实现了产业的生态化和资源的节约化。巴西的乙醇生产大都集中在中南部,占了全国总产量的80%以上,形成了大规模的乙醇产业集群。另一方面,巴西在乙醇的生产过程中特别注重降低能耗,资源利用率很高,蔗能的利用率高达71%。这样乙醇生产企业不仅可以更好地降低成本,同时也可以实现产业的生态化,在丰富自身产品增加收益的同时,也可以减少化石燃料的使用和二氧化碳的排放。

坚持走能源结构多元化发展道路。建立高效、洁净和持久的能源体系是一个国家走向现代化的必然趋势,而巴西是能源政策多样化的典范。近年来,大力发展可替代能源,除了开发生物能源,巴西政府还积极开发风能和核能。巴西东北部地区是世界上利用风能条件较好地区之一,发电率可达45%~50%,远远超过世界平均水平27%。[1] 2014年,巴西的风能发电装机容量为7 200兆瓦,巴西国家电力局已于2009年、2010年和2011年举行了三次风力发电商业招标,吸引了通用电气等国际行业巨头参与。目前,巴西拥有"安格拉1号""安格拉2号"和"安格拉3号"3座核电站,每座发电能力为1 000兆瓦。[2] 巴西能源结构多元化发展道路为我国加快能源结构调整、加强可再生能源开发利用具有有益的借鉴意义。

[1][2] 资料来源:彭博新能源财经。

产业发展注重国际合作与协调。巴西非常重视利用国际资本，注重国外企业对巴西燃料乙醇项目的投资并购，不少美国、欧洲和日本等国的大型能源企业和金融机构都在巴西进行投资建厂，如国际四大粮商中的邦吉与达孚公司均通过收购不断扩大其在巴西的市场份额，日本的三菱和三井集团通过投资股权间接与巴西本地企业合作，国际石油巨头 BP 集团平均每年在巴西投资 4 亿美元用于乙醇新项目研究，并计划生产纤维素乙醇。巴西高度重视在生物能源产业领域开展国际合作和协调。2007 年，在巴西的推动下，中国、美国、欧盟、南非与印度等国家和地区积极参与，正式成立了国际生物燃料论坛，以防止生物质能领域技术性贸易壁垒的形成，为消除生物燃料生产商和进口商之间的分歧起到了很好的协调作用。此外，巴西与美国合作建立了美洲乙醇委员会，由美洲开发银行和其他机构等拿出一定资金支持和奖励在美洲地区使用乙醇。

4.2.4 韩国的"未来增长动力落实计划"

近年来，为应对全球产业格局的变化，韩国产业发展重点逐渐由传统产业转向代表未来产业方向的新兴产业，即"新增长动力产业"。2014 年，政府出台的《未来增长动力落实计划》提出了 9 大战略产业与 4 大基础产业的 13 大未来增长动力产业。其中，基础产业包括智能半导体、融复合材料、智能物联网和大数据 4 大领域。这 13 大未来增长动力均是全球重要的技术产业领域，代表了未来产业的发展方向。2015 年，《未来增长动力落实计划》整合了产业通商部制定的《13 大产业引擎具体推进计划》，形成了《未来增长动力——产业引擎综合实施计划》，原有 13 个未来增长动力领域同 13 个产业引擎计划领域最终被合并为 19 个未来增长动力领域。为实现未来增长动力，韩国采取了诸多措施，其中以构建"创造经济"生态系统，加强技术、产业和项目间的跨界融合最具有代表性。

积极构建"创造经济"生态系统。为了实现面向未来的"创造经济"发展，韩国重新组建了"未来创造科学部"，强调政府的政策服务，以"未来创造科学"为导向，注重创新投入，鼓励企业支持创造经济改革，拉动企业持续发展。使各地区的创造经济改革中心成为集中信息与服务的创业生态系统的中心，促使地区居民充分发挥个人创造力进行创业。韩国还将 13 个产业中的 62 个项目作为国家重点扶持研发项目，力图将这 62 个项目培育成韩国的"明星品牌"，提出了亟须解决的 1 214 项核心技术，并投入 24.5 万亿韩元进行政策扶持，鼓励企业开展技术创新。此外，政府还制订了"企业投资促进方案"，方案规定企业用于核心技术开发的投资将享受 25% 的税收优惠政策，目前，这一政策力度在经合组织成员中是最高的。

加强技术、产业和项目间的跨界融合。在技术方面，韩国积极推动传统产业与信息通信技术的融合创新，如撮合三星等 IT 企业与现代汽车等制造企业进行物联网技术合作，开展智能化融合产品的联合开发与生产。在产业方面，韩国积极促进基础产业与战略性产业之间的融合，以智能设备为例，将新材料与电子技术融合，通过复合材料融合，形成柔性材料、电子纤维以及透明电子材料等；通过与智能汽车融合，将形成智能钥匙与自动驾驶技术等。在项目方面，2013 年，韩国出台的"第六次产业技术创新计划"与 13 大增长动力有 5 个领域存在交叉；2014 年出台的"新产业创造项目"提出的 10 大未来产业与 13 大未来增长动力有 6 个领域存在交叉。通过多个项目的交叉融合，形成了推动产业发展的合力。

适时主动调整未来增长动力领域和计划。在未来增长动力计划实施过程中，韩国政府充分认识到，随着第四次工业革命的推进，新的产业将不断涌现。同时，韩国当前增长动力领域的整体发展尚处于基础研究阶段，涉及的公共领域相对有限，随着相关部门自行发掘和培养，新动力将持续注入。为此，增长动力计划不应是一成不变的，而是随着国际科技创新趋势和韩国国内社会经济目标的发展而不断变化。从未来增长动力计划的发展历程来看，该计划对其他项目进行了必要的整合，包括《13 大产业引擎具体推进计划》《9 大国家战略项目》等，保证了资源投入的集中性。政府还将建立增长动力发掘体系，周期性地发现、研究候补课题，进而追加创新增长动力的新领域。

4.3 新兴经济体发展战略性新兴产业的启示

鉴于世界经济形势与全球产业格局正在发生重大变化，世界主要新兴经济体都将发展战略性新兴产业作为危机后经济政策调整的重要内容。这些政策既是对国际经济形势认识的反应，也是基于本国经济发展目标进行的长远发展战略。金融危机改变了新兴经济体的发展环境，也对目前的发展模式带来了巨大的挑战。因此，俄罗斯、巴西、印度、韩国等新兴经济体也均立足本国优势基础和特殊资源禀赋，积极发展新兴产业和战略性新兴产业，通过重点发展战略，实现对发达国家的赶超和产业结构的优化，以求在全球新一轮竞争中抢占一席之地，以保持未来经济持续增长，从根本上改变国际产业竞争格局。

第一，发展重心转向实体经济，扶植制造业复苏发展。同发达国家一样，新兴经济体也在金融危机之后认识到以制造业为主的实体经济在危机中的抗跌性较强，"回归实体经济"成为各国经济调整的重点。新兴经济体一方面推动实体经济发展，提高先进制造业对本国经济的稳定作用；另一方面优化实体经济的结构，推动本国制造业向先进制造业转变。

第二，新兴经济体发展路径与现实之间存在差距。当前，新兴经济体产业结构调整刚刚起步，国家产业发展都是基于本国相对有利的国际环境和本国的资源禀赋优势，这种调整一方面是迫于世界经济调整的压力，使各国有发展战略性新兴产业的愿望；另一方面，出于经济稳定的目的，新兴经济体又不得不对传统产业进行扶持，甚至加大投入，发展战略性新兴产业压力与阻力并存，另外，各国又面对着不同的体制和资源约束，这些经济结构上的缺点，不可能在短期内得到根本性的改变。因此，新兴经济体发展战略性新兴产业面临着诸多挑战。

第三，新兴经济体还未摆脱对发达国家的产业依赖。金融危机之后，新兴经济体的高速经济增长成为世界经济恢复的关键力量，但我们也应该看到，在产业发展方面，世界还主要依赖发达国家的技术创新和产业培育，特别是在战略性新兴产业的发展上，新兴经济体对发达国家的依赖程度更高，难以在产业中发挥主导作用。

新兴经济体国家对未来产业发展的战略布局和政策措施对中国具有很好的启示和借鉴意义。

第一，制定有效的产业政策，加大市场培育力度。从新兴经济体发展略性新兴产业的实践来看，大都重视财政、税收、金融等政策工具的多样化和协同作用。新兴经济体的产业扶持政策并不是孤立的，而是最大限度地实现综合交叉运用，发挥协同作用。只有对多种政策的综合运用，才能避免单一政策的倾向性，才能真正发挥政策工具的效用。在诸多手段之中，税收优惠是政府促进战略性新兴产业发展的重要手段，为促进创新，新兴经济体均实施了一系列税收优惠措施，如税收减免、优惠税率、纳税扣除、加速折旧等，主要国家采取的税收优惠政策主要包含以下几个方面的内容：一是税收抵扣，即政府将企业用于技术研发的投资支出在征收企业所得税时全额扣除，降低企业缴税基数，促进自主研发积极性。二是税收减免，政府对由于技术投入而产生的长期收益实施一定数额的税收减免，降低企业研发的投资风险，以吸引更多的资金流入新兴产业和技术研发之中。三是税收激励，即政府通过对个人利用技术转让实现的收入实施一定的税收减免政策，刺激个人研发和进行知识转移的积极性，以扩大新兴技术的溢出效应。由此可见，通过政府的税收优惠政策，企业可以降低自主创新的风险，提高相对潜在收益，激发研发的动力和积极性，并最终优化整个产业创新环境。

第二，优化产业布局，推进产业集群和集聚发展。从主要国家的发展实践来看，产业集群化发展是战略性新兴产业的基本发展模式。印度的高技术产业集聚区最明显的一个特点就是重视企业与高校的联合，"产学研"式的产业化集群发展主要有三个层次：一是高校或研究机构与企业在地域上形成集聚，二是企业与研发人才在技术研发上实现互通共赢，三是不同企业之间在先进技术的产业化和商品化上的合作。通过产业集群发展的三个层次，产业发展将真正实现技术成果产业化。战略性新兴产业的发展流程是由研发到应用再到商品化和规模化的实现过程，也是国家、科研机构、企业等各方共同努力的实现过程，生产的产品实现由国家购买到满足市场需求的转变。从国家整体角度来看，战略性新兴产业往往分布在技术力量雄厚、创新能力强的经济发达地区。从区域内部看，战略性新兴产业往往集中在著名高校周边或高新技术园区等专门性质的高新科技发展区域，呈现出显著的空间上集中分布的格局。

第三，优化智力支持，促进持续的技术创新。发展战略性新兴产业的过程是一个不断投入，不断开发新技术，不断实现产业化，最终实现经济和社会效益的过程，并反复实现这一过程。从发达国家的实践来看，战略性新兴产业的技术创新是群体性创新，创新过程需要政府、企业、高校和研究机构之间相互配合、高度衔接，达到降低交易成本的目的，实现各环节的便捷通畅。新技术的形成必然是经过多方努力，基于不同的技术平台和技术标准而实现的多样化的创新，并最终将创新技术实现产业化。这就要求在发展战略性新兴产业时，必须首先明确集成创新的发展理念，提早规划出一整套适用的技术标准体系，并在不同群体之间实现合理分配，尽快形成合力。总之，政府和企业在推动战略性新兴产业发展中是相互促进的共同体，可以进行广泛合作。政府引导的科技创新需要以企业实现产品化和市场化，反之，企业对新产品的需求也可以在一定程度上强化政府对科技创新的支持力度。新兴经济体的最新发展战略印证了这一点。

第四，减少行政干预，充分发挥市场的配置作用。新兴经济体制定产业政策的共同特点就是过多地使用行政手段，由于政府管理部门在手段及能力方面的部分缺失，不可避免地出现产业政策实施受阻的现象。随着市场化程度的不断深入，产业政策的实施手段也应该真正地多样化。这对于中国产业政策的制定提出了警醒，应该最大限度地减少政府的直接行政干预，更多地采用经济手段和法律手段，借助市场机制保障战略性新兴产业的健康持续发展。

第 5 章

中国战略性新兴产业发展现状分析

本章从中国发展战略性新兴产业的背景出发，指出目前发展战略性新兴产业面临的机遇和挑战，并利用现实数据反映战略性新兴产业发展成就，在此基础上，分析中国发展战略性新兴产业的制约因素。

5.1 中国战略性新兴产业发展背景

在当前国际、国内背景下，发展战略性新兴产业是中国把握历史机遇，提高国际竞争力，优化产业结构的必然选择。

5.1.1 战略性新兴产业的必要性

发展战略性新兴产业，是加快建设创新型国家的必然要求，也是经济新常态下保持中国经济稳定增长的必然出路。

第一，发展战略性新兴产业是经济新常态下保持中国经济稳定增长的必然出路。中国人口众多，人均资源占有量较少，生态环境也比较脆弱，加之中国正处于工业化和城镇化加速发展阶段，面临着改善生态环境和提高发展水平的双重压力。随着传统产业市场需求的逐渐饱和，传统增长方式面临的问题和矛盾日益凸显，在此背景下，要想保持经济的持续稳定增长，就必须积极探求新的经济增长点。当前，稳定经济增长必须在促进新兴产业自身发展的同时，促进传统产业的提升。因此，发展战略性新兴产业是中国当前保持经济稳定增长的必然选择。[1]

---

[1] 国务院关于加快培育和发展战略性新兴产业的决定［R］. 2010.

第二，发展战略性新兴产业是推进中国的产业结构优化升级和经济发展方式转变的重要手段。中国正处于工业化、城镇化加速推进时期，"质"的需求比"量"的需求更为迫切。发展战略性新兴产业主要依靠创新驱动，通过扩散带动能力促进其他产业和整个区域经济的发展，有利于提升产业发展整体水平，促进产业结构优化转型升级，形成科学合理的现代产业体系。此外，通过传统产业的优化，为发展战略性新兴产业奠定坚实的基础。[①]

第三，发展战略性新兴产业是提高国家自主权优化国家竞争优势的需要。当今时代，世界经济领域的竞争正在面临深刻变革，主要国家纷纷加大对科技创新的投入，加快对战略性新兴产业发展的布局，以图培植新的经济增长点，抢占新一轮经济增长的战略制高点。要在未来的国际竞争中获取有利的位置，中国必须积极培育相关产业的自主创新能力，加速发展战略性新兴产业。因此，发展战略性新兴产业，是中国在当前国际形势下抓住新一轮产业增长机遇，优化国家竞争优势的必要出路。[②]

第四，发展战略性新兴产业是转变经济发展方式，改善国际分工的重要途径。长期以来，中国一直处于国际产业体系和国际分工体系的低端环节，未掌握产业核心技术，接受的产业转移也以传统产业为主。当前，随着国际分工体系和分工方式的细化，传统的发展方式已不适应当前的发展需要，掌握核心技术已成为发展的关键。战略性新兴产业属于技术密集、知识密集型产业，通过发展战略性新兴产业可以打破国外的技术垄断，提高技术水平，自主掌握核心技术，并以此优化和提升产业升级，改变当前在国际分工中的不利状况。

第五，发展战略性新兴产业是扩大内需、稳定外需、培育新的经济增长点的重要举措。国际金融危机爆发以来，外部需求萎缩不止，出口增速下降影响着中国经济的持续发展。从国内来看，内部需求增长缓慢，严重制约着经济的持续发展。因此，在当前形势下，培育和发展具战略性新兴产业，是扩大投资的重要手段，更是扩大出口和稳定消费的必然发展出路。

5.1.2 战略性新兴产业的提出

近年来，中国经济保持中高速增长。2009年，李克强总理在战略性新兴产业发展座谈会上指出："在新形势下，我国要立足当前，着眼未来，从国情出发

[①②] 国务院关于加快培育和发展战略性新兴产业的决定［R］. 2010.

统筹策划，加快经济结构调整，转变经济发展方式，完善财政税收政策，通过战略性新兴产业来培育新的经济增长点。"此时，"战略性新兴产业"被首次提出。

2010年9月，国家出台了《关于加快培育和发展战略性新兴产业的决定》，提出加快培育和发展战略性新兴产的重大决策，并决定加大投入力度，实现技术突破，将市场的基础性作用和政府的引导推动作用相结合，加快科技成果转化，加快产学研结合，将战略性新兴产业发展成中国的主导产业。

2011年5月，胡锦涛主持中共中央政治局第二十九次集体学习时强调，加快培育发展战略性新兴产业，对实现经济和社会全面发展具有重要战略意义。要深入贯彻落实科学发展观，面向经济社会发展重大需求，处理好市场基础性作用和政府引导推动的关系、整体推进和重点突破的关系、立足当前和着眼长远的关系，充分发挥企业的主体作用，通过深化体制与机制改革，加大政策扶持力度，营造良好发展环境，推动科技成果的有效转化，保证战略性新兴产业快速健康发展。

2012年7月，国家出台战略性新兴产业"十二五"发展规划，明确了发展的基本原则，提出略性新兴产业的发展目标。即2015年末，在国际产业分工体系中的位置明显提升，产业创新能力大幅提高，产业的引领带动作用显著增强。到2020年，力争使战略性新兴产业成为国民经济和社会发展的重要推动力量，增加值占国内生产总值比重达到15%，部分产业和关键技术跻身国际先进水平。

2013年11月，国家出台《战略性新兴产业标准化发展规划》，对进一步推进战略性新兴产业标准化工作进行顶层设计。该规划明确到2020年，初步建立适应战略性新兴产业发展的标准体系，企业参与标准化工作的能力明显提升，技术标准创制能力显著增强，标准国际竞争力大幅提升。规划还提出了一揽子的政策措施，从加强标准化统筹协调、完善标准化工作机制、推动标准国际突破、加强标准科技创新能力建设、完善标准化资金多元化投入机制、建设高素质人才队伍六个方面，为以标准化促进战略性新兴产业发展营造良好环境。

2015年5月，中国提出了"三步走"的发展战略，以增强国内制造业发展水平。其中，第一步为"中国制造2025"，与主要国家相比，"中国制造2025"更加凸显"互联网+"的发展趋势，强调用高新技术改造传统制造业，实现信息化与工业化融合发展。"中国制造2025"的计划目标包括：到2025年实现掌握产业核心技术，提升产业技术水平，先进制造业增加值居全球首位，培育出一批制造业国际知名品牌，重点产业的产品质量水平与国际接轨，重点实现优势产业的技术突破，力争做大做强。具体集中在八大领域：（1）实现信息化和智能化的制造过程；(2)强化重点领域产品的研发设计能力；(3)增强先进制造业的技术创新能力；(4)提高制造业的基础发展能力；(5)打造产品品牌，优化产品质量；(6)大力开展绿色节能制造；(7)打造一批具有全球竞争力的产业和企业集群；(8)实现现代服务业配套发展。

5.1.3 战略性新兴产业的范畴

目前，中国确定的战略性新兴产业包括：节能环保产业、新一代信息技术产业、生物产业、新能源汽车产业、新能源产业、高端装备制造产业和新材料产业等。[①]

节能环保产业主要包含循环经济、资源节约和环境保护等领域内开展的基础装备和技术提供，该领域重点发展资源综合利用产业、节能产业和环保产业等。

信息技术产业指通过对信息技术和设备的开发利用，对原有的信息网络及基础设施和服务进行智能化改造，主要包括互联网、移动支付、软件产业和网络产业等。目前，中国新一代信息技术产业重点发展下一代通信网络、三网融合、新型平板显示、物联网、高性能集成电路和云计算为代表的高端软件等。

生物产业主要包含对生物体各方面内容和功能的研究，并最终以产品的形式向社会提供物质支持，其发展是建立在先进生物技术和其他先进科学技术的基础之上的。目前，生物产业发展的重点集中在医药制造和生物育种等相关产业。

新能源汽车主要是指在燃料使用上除传统的柴油和汽油以外的所有汽车类型，目前，主要包括太阳能汽车、混合动力汽车和电动汽车等。相比于传统汽车，新能源汽车对空气的污染更低，对能源的消耗更少，因此要大力推广。新能源汽车产业重点发展新能源汽车整车制造、锂电池制造等。

新能源产业指有别于传统常规能源，如煤炭、石油等化石能源的各种能源，主要包括风能、水能、太阳能、生物质能、地热能等可再生能源，以及核能、氢能等非化石能源；还包括传统的化石能源进行技术变革所形成的清洁能源和绿色能源。其共同特点是资源丰富、可以再生、没有污染或污染很少。目前，新能源产业主要包括太阳能产业、风能产业与生物质能产业等。新能源产业重点发展太阳能光伏装备和太阳能利用、核电、风电、生物质能源与智能电网等。

高端装备制造产业指在技术上处于高端，居于产业链核心地位的先进制造业

---

① 国务院关于加快培育和发展战略性新兴产业的决定 [R]. 2010.

领域。其主要特点是附加价值高，技术和资金密集，高端装备制造业的发展水平代表了一国的总体竞争力。高端装备制造产业重点发展领域包括轨道交通装备制造、航空航天制造、海洋工程和智能装备制造等。

新材料产业主要包含新发明和新发现的区别于传统材料的特殊功能材料，或在原来材料基础上通过一定的加工手段使其性能提高转变为新材料。目前，中国新材料产业领域重点发展纳米材料、超导材料、电子信息材料等。

5.2 中国战略性新兴产业发展现状

近年来，中国战略性新兴产业发展取得了长足进步，部分领域已经具备了一定的国际竞争力，甚至处于世界前沿。在信息技术产业领域，中国的云计算蓄势待发，集成电路产业渐出低谷。在生物产业领域，随着国内农业生物技术产品应用规模的不断扩大，生物农业产业发展速度加快，取得了很好的社会和经济效益。在新材料产业领域，中国新材料产业的发展突飞猛进，以自主技术研发和创新体系建设为主要方向，重在提升新材料的性能。本节从产业规模、产业政策、产业布局、产业结构和国际贸易五个维度反映中国战略性新兴产业发展现实。

5.2.1 产业规模

近年来，中国战略性新兴产业快速发展，部分领域产业规模已居世界前列。2016年，战略性新兴产业实现较快增长，节能环保、生物、新一代信息技术以及新能源等27个主要领域重点产业主营业务收入达到19.1万亿元，同比增长15.6%，高于工业总体11.2%的增速。产业经济效益良好，重点产业利润总额达0.76万亿元，同比增长20.7%，明显高于工业总体12.2%的增速。具体来看，太阳能发电产业增长41.2%，锂电子电池制造业增长31.6%，信息化学品制造业增长17.8%，软件和信息技术服务业增长14.9%。战略性新兴产业继续成为社会资本追逐的热点领域，2013年年末，战略性新兴产业A股上市公司总市值占总体市值的比重达到了20.7%，较2012年年末提升了5.8%。[①] 2013年末，从事战略性新兴产业的企业单位达到16.6万个，占全部企业法人的2%；从事战略性新

---

① 资料来源：国家信息中心（http://www.sic.gov.cn）。

兴产业的企业就业人员达到2 362.3万人，占全部就业人员的比重达8.1%。[1]

5.2.1.1 节能环保产业

2008年以来，中国节能环保产业在政策的带动之下，延续了良好的发展势头，行业总产值从2008年的1.51万亿元增长至2014年的4万亿元，2015年，节能环保产业产值达4.5万亿元（见图5-1）。[2] 从事节能环保产业企业法人单位7.1万个，占全部企业法人单位0.9%；节能环保产业从业人员1 003.9万人，占全部企业法人单位从业人员的3.4%。[3]

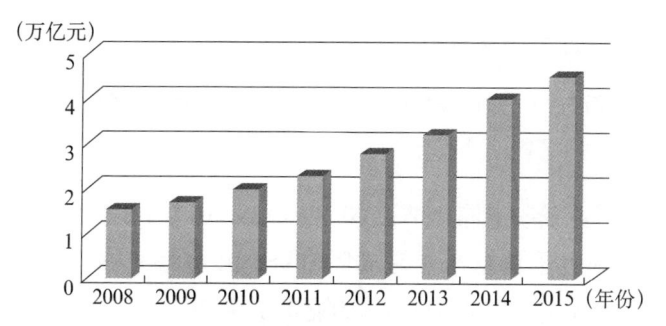

图5-1 2008~2015年中国节能环保产业总产值

资料来源："十二五"节能环保产业发展规划。

环保产业继续强劲发展势头，2013年，废弃资源综合利用产业实现总产值0.33万亿元，同比增长14.4%。环保专用设备和监测仪器产业实现总产值0.22万亿元，同比增长22.1%。节能产业发展成绩显著，节能服务产业总产值从2012年的0.17万亿元增长到0.22万亿元，增幅达30.4%，合同能源管理投资从2012年0.056万亿元增长到0.074万亿元，增幅为33.1%（见图5-2）。

5.2.1.2 新一代信息技术产业

中国新一代信息技术产业在国家政策扶持下，步入快速发展阶段，产业规模不断扩大。2013年，中国电子信息产业销售收入总规模达到12.4万亿元，同比增长12.7%；其中，电子信息制造业的主要业务收入实现9.3万亿元，同比增长10.4%；软件和信息技术服务业实现软件业务收入3.1万亿元，同比增长24.6%。[4] 中国主导的TD-LTE技术开始规模商用，4G产业快速发展，带动通

---

[1] 资料来源：国家统计局. 第三次全国经济普查主要数据公报。
[2] 资料来源："十二五"节能环保产业发展规划。
[3] 资料来源：国家统计局. 第三次全国经济普查主要数据公报。
[4] 资料来源：中华人民共和国工业和信息化部（http://www.miit.gov.cn）。

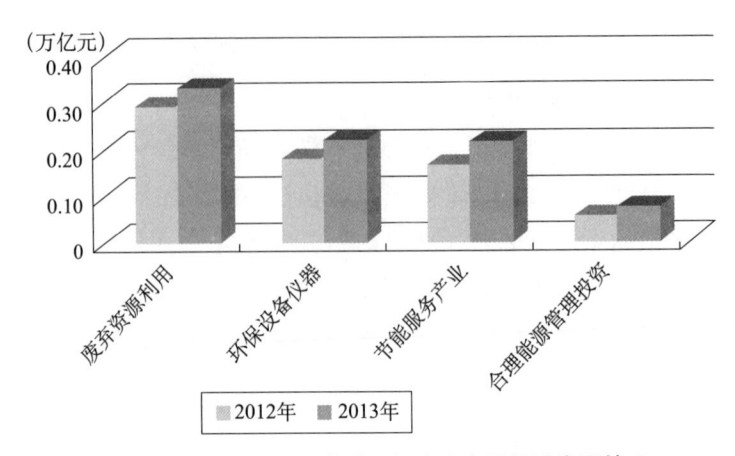

图 5-2　2013 年中国节能环保产业主要领域发展情况

资料来源：根据国家信息中心数据整理。

信设备制造业主营业务收入同比增长 20.2%，较 2012 年提升 6.1%。[①]

2013 年，中国电子信息产业完成固定资产投资额 1.08 万亿元，同比增长 12.9%。全年新增固定资产投资 0.67 万亿元，新开工项目 7 949 个，同比增长 5.0%。其中，集成电路行业完成投资额 0.058 万亿元，同比增长 68.2%；通信设备行业完成投资 0.09 万亿元，同比增长 37%。从投资主体看，内资企业完成投资 0.88 万亿元，同比增长 16.1%，占比达到 81.0%。[②]

2014 年，中国软件和信息技术服务业整体呈平稳较快增长态势。主要软件产业实现主营业务收入 3.7 万亿元，一至四季度的增速分别达到 20.9%、22.6%、18.5% 和 19.1%，年均同比增长 20.2%。其中，数据处理类服务和咨询类服务分别实现收入 0.68 万亿元和 0.38 万亿元，同比增长 22.1% 和 22.5%，占行业的比重分别达 18.4% 和 10.3%。嵌入式软件产品实现收入 0.65 万亿元，同比增长 24.3%。软件产品和系统集成产品分别实现收入 1.13 万亿元和 0.77 万亿元，同比增长 17.6% 和 18.2%。集成电路设计业实现主营收入 0.11 万亿元，同比增长 18.6%（见图 5-3）。[③]

5.2.1.3　生物产业

2013 年，中国生物产业保持较快增长，效益较好。据《中国高技术统计年鉴》显示，2013 年，医药制造业实现主营业务收入 2.05 万亿元，同比增长

[①]　资料来源：国家信息中心（http://www.sic.gov.cn）。
[②③]　资料来源：中华人民共和国工业和信息化部（http://www.miit.gov.cn）。

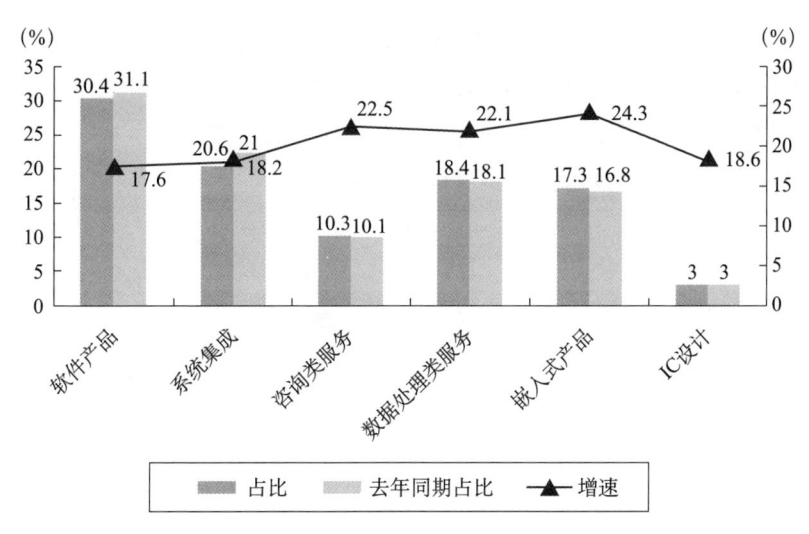

图 5-3　2014 年中国主要软件产业占比及增速情况

资料来源：中华人民共和国工业和信息化部。

18.1%。医疗器械制造主营业务收入 0.89 万亿元，同比增长 17.2%。医药制造业实现利润总额 0.21 万亿元，同比增长 17.8%；实现新产品销售收入 0.30 万亿元，同比增长 22%；从事医药制造业的工业企业 6 839 家，从业人员 208.5 万人。与此同时，医药产业投资保持活跃，医药领域全年固定资产投资增速达 26.5%。

由图 5-4 和图 5-5 可以看出，自 2008 年以来，中国生物产业发展势头良

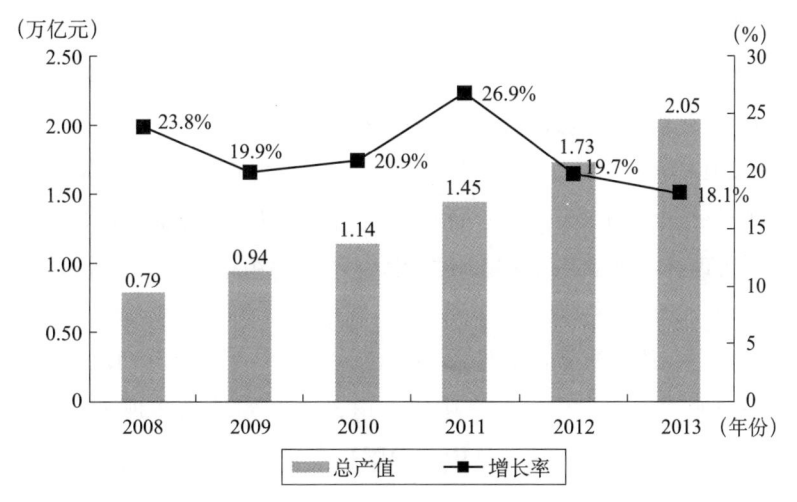

图 5-4　2008~2013 年中国医药制造业总产值及增速情况

资料来源：根据 2014 年《中国高技术产业统计年鉴》数据整理。

71

好，呈现出明显的上升趋势，至2013年，中国医药制造业总产值保持了年均21.5%的增长率，尤其是2011年增速达到26.9%。同时，中国医药制造业利润总额和利税总额也呈现逐年上升的态势。在其他方面，中国的生物育种水平在全球处于领先地位，部分技术已经跻身世界强国之列。

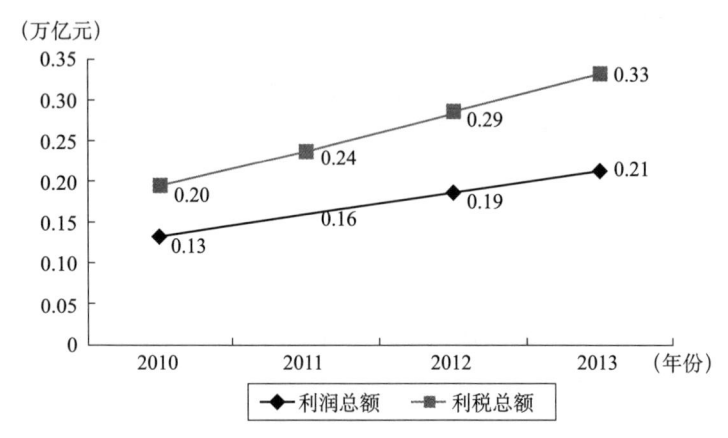

图5-5　2010~2013年中国医药制造业利润及利税情况

资料来源：根据2014年《中国高技术产业统计年鉴》数据整理。

5.2.1.4　新能源汽车产业

政府的政策支持和财政投入为新能源汽车产业的持续发展打下了坚实的基础。如图5-6和图5-7所示，2013年，中国新能源汽车实现了快速增长，全年累计实现产值252.7亿元，实现产量1.75万辆，其中，纯电动1.42万辆，插电式混合动力0.33万辆；新能源汽车销售1.76万辆，同比增长37.9%，其中，纯电动销售1.46万辆，插电式混合动力销售0.30万辆，分别比上年增长28.4%和114.5%。[①] 2014年1~8月，中国新能源汽车实现产量3.1万辆，同比增长218%。其中，纯电动1.63万辆，插电式混合动力0.66万辆，均同比增长两倍以上，分别实现纯电动商用车和插电式混合动力商用车0.31万辆和0.52万辆，同比增长55%与91%。[②]

新能源汽车是传统汽车产业发展和优化的主要方向，而电动汽车已经成为新能源汽车领域的主要产品。当前，中国在电动汽车领域已实现了一系列技术突破，部分领域居世界先进水平。其中，中国自主研制的镍氢电池和锂离子电池已

---

① 资料来源：根据汽车工业协会数据整理。
② 资料来源：2013~2020年中国新能源汽车产业调研与发展前景分析报告。

经突破了关键技术瓶颈，其效率接近国际最高水平，且已经成功应用于公交客车。另外，中国在百千瓦级燃料电池上的研发和生产技术也在国际上处于领先水平。

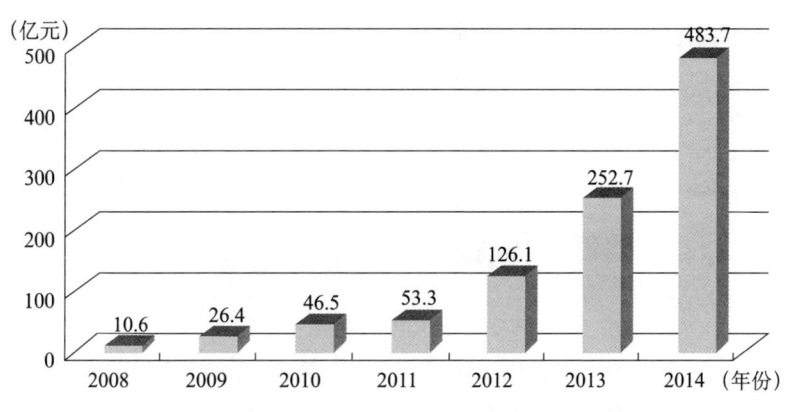

图 5-6 2008~2014 年中国新能源汽车产业产值

资料来源：2014~2015 年中国新能源汽车产业分析与预测。

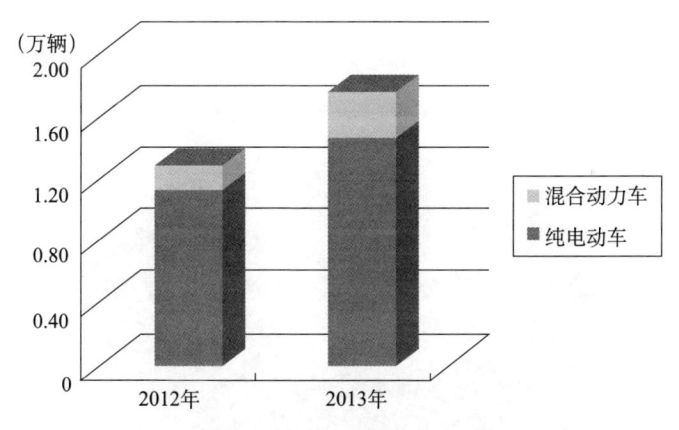

图 5-7 2012 年、2013 年中国新能源汽车销量增长及其构成情况

资料来源：2014~2015 年中国新能源汽车产业分析与预测。

5.2.1.5 新能源产业

近几年，中国新能源产业得到了迅速发展。如图 5-8 所示，截至 2013 年底，中国并网核电、风电、太阳能发电和生物质发电装机容量分别达到 1 461 万千瓦、7 500 万千瓦、1 000 万千瓦和 730 万千瓦，同比增速分别达 17.6%、22.1%、193.3% 和 40.9%，远快于总发电装机 7% 的增长速度。其中，2013 年新增发电装机容量中，新能源发电装机占比已经在 25% 以上。与此同时，光伏设备及元器件制造和风能设备制造主营业务收入增速从 2012 年的负增长回升到 2013 年的 13.0% 和 21.5%，利润总额增速分别达到 279.9% 和 40.2%。①

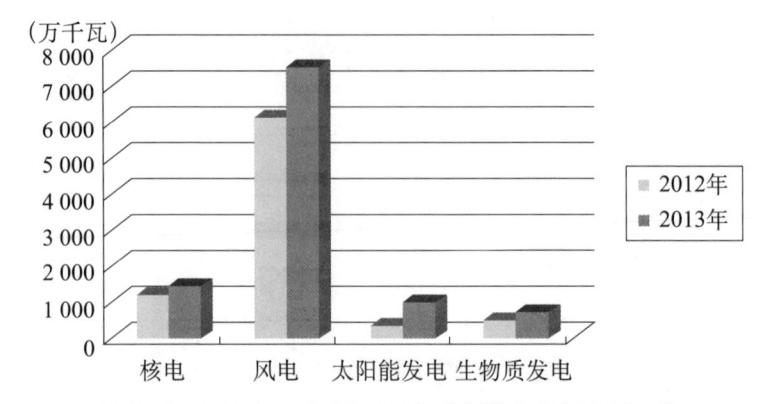

图 5-8　2012 年、2013 年中国新能源发电装机容量构成

资料来源：国家信息中心。

如图 5-9 所示，2013 年中国电力结构中，火力发电占比为 78.58%，而采用新能源发电的比重达到 21.42%，较 2012 年提高了 4.3%；风电、核电及其他新能源发电占比达到 5.66%，较 2012 年提高了 1.8%。

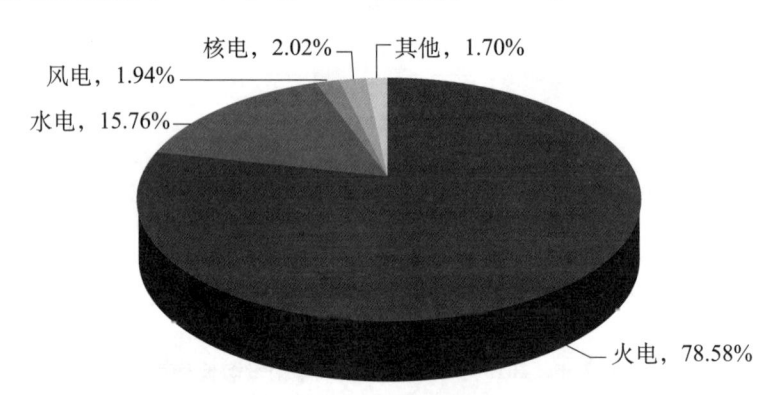

图 5-9　2013 年中国各类能源发电量构成

资料来源：中国电力企业联合会。

从水电能源发展情况看（见图 5-10），近年来，中国水电装机容量持续稳步增长，2014 年，中国水电新增装机容量 2 000 万千瓦，累计装机容量 30 000 万千瓦，在发电总装机容量的比重达到 22.1%，受其他类型发电量增长的影响，水电装机容量比重较上年同期下降了 0.29%。

---

① 资料来源：国家信息中心（http://www.sic.gov.cn）。

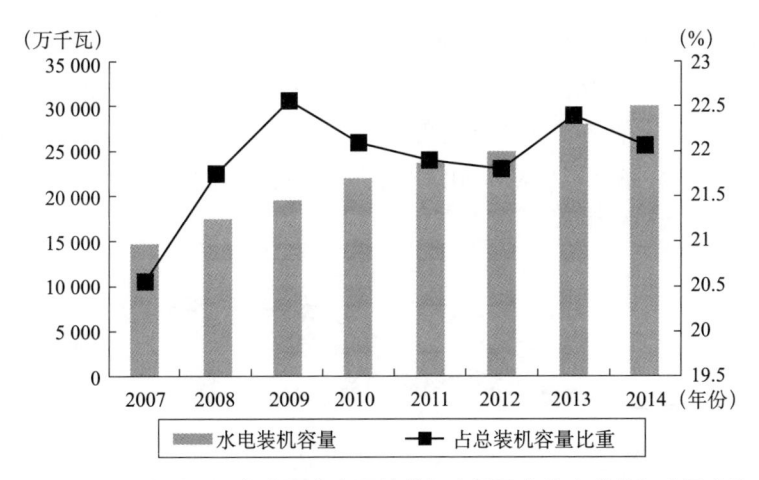

图 5-10　2007~2014 年中国水电累计装机容量及占发电总装机容量占比

资料来源：根据中国电力企业联合会数据整理。

从太阳能发电情况看（见图 5-11），中国光伏新增装机容量持续增长，2013 年，中国光伏新增装机容量达到 11.3 吉瓦，同比增长 22.9%，新增装机占全球总量的 30.5%，成为全球第一大光伏装机大国。

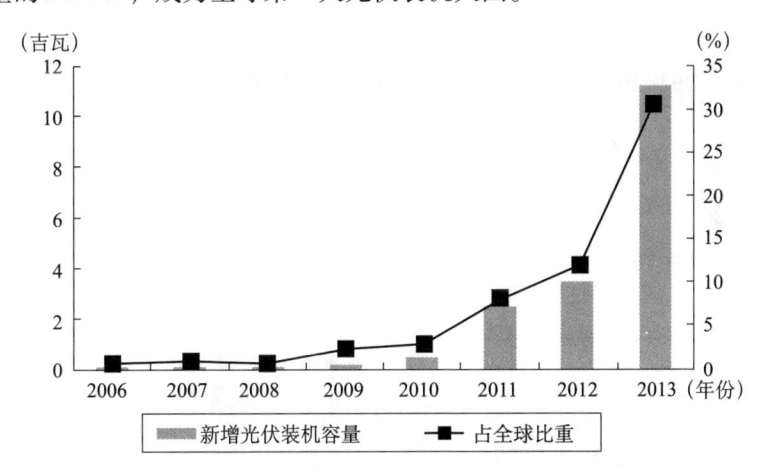

图 5-11　2006~2013 年中国新增光伏装机容量及全球占比

资料来源：根据中国电力企业联合会数据整理。

此外，中国新能源产业在技术研发和生产制造等方面已达到国际先进水平，国际影响力也越来越大。

5.2.1.6　高端装备制造业

从近年发展情况看，中国高端装备制造业异军突起，发展迅速，产业产值年均增长 15% 以上。如图 5-12 所示，2013 年，中国高端装备制造产业累计实现总产值1.67万亿元，同比增长25.8%。从各细分领域来看，2013年，航空和卫星两大方向成为主要亮点。2013年，航空、航天器及设备制造主营业务收入0.29万亿元，同比增长21.6%（见图5-13）。中国拥有自主知识产权的北斗导航产业已经形成完整产业体系，2013年，全国5万辆乘用车、近5万条中远海船

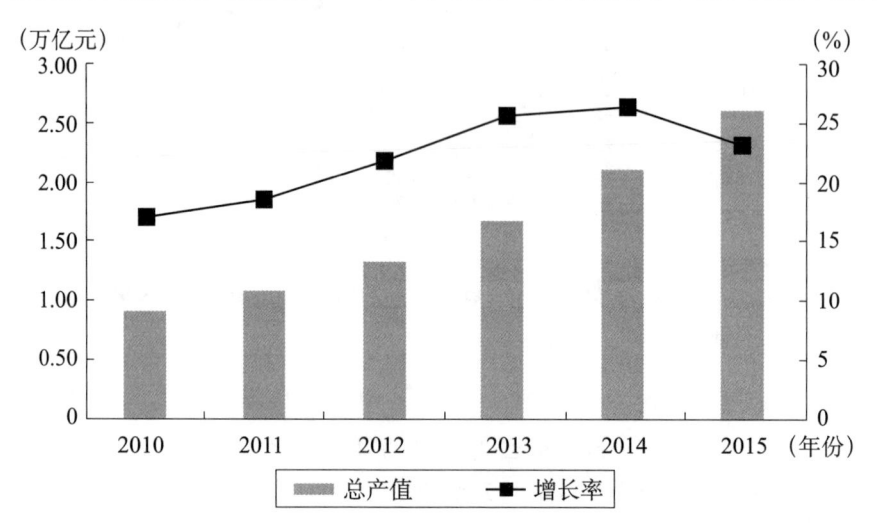

图5-12　2010~2015年中国高端装备制造业产值与增长[①]

资料来源：2013-2014年中国高端装备制造产业发展研究年度报告。

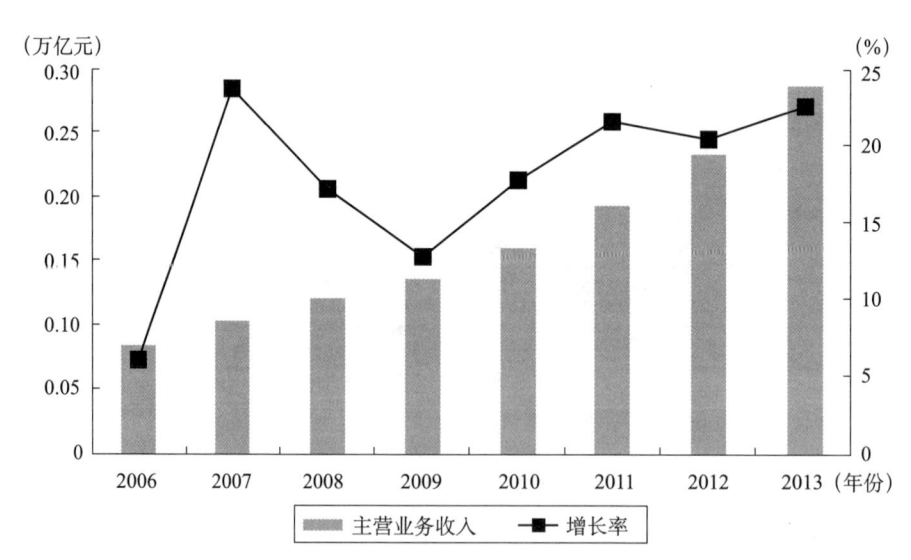

图5-13　2006~2013年中国航空航天器设备制造业主营业务收入及增速

资料来源：2007~2014年《中国高技术统计年鉴》。

---

① 2015年数据为预测数据。

舶以及近10万辆运输车辆安装了北斗终端。①

此外,中国智能制造领域取得重大突破。自主创新的智能制造产品打破了部分重点领域装备被国外垄断的局面。2013年,中国铁路运输设备和海洋工程专用设备增长相对平稳,主营业务收入同比增速分别为8.3%和4.7%。在航天产业方面,中国民用航天技术发展迅猛,产业化水平不断提高,卫星技术等高端制造的应用已十分广泛,方便了居民的日常生活。

5.2.1.7 新材料产业

近年来,中国新材料产业的发展潜力不断发掘,专业化程度不断提高。2013年,新材料产业规模实现较快增长,稀土功能材料、有机硅、超硬材料、先进储能材料、特种不锈钢、玻璃纤维等产能均居世界前列。2013年,从事新材料产业法人单位4.7万个,占全部企业法人单位0.6%。新材料产业从业人员707.9万人,占全部企业法人单位从业人员的2.4%。②

如图5-14所示,截至2013年底,中国新材料产业总产值累计实现1.25万亿元,同比增长25%,是2006年产值的4倍。2013年,中国稀土材料的生产总量占世界总产量的比重超过80%,有机硅和有机氟等高端材料的产量居世界首位。

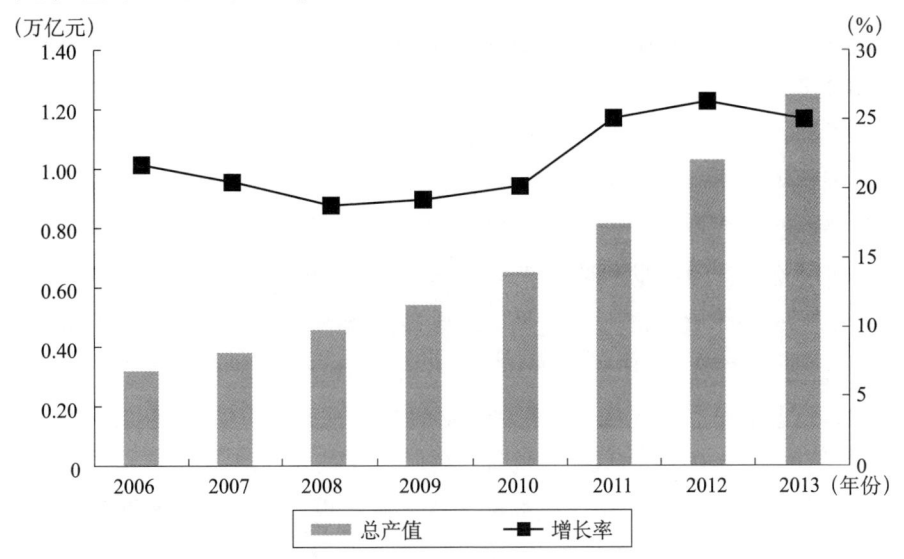

图5-14 2006~2013年中国新材料产业总产值及增长率

资料来源:根据2014年中国新材料产业发展报告数据整理。

---

① 资料来源:国家信息中心(http://www.sic.gov.cn)。
② 资料来源:国家统计局.第三次全国经济普查主要数据公报。

5.2.1.8 高新区发展情况

2013年,中国高新区发展持续向好,产业规模不断扩大,国家级高新区实现总营业收入20.3万亿元,其中,营业总收入超过万亿的有2家,超过千亿元的高新区达到55家。2013年,中国高新区实现国内生产总值5.8万亿元,占GDP的比重超过10%。[①]

从具体发展情况看,中国的高新区已成为发展战略性新兴产业的战略领地。目前,现有的114家国家高新区拥有企业7.8万家,其中,具有高新技术属性的企业超过2万家,占比高达37%;国家高新区共有从业人员1400万人,其中,从事高新技术研发和生产的就业人员接近700万人,占高新区总就业人员的一半[②]。与此同时,具有高新技术属性的企业无论是在利润还是在出口上均占有明显优势,对整个高新区的贡献度超过45%,保证了高新区的持续快速发展。

5.2.2 产业政策

目前,中国发展战略性新兴产业的主要产业政策有产业规划、财政政策、税收政策、金融政策等。

5.2.2.1 产业规划

2011年以来,为加快培育、发展战略性新兴产业,国务院相关部委密集出台了一系列产业政策和产业规划(见附表5-1)。总体上看,出台的政策集中在宏观规划、科技创新、资本引入、市场培育等方面。根据目前的政府规划,中国确立战略性新兴产业发展的目标:到2015年,战略性新兴产业形成健康发展、协调推进的格局,创新能力明显增强,战略性新兴产业占GDP比重达到8%;到2020年,部分技术跻身国际先进水平,战略性新兴产业成为主导产业和支柱产业,其占GDP比重达到15%;到2030年,战略性新兴产业整体创新水平和能力达到世界先进水平。2016年,国务院印发《"十三五"国家战略性新兴产业发展规划》,提出到2020年要形成新一代信息技术、高端制造、生物、绿色低碳、数字创意5个产值规模10万亿元级的新支柱,并在更广领域形成大批跨界融合的新增长点,平均每年带动新增就业100万人以上。从七大战略性新兴产业政策情况看,各产业领域均有相关配套政策和规划出台。

节能环保产业。2011年以来,节能环保产业领域相关政策密集发布(见附

---

①② 资料来源:根据科技部网站数据整理。

表5-2），综合来看，既涉及节能减排、环境保护，也包括废物综合利用和清洁生产等内容；政策重点包括重大示范工程、税收优惠、财政支持和对节能减排的监督等方面。根据目前的政府规划，中国确立节能环保产业发展的目标：技术装备水平大幅提升，节能环保产品市场份额逐步扩大，节能环保服务业快速发展，培育一批具有国际竞争力的节能环保大型企业集团。

新一代信息技术产业。2011年以来，国家相继出台了一系列支持新一代信息技术产业发展的政策（见附表5-3），包括短期引导、财税政策等短期规划，以及行业细分规划、基础支撑等中长期规划，明确发展目标，加强财税支持、减轻资金负担，引导、支持新一代信息技术产业相关领域协调发展。根据目前的政府规划，中国确立信息技术领域的发展目标：建设新型信息网络，突破物联网、无线通信、云计算等新一代信息技术，推进信息技术创新，培育信息服务业业态，加快实施知识产权案和自主标准战略，增强国际竞争力。

生物产业。2012年以来，针对生物产业发展现状，中国出台了一系列措施（见附表5-4）。一方面，加快生物医药产业结构调整，实施重大专项，引导行业健康发展和生物农业发展；另一方面，加大医药产品监督力度，推广绿色生物技术的广泛应用。根据目前的政府规划，中国确立生物产业发展的目标：加快医药关于结构调整和升级，培育生物医药产业，鼓励医药企业加大研发投入，提高药品质量和基本保障能力；产业集中度稳步上升，形成一批具有国际竞争力的企业集团；进一步调整医药工业区域布局，优化贸易结构，加快国际化步伐。

高端装备制造产业。政府在高端装备制造产业领域的政策支持主要是实施重大示范和专项项目，加快关键设备和技术自主创新和引进，以及明确高端装备制造产业发展规划，引导未来发展方向和发展重点（见附表5-5）。根据目前的政府规划，中国确立高端装备制造业发展的目标：到2020年销售收入超过6万亿元，在装备制造业占15%左右，工业增加值率达到28%，国际市场份额大大增加；创新能力大幅提升，初步形成高端装备技术创新体系，骨干企业研发投入占销售收入的5%以上；基础配套显著增强，高端装备产业智能化率超过30%；产业组织进一步优化，初步形成一批具有国际影响力的企业集团和一大批生产企业，产业集中度明显提升。

新能源产业。目前，中国在新能源领域的重点政策是积极引导风电行业健康发展，积极支持光伏产业发展，推动光伏发电规模化应用；支持企业加大页岩气开发力度；加强民间投资引导，鼓励民间资本扩大能源领域投资（见附表5-6）。根据目前的政府规划，中国确立新能源产业发展的目标：在太阳能领域重点发展高纯多晶硅、晶硅电池等重点产品和重点环节；加快完善光伏标准体系，促进行业规范化、标准化发展。在风能领域重点发展风电设备设计制造，风电场开发及运行，风电公共服务体系。在生物质能领域重点是实现多元化的资源供给，加强关键工艺的创新，加大液体燃料制备研发，培育能化高生物能量植物。在智能电网领域重点突破智能电网关键核心技术，推动现代电网升级。在页岩气开发领域重点是实现规模化生产，取得勘探开发的关键技术。

新材料产业。目前，中国在新材料产业领域的政策支持主要集中在特殊钢应用、控制稀土开发、推动有色金属产业精深加工及新材料领域，以增强产业核心竞争力，提高市场化水平，组织实施一批示范工程，提升高性能材料的自主创新能力，加快企业科技成果产业化进程（见附表5-7）。根据目前的政府规划，中国确立新材料产业发展的目标：在特种金属功能材料领域重点是加快稀土行业兼并重组，严格控制有色金属冶炼能力，淘汰落后产能；提高产业自主创新能力，加快前沿科技攻关。在高端金属结构材料领域重点是推动特钢产业结构调整，提升节能减排技术；加快重点工程应用示范。在先进高分子材料领域重点是提升膜领域发展的可持续性，突破装备技术，推动行业应用；加快工程塑料和特种合成橡胶的产业化进程。

新能源汽车产业。中国在新能源汽车领域的政策支持主要包括以下几个方面：一是积极扩大新能源汽车示范推广应用；二是加大财政资金支持力度，鼓励企业技术研发；三是运用税收政策优惠，刺激市场容量。近年来，在新能源汽车领域出台的具体政策见附表5-8。根据目前的政府规划，中国确立新能源汽车产业发展的目标：加强新能源汽车关键核心技术研究，重点支持驱动电机系统及核心材料；科学规划产业布局，实现新能源汽车产业链的协调发展；加快推广应用和试点示范，加快新能源汽车领域基础设施建设，满足新能源汽车产业的发展需求。

5.2.2.2 财政政策

目前，中国发展战略性新兴产业的主要财政政策手段集中在政府采购、直接投资和财政补贴等内容。

一是政府采购。国家出台的促进新能源汽车、节能环保产品等发展的一系列发展意见和发展规划中，都将政府直接购买列入促进战略性新兴产业发展的重要实现手段。目前，中国的政府直接采购正逐渐从对节能减排、信息技术等产业的单一支持转向对中小企业和科技创新等领域的全方位、多层次支持。

二是直接投资。目前，拨款和经费支持是直接投资的主要形式，政府往往通过给予研发型企业或科研机构和高校一定的科研经费支持，促进技术研发，支持战略性新兴产业发展。此外，还有一部分投资是通过投资基金的方式实现，2011年，财政部和国家发改委联合发布的《新兴产业创投计划参股创业投资基金管理暂行办法》中明确规定，财政资金通过投资于创业企业，参股创业投资基金，培育和促进战略性新兴产业的发展。

三是财政补贴。财政补贴政策的实质是通过对战略性新兴产业产品或研发领域的补贴，转嫁产业发展市场风险，促进战略性新兴产业投入与收入的平衡，如国家对节能环保产品实施的财政补贴。2010年，国家部委联合出台促进个人购买新能源汽车的补贴措施，决定给予主要城市的新能源汽车购买一定的财政补贴，主要补贴在充电设备环节。2011年，财政部与工信部出台了针对新能源项目的财政补贴管理办法，决定给予某些新能源示范项目一定的补贴，达到企业节能减排的目的。

5.2.2.3 税收政策

目前，税收政策是中国发展战略性新兴产业的主要财政政策，对七大领域的税收优惠政策具体如下：

在节能环保产业领域，重点是国家和地方政府对资源综合利用产品的增值税优惠，尤其是对企业生产符合国家政策的节能环保产品，给予一定的企业所得税减免；对节能减排设备投资给予增值税进项税抵扣。

在新一代信息技术产业领域，国家对具有自主知识产权软件产品的销售收入，实行3%的税收减免和即征即退政策；对信息技术领域的外包业务收入实行营业税免除。

在生物产业领域，国家提高了生物产业中的高技术产品和医药品等的出口退税优惠力度，对于抗艾滋病病毒有关的药品实行增值税免除，对高科技产品的出口实行17%的退税优惠，对人胰岛素等高级药品的出口实行11%的退税优惠。

在高端装备制造业领域，国家对一些关键领域的高端装备生产企业实行专门的税收优惠；对企业进口的关键原材料和重要零部件实行全额退税优惠政策。

在新能源产业领域，对以石煤或油母页岩等作为燃料所生产的电力和热力，以及利用风能生产的电力所征增值税实行即征即退50%的政策。对以无形资产或不动产投资入股且接受投资方利润的共同承担投资风险行为，不征收营业税。

在新材料产业领域，国家对部分从事新材料出口的企业给予一定的退税优惠，对企业生产的新型材料给予50%的税收减免。对向符合条件的科技型新材料企业提供场地出租的收入免征营业税。

在新能源汽车产业领域，中国进口的新能源汽车的关税适用最惠国税率，税率为25%。对购买新能源汽车的消费者免征购置税。对国家重点扶持的新能源汽车企业减收2%的企业所得税。

5.2.2.4 金融政策

近年来，中国促进战略性新兴产业发展的金融政策不断出台，具体包括金融机构信贷支持、创业投资、资本市场融资和股权投资基金等，这些政策对优化资金支持，加快战略性新兴产业发展起到明显的带动作用。

加强信贷支持。在监管部门推动下，商业银行推出了"信用保险及贸易融资试点"等政策支持项目，通过全新的支持模式扩大了战略性新兴产业企业的资金来源。商业银行还积极与政策性银行合作，联合开发新型担保模式，由商业银行审批，开发银行放款，该模式对保证科技型企业获得急需的发展资金发挥了积极作用。商业银行还积极推出用无形资产作为抵押物的信贷产品，包括知识产权质押组合贷款等，开展设计企业互保等创新产品，助力战略性新兴产业企业发展。此外，金融机构在高科技产业园区等地建立金融服务中心和小额贷款公司等机构，强化金融服务。

创新资本市场。近年来，相关部门和机构不断创新资本市场融资手段，为中国发展战略性新兴产业提供了充足的资金支持。一是充分利用股票市场融资，一方面，国家积极指导从事战略性新兴产业的企业在海外上市，吸收国外资金；另一方面，鼓励企业积极利用国内创业板上市融资。二是发展集合融资工具。集合债券弥补了战略性新兴产业单一企业固定资产不足的问题，尤其是对中小企业而言，集合票据以及其他创新型债券市场融资方式，可以为企业发展提供必要的资金支持。

发展创投基金。通过近几年的快速发展，中国的风险投资基金已形成一定的规模，在光伏产业、信息产业等领域也已培育出一批知名企业。在国家政策引导下，发达地区的创投基金已经初步形成规模，地方政府通过财政补贴和特殊奖励等优惠手段，促使风险投资基金投资战略性新兴产业。

5.2.3 产业布局

战略性新兴产业是知识、技术、资金密集的产业，其发展的关键在于这些要素的有效配置。因此，一般而言，在市场机制作用下，知识和技术决定了战略性新兴产业与科研院所和大学关系密切，由于科技人才供给相对充足，能够引进技术和技术再开发，能够保障战略性新兴产业发展需要，因此，智力资源充足的地方容易形成战略性新兴产业的聚集地。

当前，中国战略性新兴产业的集聚发展态势逐渐呈现，形成了一些重要的产业集群。主要表现为：一是拥有了较多综合性的产业集群，例如北京的中关村创新示范基地，上海和深圳的高新技术开发区等；二是同质企业出现一定的地域集中，如新材料产业在江苏形成了产业基地，电子信息产业则集中在珠三角地区。

5.2.3.1 总体布局情况

从目前中国已建立的高新技术开发区来看，主要包括三种类型的城市：一是大中城市，其往往是一区域的经济中心，科研院所、高校较多，科技力量强，工业基础好，也能够提供充足的市场需求，如北京、上海、武汉等城市；二是工业城市，其工业基础较好，但科研能力往往较弱，需要对现有的工业基础进行改造提升，如大庆与襄樊等城市；三是沿海地区，其外部条件较好，交通便利，利用国内外资金和技术的有效转移，可以实现经济的迅速发展，如威海、苏州、大连等。中国国家级高新技术开发区地区分布参见附表5-9。

从中国高新技术开发区地区布局可以看出，中国战略性新兴产业地区布局呈现以下两个特点：

一是空间分布集中。目前，中国基本形成了5个战略性新兴产业开发带：一是辽中南地区，由沈阳、大连、鞍山等组成，重点发展光、机、电一体化等产业领域；二是京津冀地区，由于交通便利，高校林立，智力资源丰富，形成了一定的空间集聚；三是沪宁杭地区，包括三省市的诸多国家级开发区，自然条件、区位条件优越，经济科技发达；四是珠三角地区，紧邻香港、澳门特区，有利于吸引外资；五是老工业地区，有长春、哈尔滨、大庆等国家级高新技术产业开发区，重点发展电子信息技术、新能源与新材料、航空航天科技、生物医药等产业。

二是东西分布不平衡，从东部、中部到西部，高新技术开发区数量比例约为5:3:2，东部沿海地区有国家级高新技术开发区57个，占我国高开区总量的一半。高新技术产业的发展也具有明显的区域差异，表5-1显示的是2013年我国东部、中部、西部和东北部四个地区战略性新兴产业的基本情况比较。

表 5-1　　　　　　2013 年我国各地区高新技术产业数据对比

地区	企业（个）	从业人员（万人）	主营业务收入（亿元）	利润总额（亿元）	利税（亿元）	出口交货值（亿元）
东部	18 761	939	85 972.2	5 157.4	7 809.5	40 541.6
中部	4 319	186	14 123.3	949.5	1 536.7	3 745.0
西部	2 502	124	11 548.8	789.7	1 258.7	4 548.3
东北	1 312	45	4 404.5	337.2	512.1	450.2
合计	26 894	1 294	116 048.9	7 233.7	11 117.0	49 285.1

资料来源：2014 年《中国高技术产业统计年鉴》。

从表 5-1 中可以看出，中国战略性新兴产业具有明显的区域集中特征。对比各地区战略性新兴产业主要经济指标，2013 年，东部地区战略性新兴产业实现主营业务收入 85 972.2 亿元，占全国的 74.1%；实现利润总额 5 157.4 亿元，占全国的 71.3%；实现利税 7 809.5 亿元，占全国的 70.2%。同期，中部地区、西部地区、东北地区战略性新兴产业分别实现主营业务收入 14 123.3 亿元、11 548.8 亿元、4 404.5 亿元，分别占全国的 12.2%、10%、3.8%；利润总额和利税分别占全国的 13.1%、10.9%、4.7% 和 13.8%、11.3%、4.6%。由此可以看出，东部地区是中国战略性新兴产业的主要聚集地。

从各省市情况看（见图 5-15），2013 年，中国各地战略性新兴产业投资额排前五位的省份占全国总投资额的 44.64%。与 2012 年相比，黑龙江、天津、新疆、西藏四个省份的战略性新兴产业投资额出现负增长，陕西、山西、青海、甘肃出现大幅提升，尤其是陕西省增幅达到 81.74%。

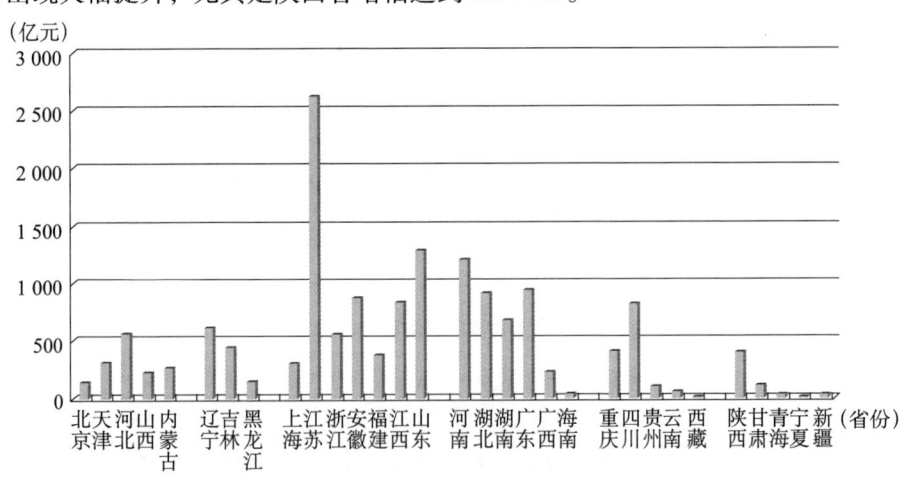

图 5-15　2013 年中国各省市高新技术产业投资额

资料来源：2014 年《中国高技术产业统计年鉴》。

总体上看，中国战略性新兴产业以东部为主的发展格局短期内不会改变，未来一段时间内，战略性新兴产业将仍在东部地区集聚。

5.2.3.2 行业细分布局情况

不同地区和区域发展战略性新兴产业的基础和资源禀赋以及地区支持政策不同，由此也形成了当前中国七大战略性新兴产业的地域布局现状。例如，新材料产业在长三角地区形成集聚；电子信息产业在珠三角地区形成集聚；中西部地区则依托本地拥有的特殊资源优势，形成稀土和非金属材料等产业区。

由表5－2可以看出，目前，中国七大战略性新兴产业在全国的分布状况如下：（1）节能环保产业重点分布在上海、广东、福建、湖北、重庆等省市；（2）新一代信息技术产业重点分布在北京、天津、江苏、广东、上海等东部地区；（3）生物产业重点分布在北京、天津、福建等东部地区和安徽、吉林等中部地区；（4）高端装备制造业重点分布在福建、广东、河北、江苏、辽宁等东部地区；（5）新能源产业重点分布在北京、天津、辽宁、山东等东部地区和重庆、陕西等西部地区；（6）新材料产业重点分布在安徽、山西、黑龙江、吉林等中部地区和青海、四川等西部地区；（7）新能源汽车产业重点分布在北京、广东、江苏、辽宁等东部地区。

表5－2　　　　　　　2014年中国战略性新兴产业区域布局

产业	省份	所属地区
节能环保产业	上海、广东、福建、江苏、山东、河北	东部
	河南、湖北、河南、江西	中部
	陕西、四川、重庆	西部
新一代信息技术产业	北京、天津、江苏、广东、上海、浙江	东部
生物产业	北京、天津、福建、广东、河北、江苏	东部
	安徽、河南、湖北、黑龙江、吉林	中部
高端装备制造业	福建、广东、河北、江苏、辽宁、山东	东部
新能源产业	北京、天津、辽宁、山东、福建、广东	东部
	重庆、陕西、新疆、青海	西部
新材料产业	安徽、山西、黑龙江、吉林	中部
	青海、四川	西部
新能源汽车	北京、广东、江苏、辽宁、山东、浙江	东部

资料来源：根据中经网相关资料整理。

5.2.4　产业结构

为了数据对比的一致性，本节论述将主要基于中国2013年高技术产业数据展开论述。主要分为行业结构和企业结构两部分。

5.2.4.1 行业结构

从表5-3中可以看出，2013年，在传统的高技术产业五大行业中，电子通信设备制造业各项基本指标均居首位，而航空航天器制造业各项基本指标均居末位。电子及通信设备制造业企业个数占全部高新技术产业的一半左右，从业人员占60%左右，主营业务收入也占一半以上，但利润总额和利税相对占比较低。从主营业务收入情况看，除电子通信设备制造业外，还有计算机办公设备和医药制造业的占比也较高。

表5-3　　　　　2013年中国高新技术产业分行业数据对比

行业	企业（个）	从业人员（万人）	主营业务收入（亿元）	利润总额（亿元）	利税（亿元）
医药制造业	6 839	209	20 484	2 133	3 316
航空航天制造业	318	34	2 853	139	184
电子通信设备制造业	13 465	748	60 634	3 327	5 278
计算机办公设备制造业	1 565	191	23 214	810	1 148
医疗仪器设备仪器表	4 707	112	8 864	825	1 191
合计	26 894	1 294	116 049	7 234	11 117

资料来源：2014年《中国高技术产业统计年鉴》。

从投资情况看（见图5-16），2013年，中国电子通信设备制造业以7 573亿元的投资额居五大产业之首，其投资额占全部高新技术产业投资额的一半。其

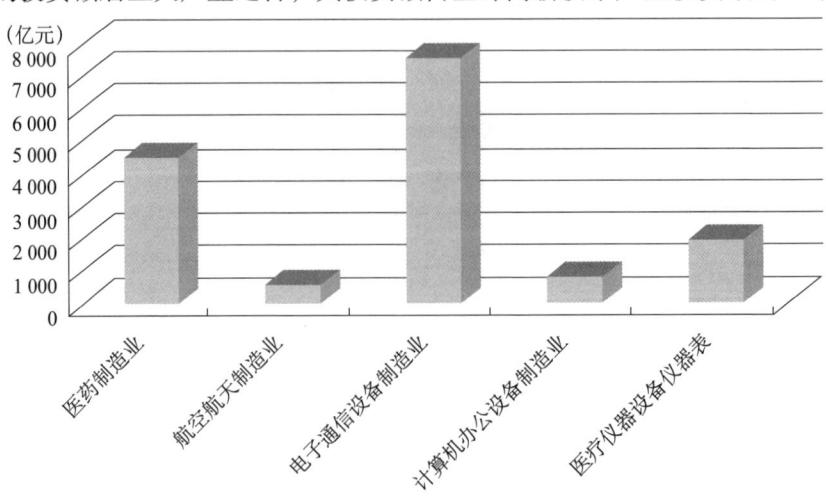

图5-16　2013年中国高新技术产业分行业投资情况

资料来源：2014年《中国高技术产业统计年鉴》。

余依次是医药制造业、医疗仪器设备仪器表、计算机办公设备制造业和航空航天器制造业。

从研发情况看（见图5-17），2013年，中国五大高新技术产业中，电子及通信设备制造业研发人员和研发经费分别为31万人和1 046亿元，均居首位。从研发人员看，医药制造业也占有较大的比重，航空航天器制造研发人员相对较少。从研发经费看，医药制造业也占有较大的比重，医疗仪器仪表制造的研发经费相对较少。

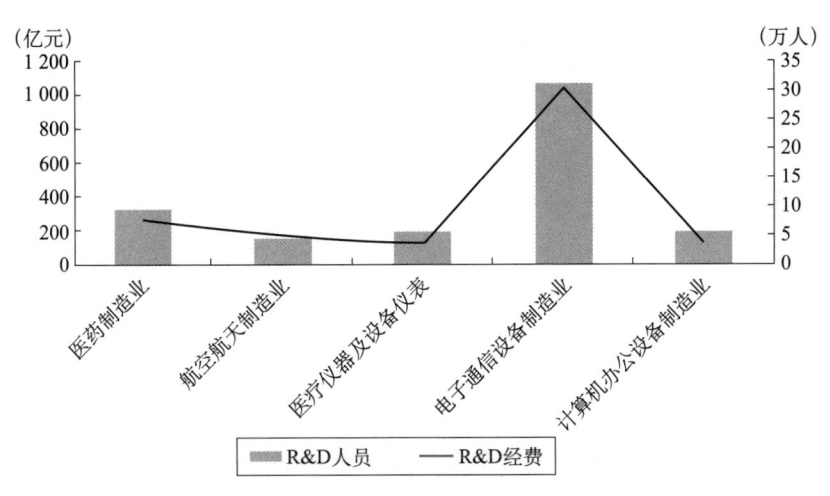

图5-17　2013年中国高新技术产业分行业研发情况

资料来源：2014年《中国高技术产业统计年鉴》。

5.2.4.2　企业结构

战略性新兴产业企业构成结构主要按企业规模和企业性质分类。

按企业规模分布。从各规模企业发展情况看（见表5-4），2013年，中国大型企业数量最少，但从业人员最多，主营业务收入和利润总额贡献也最大。中型企业个数约占总量的1/3左右，从业人员约占1/4，而主营业务收入和利润总额不相上下。

表5-4　　　　　　2013年中国高新技术产业按企业规模发展情况

企业	企业数（个）	从业人员（万人）	主营业务收入（亿元）	利润总额（亿元）
大型企业	1 690	687.6	67 356.9	3 590.1
中型企业	6 119	364.1	24 277.9	1 874.9
小型企业	19 085	242.3	24 414.2	1 769

资料来源：2014年《中国高技术产业统计年鉴》。

按企业性质分布。从各类型企业发展情况看（见表5-5），2013年，中国高新技术企业中有内资企业18 841家，占企业总数的70%左右；港澳台投资企业和外商投资企业个数分别为3 407家和4 646家，从业人员也基本保持这一结构。然而，从业务发展情况来看，内资企业以70%的企业数量仅实现全部主营业务收入的43%，而外资企业以17%的企业数量实现了占总量37%的主营业务收入，港澳台投资企业以13%的企业数量实现了占总量20%的主营业务收入。对比三种类型企业的从业人员可知，中国高新技术企业中内资企业规模普遍较小，单个企业产值效率比外资企业和港澳台投资企业相差较大。

表5-5　　　　　　2013年中国高新技术产业按企业性质发展情况

企业	企业数（个）	从业人员（万人）	主营业务收入（亿元）	利润总额（亿元）
内资企业	18 841	579.5	50 119.7	4 071.4
港澳台资企业	3 407	317.1	23 073.6	1 093.1
外商独资企业	4 646	397.2	42 855.6	2 069.3

资料来源：2014年《中国高技术产业统计年鉴》。

5.2.5 国际贸易

中国战略性新兴产业国际贸易状况可从中国高新技术产业进出口规模、贸易地位、产业分布三个方面展开论述。

5.2.5.1 高新技术产业进出口规模

进出口状况是衡量高新技术产业成熟度以及国际竞争力高低的重要指标之一，而进出口总量是最直接的反映指标，2005~2013年，中国战略性新兴产业进出口贸易额见表5-15。

表5-6　　　2005~2013年中国高新技术进出口贸易额[①]　　　单位：亿美元

年度	贸易总额	出口额	进口额	净出口
2005	4 159.7	2 182.48	1 977.08	205.4
2006	5 287.5	2 814.5	2 473	341.5
2007	6 348	3 478	2 870	608
2008	7 574.25	4 156.06	3 418.2	737.86
2009	6 867.84	3 769.3	3 098.53	670.77
2010	9 050.34	4 923.79	4 126.55	797.24
2011	10 120	5 488	4 632	856
2012	11 080.3	6 011.7	5 068.6	943.1
2013	12 185	6 603	5 582	1 021

资料来源：2014年《中国统计年鉴》。

---

① 由于统计数据限制，本表内容采用高技术产品相关指标表示，下同。

由表 5-6 可以看出，近年来，中国高新技术产业进出口贸易总额逐年提高，国际贸易情况有了显著改善。其中，战略性新兴产业的产品出口和进口均持续高速增长，2013 年，中国高新技术产业的产品出口高达 6 603 亿美元，同比增长 9.8%，较 2005 年增长了 3 倍多；同年，高新技术产业的产品进口额高达 5 582 亿美元，同比增长 10.1%。

虽然中国高新技术产品的国际贸易额出现较大增长，但产品的国际竞争力未出现明显变化。国际贸易的竞争力水平通常用贸易竞争指数（TSC）来衡量，用出口与进口的差额除以进出口总额表示，TSC 值接近 1 时，表示完全出口，国际竞争力较高；反之，若接近 -1，则表示完全进口，国际竞争力较低。

由图 5-18 可以看出，2003~2013 年，中国高新技术产业的 TSC 指数总体呈现上升态势，尤其是 2003~2007 年，中国高新技术产业 TSC 指数直线上升，由贸易逆差转为贸易顺差。近几年来，中国高新技术产业的 TSC 指数基本稳定在 0.08 左右，显示出中国高新技术产品的国际竞争力不断提升，但出口创汇能力还比较弱，仍需进一步加强。

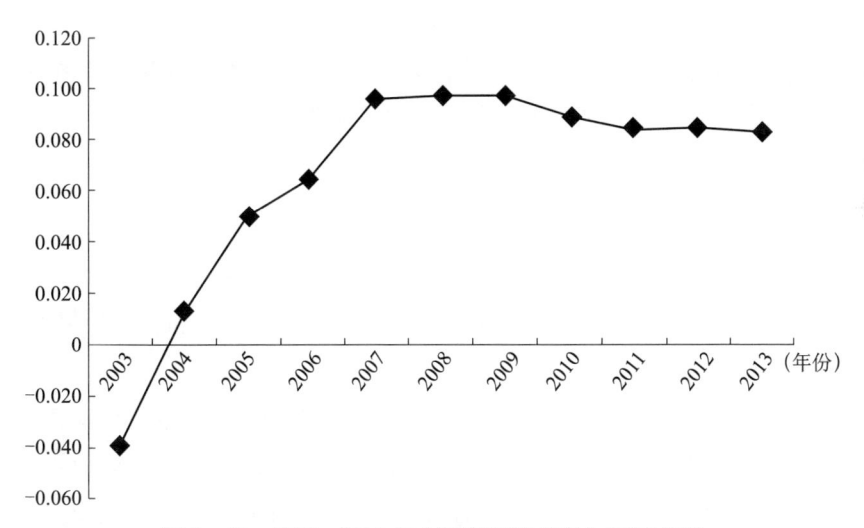

图 5-18 2003~2013 年中国高新技术产业 TSC 指数

资料来源：2014 年《中国统计年鉴》。

5.2.5.2 高新技术产业的贸易地位

本书把 2004~2013 年中国高新技术产品进出口在国际贸易中的比重当作分析其贸易地位的主要指标。如图 5-19 所示，近十年来，中国高新技术产品进出口贸易地位都在增加，尤其是出口在对外贸易中的比重有了显著提高，说明中国对外贸易结构有了一定改善，高新技术产品的贸易地位明显提高。2013年，中国战略性新兴产业产品进出口占外贸总额的比重达到29.3%，出口所占比例也达到29.9%，进口占外贸进口总额的28.6%，较前两年有所回升，说明中国高新技术产业发展对国外市场的依赖程度有所降低，也在一定程度上促进了中国战略性新兴产业的发展。

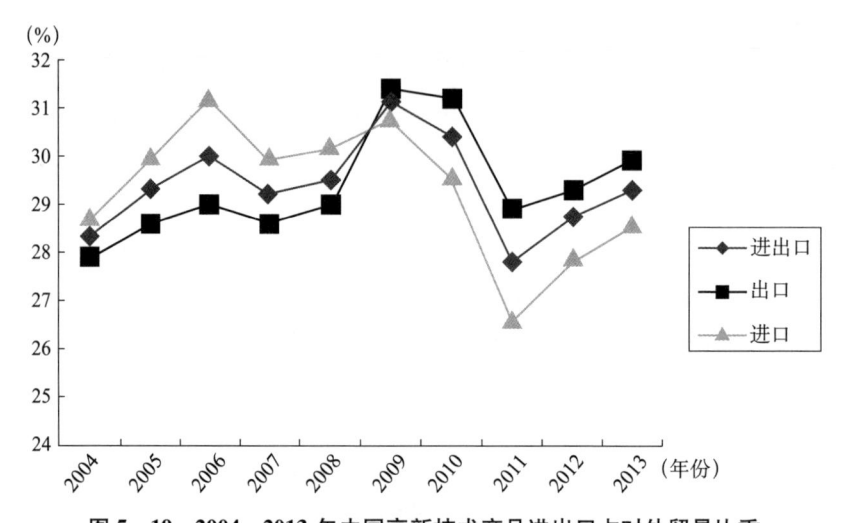

图5－19　2004～2013年中国高新技术产品进出口占对外贸易比重

资料来源：2014年《中国统计年鉴》。

自2004年开始，中国高新技术产品首次出现贸易顺差，此后一直保持贸易顺差。2013年，高新技术产品贸易顺差达到1 021亿美元，比上年增长8.27%，是2004年的25倍之多，持续扩大的贸易顺差反映出中国高新技术产品的国际竞争力持续提高（见图5－20）。

由表5－7可知，近年来，中国高新技术产业增加值占制造业增加值的比重已超过美国，并逐渐稳定于26%的水平，说明中国高新技术产业竞争力已持续增强。中国高技术产业与国际化生产有着密切联系，出口的持续增长又进一步拉动中国进口高科技产品的需求。

5.2.5.3　高新技术产业贸易分布

通过分析中国高新技术产业的具体贸易领域，可以看出各领域的具体发展情况和国际竞争情况。2012年，中国高新技术产业各领域进出口分布如表5－8所示。

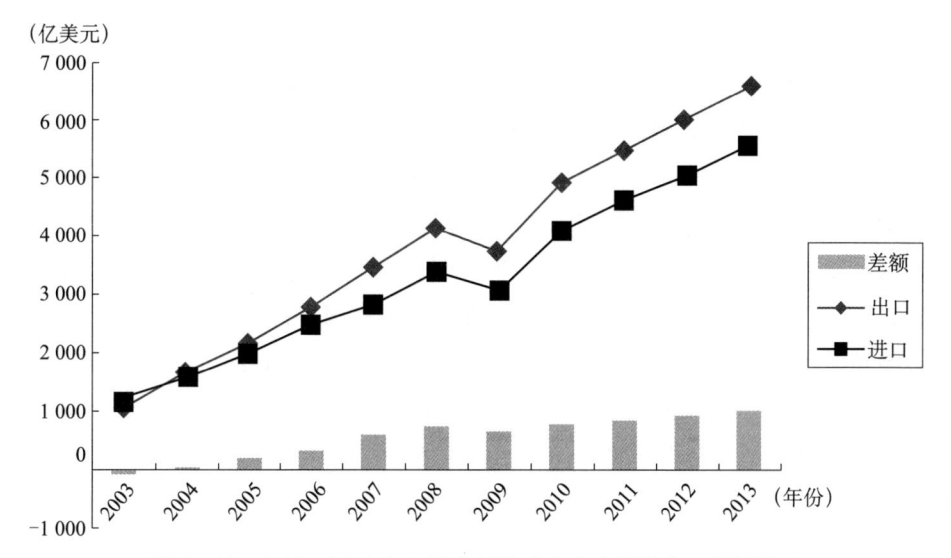

图 5-20 2003~2013 年中国高新技术产业产品进出口贸易情况

资料来源：2014 年《中国统计年鉴》。

表 5-7   2018~2012 年部分国家高技术产业出口占制造业出口比重   单位:%

国家	2008 年	2009 年	2010 年	2011 年	2012 年
中国	25.6	27.5	27.5	25.8	26.3
美国	25.9	21.5	19.9	18.1	17.8
日本	17.3	18.8	18.0	17.5	17.4
英国	18.5	21.8	21.0	21.4	21.7
法国	20.0	22.6	24.9	23.7	25.4
德国	13.3	15.3	15.3	15.0	15.8
澳大利亚	10.8	11.9	11.9	13.1	12.7
加拿大	13.6	16.3	14.0	13.4	12.4
意大利	6.4	7.5	7.2	7.4	7.1

资料来源：2014 年《中国高技术统计年鉴》。

表 5-8   2012 年中国高新技术产业各技术领域进出口占比情况   单位:%

产业领域	出口占比	进口占比
航空航天技术	0.84	4.1
生物技术	0.08	0.1
计算机集成制造技术	1.63	10.13
计算机与通信技术	71.6	22.81
电子技术	15.78	46.19
生命科学技术	3.25	3.41
材料技术	0.86	1.28
光电技术	5.85	11.7
其他技术	0.12	0.28

资料来源：2013 年《中国高技术统计年鉴》。

由表 5-8 可以看出，2012 年，信息技术领域的贸易总量明显占优，其中，进口额占比 79.13%，出口额占比 89.01%，是中国高新技术产品国际贸易的最主要领域，其他技术领域的进出口额相对较小，占比较低。

本章在分析中国战略性新兴产业发展必要性、提出背景、产业范畴基础上，从产业规模、产业政策、产业布局、产业结构与国际贸易五个维度反映中国战略性新兴产业发展现实。结果显示，在产业规模上，近年中国战略性新兴产业发展迅速，部分领域已居世界前列；在产业政策上，我国通过产业规划、财政政策、税收政策等手段有效促进了战略性新兴产业发展；在产业布局上，中国战略性新兴产业初步呈现"东强西弱"和产业集群两大趋势；在产业结构上，大型企业和内资企业是中国战略性新兴产业发展的主体；在国际贸易上，中国高新技术产品的国际竞争力不断提升，但出口创汇能力仍需进一步加强。

第6章

中国战略性新兴产业发展面临的机遇和挑战

伴随着经济全球化和新一轮科技革命的到来,世界经济新秩序加快重建;随着要素禀赋条件的深刻转变,国内改革进程的全面深入推进,中国战略性新兴产业发展面临着新的机遇和挑战。

6.1 战略性新兴产业发展面临的机遇

当前,中国发展战略性新兴产业面临的主要机遇包括:产业发展环境与产业政策逐步完善,战略性新兴产业发展需求巨大,国家战略的出台和有效推动。

一是产业发展环境与产业政策逐步完善。自国家陆续出台加快发展战略性新兴产业的政策措施之后,中国对发展战略性新兴产业的重视程度日益提高,出台了一系列财政、税收和金融政策措施,加快发展战略性新兴产业。总体来看,经济危机以后,国家政策更加注重在"质"和"量"两个方面加强产业政策与配套设施服务,通过有效的政策措施优化投资环境,降低企业的生产成本,进一步增强投资主体投资战略性新兴产业领域的热情。此外,随着国家对教育、医疗等领域政策投入力度的持续加大,中国的国民素质得到了明显提升,可以为中国发展战略性新兴产业提供充足的高素质人才和良好的发展环境。

二是战略性新兴产业发展需求巨大。经济危机之后,传统的经济发展模式主要是能源导向型和供给推动型模式受到了严重影响,世界经济发展的主要模式亟须调整。从发达国家和新兴经济体的发展趋势可以看出,未来世界经济将转向技术革新，从国际竞争的焦点来看，围绕节能减排、新材料等形成的战略性新兴产业集群将成为未来相当长的一段时期内新的主要经济增长点。当前的国情决定了中国必须积极调整传统产业，促使其优化升级，在这一过程中，将形成对节能减排、新材料等战略性新兴产业领域的巨大投资和消费需求。一方面，改造传统产业客观上为发展战略性新兴产业提供了良好机遇，更带来了巨大的市场需求。另一方面，随着中国居民收入的持续提高，消费构成也不断优化，在此基础上，将形成对战略性新兴产业产品的巨大消费需求。

三是国家战略的出台和推动为发展战略性新兴产业提供了难得机遇。目前，中国在全力推动京津冀一体化、丝绸之路经济带和21世纪海上丝绸之路以及长江经济带，这四个区域规划基本覆盖了中国未来社会经济发展的重点区域，是国家重点发展战略，根据战略规划和远景要求，电子信息、生物工程、新材料、高端装备制造业等战略性新兴产业是区域发展战略的重要内容，将会吸纳更多的先进生产要素聚集，形成全新的发展方向、发展模式和产业形态，为战略性新兴产业发展提供难得的发展机遇。

6.2 战略性新兴产业发展面对的挑战

当前，中国发展战略性新兴产业面对的主要挑战包括：战略性新兴产业自身发展的不确定性，高端领域的国际竞争日益激烈，工业经济发展的矛盾日益突出。

一是战略性新兴产业自身发展的不确定性。当前，发达国家和新兴经济体都在致力于发展具有高端技术的战略性新兴产业，然而，战略性新兴产业具有不确定性的属性，主要表现在：第一，当前发展战略性新兴产业的手段主要是财政支持、土地保障和其他政策扶持，容易引起重复建设和产业发展雷同等问题，导致内在发展风险的扩大。第二，战略性新兴产业的创新也存在不确定性，由于是新兴技术，不可能全部实现科技成果的有效转化和产业化。第三，当前供给因素是推动战略性新兴产业发展的主要动力，其有效需求尚未充分开发，加之部分战略性新兴产业产品的经济价值不高，更容易产生未来市场需求的不确定和有效需求的不足。

二是高端领域的国际竞争日益激烈。随着经济全球化和跨国公司发展的日益深入，发达国家充分利用全球资源优势，有效降低生产成本，提高国际竞争力。尤其是跨国公司依靠自身充足的资金和技术积累占领了全球产业链的高端，利用境外投资和各种战略合作方式,掌握全球有利资源,维护其领先地位。近年来,随着国家政策支持力度的持续增强,中国的自主创新水平有了一定提高,在一些重要发展领域形成了一批先进技术成果,达到了国际水准,并形成产业化发展,在全球产业链和价值链中的地位出现一定跃升,但是与发达国家相比,还有很大差距,尤其是在一些关键领域,发达国家不会轻易放弃,将在产品创新和技术升级等方面,对中国形成更激烈的竞争。

三是工业经济发展的矛盾日益突出。"十二五"时期,中国工业经济增长持续下降,国内要素成本不断上升,在智能自动化生产技术加快投资和国际贸易秩序重构的背景下,吸引国际投资的水平和承接国际产业转移的能力可能会明显下降。国内企业将更多利用全球的资源和市场,以新形式的产业组织参与国际分工。在经济增长放缓、结构转变与国际竞争模式转换的过程中,工业发展中的一系列问题和矛盾可能会更加突出。

6.3 制约中国战略性新兴产业发展的主要因素

近几年是中国战略性新兴产业夯实发展基础,提升核心竞争力的关键时期,目前来看,居民消费水平的不断提高,工业化进程的不断加快,市场需求的不断扩张,创新能力的明显提升,都为中国发展战略性新兴产业奠定了坚实的基础。然而也要看到,虽然中国战略性新兴产业已初具规模,在世界上也具备了一定竞争力,但总体上看,还有投入、技术等诸多因素制约着中国战略性新兴产业的良性发展。

6.3.1 投入制约

我国发展战略性新兴产业的投入制约主要包括财政投入力度不足、政府采购效果不明显、资源供给受限、产业融资渠道不畅。

一是财政投入的力度不足。财政直接支出对发展战略性新兴产业具有基础性的推动作用。近年来,中国对战略性新兴产业的财政支出有了明显提升,但与发达国家相比,目前的投入水平尚不能满足战略性新兴产业的发展需要。2013年,中国用于高技术产业的内部研发经费为1 734亿元,新产品开发经费为2 069亿元,机构经费支出1 359亿元,三项合计占当年GDP的比重仅为0.89%,远低于发达国家的水平。①

二是政府采购效果不明显。政府采购的效率直接影响着战略性新兴产业发展的需求程度。目前，中国的政府采购效率仍不高具体表现在：第一，市场效率较低。政府采购尚未在全国形成统一的市场需求，尤其是在一些同质产品竞争上，地方政府的采购往往由于地方保护的存在，形成各自为战的局面，加之地区间政府采购信息不通畅，导致采购的市场效率较低。第二，行政效率较低。这主要是由于政府采购这一政府行为固有的程序比较烦琐，加之一些地方政府的采购行为不规范，导致采购的行政效率较低。第三，未形成规模效应。政府采购的主要目的是引导社会对战略性新兴产业的需求，但是目前的政府采购由于未充分发动各级政府，导致部分地区政府采购较少，未形成规模效应。

三是资源供给受限。中国人均资源较少，加之长期形成的粗放型经济发展模式，使得能源与资源不足的问题日益凸显。发展战略性新兴产业需要资源的持续投入，在具体的产业发展上还存在能源和资源供给不足的情况。在新能源领域存在着铀资源的严重短缺，按照核电发展规划，未来核电发展的资源短缺状况将进一步加剧。在生物产业领域，由于原料的供给不足，导致中国从事生物医药产业的企业规模较小，影响生物产业的长远发展。

四是产业融资渠道不畅。中国发展战略性新兴产业的投融资规模总体较小，资金来源狭窄，除银行机构的信贷融资以外，其他途径的资金很少，导致融资难问题普遍存在，这直接导致了企业的研发热情和研发投入不高，影响战略性新兴产业的长远发展。与国际先进水平相比较，中国战略性新兴产业融资规模较小，融资渠道较窄，对其进一步发展形成严重的资金制约。

6.3.2 技术制约

技术制约是中国发展战略性新兴产业的最大障碍，这与战略性新兴产业高度依赖科技创新形成了突出矛盾，目前的技术制约主要表现在以下几个方面：

一是自主创新能力不强。中国从事战略性新兴产业的企业普遍存在未掌握核心关键技术的问题，自主创新能力不强，基础研究较弱，部分关键装备仍依赖进口。由于缺乏核心技术，部分产业发展面临空心化的危险，在技术不足的情况下，低水平的组装加工并不能有效形成市场竞争力。如在新能源领域，中国的多

---

① 资料来源：国家统计局对1 276家国家企业技术中心企业调查数据。

晶硅、风电设备虽然产量大，但并没有掌握关键技术，导致在国际竞争仍处于劣势。以光伏产业为例，虽然中国目前的产品总产量居世界首位，但具有自主知识产权的国际品牌很少。

二是科技成果转化率低。科技成果转化是发展战略性新兴产业业的重要途径。然而，目前中国从事战略性新兴产业的企业应用的新科技成果仅仅是科研成果的一小部分，普遍存在科技成果转化率低的问题。据统计，中国的科技成果转化率仅为20%～25%，科技成果转化为商品并取得规模效益的比率为10%～15%，远低于发达国家60%～80%的水平。①

三是创新力量尚未形成。发展战略性新兴产业离不开人才的支持，特别是创新人才的支撑，目前来看，支撑中国战略性新兴产业发展的强大智力支持尚未形成。一方面，受传统教育和培训模式的制约，中国创新人才队伍的规模、结构很难满足发展战略性新兴产业的要求；另一方面，人才引进和培养的机制还不健全，尤其是在引进人才时，不少企业存在不良竞争和急功近利现象，导致部分领域的高端人才缺乏，尤其是战略性新兴产业发展要求的高端复合型人才培养不足，不能满足发展需要。另外，中国还存在一定程度的人才流失现象，每年有大量人才流出至欧美等发达国家。

究其原因，一是中国经济发展方式还未发生根本性转变，经济增长仍主要依靠生产要素的投入和产业规模的扩张，这在很大程度上挤出了对创新的需求。二是中国的大学教育同产业发展所需的适用性技术有一定差异，大学，科研院所和企业没有很好地结合起来，制约了科技成果的转化。三是科研成果转化缺乏中介服务组织，目前，中国的中介服务组织专业化水平不高，不能有效为中小企业提供融资、管理和智力支持。四是技术创新机制不完善，创新所需的产权激励、市场激励和利益机制没有形成，政策激励不到位。一方面，创新组织不完善，中国现有的大中型企业中只有30%左右的企业有研发机构；另一方面，基础研发费用不足，企业的研发费用一般只有产值的0.5%左右，不能满足战略性新兴产业对技术创新的需求。②

6.3.3 制度制约

发展战略性新兴产业的制度制约主要体现在管理体制上。一方面，条线管理

---

① 资料来源：中国科学技术发展战略研究院。
② 王振宇. 技术创新——中国企业面临的重大命题 [J]. 中外企业文化，2006（5）：29-31.

和部门分散导致相互牵绊，未形成良好的战略性新兴产业发展环境，降低了企业采用新技术的愿望，影响了产品的市场扩张。如战略性新兴产业的发展涉及多个部门管理，各部门只负责自身职能范围内的事务，缺乏沟通协调，甚至发生一定程度的冲突，形成制度制约。管理部门分散，难以对发展战略性新兴产业做出全面的战略部署。因此，中国迫切需要一个统筹的管理与协调部门优化配置相关资源，引导战略性新兴产业有序发展。另一方面，中国尚未建立一个相对完整的产业发展激励机制和约束机制，未能充分刺激相关企业研发和投入战略性新兴产业的积极性，也未能有效约束已进入企业合理布局与长远发展。中国发展战略性新兴产业的具体规划方案尚不健全，与战略性新兴产业相关的企业缺乏基本的制度保障。战略性新兴产业与成熟产业不同，在培育和管理模式方面都存在较大差异，因此，需要专门建立一套适用于战略性新兴产业的政策体系。在政策执行上，政府制定的政策出台后，地方政府的宣传、实施力度至关重要。当前，国内还有许多地方存在政策宣传不到位、政策解读不到位等问题，没有出台相应的具体可操作的补充条款来解读政策，部分企业对于政府出台的产业发展政策一无所知。政策宣传、执行不到位的问题，是政府在发展战略性新兴产业中存在的共性问题。另外，现行的政策没有完善的措施和实施细则，尤其是对政策实施过程的监管不到位，导致对政策实施过程中遇到的阻碍和其他不利因素无法掌控，也无法进行有效的绩效评估。比如项目资金的落实情况，只有实施政策的部门掌握了解情况，资金在项目上发挥的作用效果才能准确衡量。

在财税政策上，中国的财政和税收政策还存在诸多问题，未能充分引导社会对战略性新兴产业的投资热情，导致企业创新动力不足；在节能环保产业发展上，还存在增值税率过高、个人所得税减免未落实等问题。在金融政策上，中国目前的政策未能充分解决企业的融资难题，尚未形成成熟的风险共担体系，新兴企业由于缺乏资金支持，抵御风险的能力较弱。目前，中国的金融政策尚不完善，还没有形成完善的风险投资体系，存在着重短轻长的短期行为和一哄而上的不理性行为。

综上，中国战略性新兴产业的发展还面临着制度不健全的制约。究其原因，一是现行产业政策缺乏可操作性。大多数政策为宏观指导性政策，缺乏相应的执行与操作条款，落实环节不够明确，具体实施起来无从下手，导致实施结果不佳。二是服务机制不完善，缺乏与政策配套的综合指导与管理部门，可能存在一个部门指导一条政策，缺少专门部门的全面解读和指导，导致实施结果不佳。三是政府未能制定完善的政策引导社会资本投入战略性新兴产业，未能制定完善的投融资、并购规章制度等。

6.3.4 市场制约

市场制约是发展战略性新兴产业的直接障碍，市场需求的不足或萎缩将直接限制战略性新兴产业的长远发展。由于种种原因，战略性新兴产业领域产品往往在发展之初不被大众认可，这是由新兴产业的特性决定的，因此，单单依靠政府采购一般很难满足发展需求。具体来说，由于中国战略性新兴产业的市场需求不足，导致企业的生产优势没有充分发挥，产品生产未实现规模化，成本依旧较高，导致市场化难以进行，因此，大部分企业的持续发展和实现利润的能力较弱。在其他补贴下降或者不足的情况下缺乏市场竞争力，不能有效地发挥其产业主导作用。究其原因，中国发展战略性新兴产业的市场机制尤其是价格机制还不完善，市场竞争规则还不健全，特别是资本市场不健全，导致企业投入战略性新兴产业的需求和战略性新兴产业产品的市场需求不足。

在经济增长速度减缓的大环境下，制造业企业面临需求不足、产能过剩、实体经济形势严峻的问题，中国战略性新兴产业发展中还存在龙头企业数量少、带动弱，产业整体竞争力不强等问题。因此，迫切需要政府出台相关措施保护和支持战略性新兴产业的发展，但当前制定的政策中并未涉及开拓外部市场的优惠政策。另外，从企业层面看，战略性新兴产业相关企业尤其是中小企业研发能力不足，缺乏与高校、研究机构开展全方位的合作，未能建立企业联盟开展成果交换等交流，企业自身创新研发建设也存在不足，导致市场开拓受阻。

受政策鼓励，近年来许多中小型企业进入战略性新兴产业领域，增加了产业的市场活力。但是，由于大型企业拥有资金和技术方面的优势，中小企业很难在市场上获得生存空间，行业内部竞争激烈。以太阳能产业为例，2008年以前，各省、市、甚至县政府都出台产业规划要求大力发展太阳能产业，金融危机爆发以后，产品出口严重收缩，国内需求又迟迟打不开市场，造成大批从事太阳能生产的中小企业停产、倒闭。与此同时，在国际市场上我们的产品不具备竞争力，缺乏核心技术。以节能环保产品为例，国内企业在脱硫脱硝技术、余热余压技术和节能电机生产上与世界先进水平相比依然差距较大，美国、日本等发达国家占据了国际节能环保市场的大部分份额。

开拓市场的力度不够，也是制约战略性新兴产业发展的主要因素。究其原因，一是国内企业和大众的新产品意识还有待提升。从企业角度看，相比于传统粗放的经济增长方式，发展战略性新兴产业会增加企业的生产成本，因而企业不愿额外投入资金，且产业本身投资大、资本回收期长，企业难以短期获利。加之战略性新兴产业发展受政策影响很大，从而限制了资本流入。从社会角度看，同样存在新产品使用意识比较淡薄的问题。以节能环保产业为例，现阶段，政府是我国节能环保产业发展的主要推动者，而发达国家节能环保产业发展动力来自大众。二是配套措施不到位，使得从事战略性新兴产业生产的企业节约资源成本的优势难以凸显，从而限制了产品在市场上的推广。对于传统"三高"企业的政策也难以真正贯彻实施，企业升级、产品升级难度较大。三是产品的科技含量仍较低，资金投入不足。近年来，受国家政策和资金投入影响，我国战略性新兴产业的研发能力有所提高，但是在许多关键技术和核心设备研发上尚有欠缺。同发达国家相比，产业自主创新能力较弱，限制了产业竞争力的提升和产业结构的优化，也限制了企业产品的市场扩张。

6.3.5 产业链制约

产业链瓶颈在一定程度上制约了战略性新兴产业的全面发展和资源的整合优化。特别是，中国目前的高技术产业主要是位于价值链的中低端，上游设计研发弱于制造生产的现象比较普遍，且产业同质化和重复建设的趋势严重。同时，产业链前端缺乏核心技术和组件，产业链后端缺乏标准制定，平台建设和新兴服务业发展滞后，致使产业竞争力不足，存在产能过剩的隐患。由于高端智能终端和特殊设备，国外产品占据大部分的市场，本国产品利润空间是非常小的。究其原因，中国的科学技术研究和开发更注重单项和应用技术研究，没有考虑整个产业链的要求，组织技术集成应用程序开发。具体表现在以下几个方面：

一是原始创新能力弱，缺乏核心技术突破。首先，研发投入强度不足。中国高技术产业的研发投入强度远低于发达国家，导致即便是优势产业链也普遍存在原始创新能力不足问题。如信息通信行业中，普遍存在核心技术缺失的问题，手机和系统、芯片等核心环节全部需要进口。其次，创新意识缺失。目前中国大部分地区的科学研究缺乏畅通、协调的合作及产学研沟通，部门保护、单位保护、学科壁垒和学科保护屡见不鲜，学科交叉及竞争的缺乏造成创新性的缺失。最后，人才分配激励机制不健全。目前，人才资本优先积累机制以及科研管理制度、科技评价和奖励制度、知识性财产保护制度等相关制度缺乏创新和完善，导致一些企业自主创新动力不足。

二是产业之间支撑不足，产业关联发展受阻。一方面，战略性新兴产业骨干企业间很少以产品为纽带，连接成具有价值增值功能的链网式企业战略联盟，形成较完整的产业链。另一方面，对战略性新兴产业发展的"拳头产品"及产业链"关键环节"的细化不够，对具体的产品方向、产业环节等定位不明确，重点产业链的构建缺乏明确的时序规划。从总体上看，中国战略性新兴产业整体的产业规模偏小，战略性新兴产业对就业的吸纳和带动能力较弱，反映出产业规模对经济发展能力的支撑作用仍不足。各行业之间发展能力、创新能力出现较大差异，导致产业之间难以寻求高端合作，互补性资源难以共享，产业发展难以得到强强联手的支撑。由于产业规模偏小，产业间发展不平衡，以及要素流动性受阻，大大影响了产业间关联发展，进而影响了中国战略性新兴产业的整体发展水平。从政府层面看，相关基础配套环节还有待加强，基础配套件技术水平不足、产品结构不合理和产品质量不稳定等问题已经成为制约战略性新兴产业发展的瓶颈。产业链的空间布局与区域分工有待深化、细化。现有发展规划地域切割严重，既不能充分利用、整合现有产业资源，还会造成区域之间在产业发展上的同质化竞争。另外，生产性服务业发展不充分，不能支撑战略性新兴产业以提高效率和改善效益，与上下游企业仍然缺乏有效的协同效应。

三是产品难以在国际分工中占据主动地位。从出口看，尽管中国高新技术产品的出口日益增长，但主要集中在欧盟、美国和中国香港地区。从进口看，在诸多战略性新兴产业领域及关键设备上还需要进口，比如在高端装备领域，集成电路芯片制造80%的关键设备、汽车制造领域70%的关键设备仍需要进口。[①] 战略性新兴产业出口市场的集中性和关键设备的进口依赖性，导致跨国公司和国际资金在产业链高端环节的垄断，发展中国家只有遵从发达国家建立的国际分工体系，无法在国际分工体系建立话语权，导致在诸多领域很难构建完整的产业链条。

总而言之，投入制约、技术制约、制度制约、市场制约和产业链制约是目前中国战略性新兴产业发展的主要制约因素，也是发展战略性新兴产业必须破除的障碍，如果不能从根本上改变目前的制约状况，就不能保证战略性新兴产业的长期、稳定和健康发展。

---

① 资料来源：中科院相关专利 [J]. 高科技与产业化，2011 (9)：70–71.

第7章
战略性新兴产业评价体系构建

对中国战略性新兴产业发展现实进行评价必须首先明确主要评价内容，在此基础上构建战略性新兴产业的指标评价体系。当前，国内对战略性新兴产业的主要评价内容还没有达成一致意见，本书认为，必须依据战略性新兴产业自身具有的特性决定主要评价内容，在此基础上，借鉴相关产业的评价内容，构建战略性新兴产业的评价体系。

7.1 战略性新兴产业评价内容

对战略性新兴产业评价的基本步骤可以概括如下：第一步，根据战略性新兴产业发展特点和评价目的，归纳并筛选反映战略性新兴产业的指标；第二步，根据战略性新兴产业的特有属性，建立综合度量指标和评价指标体系；第三步，计算反映量化的基础指标；第四步，确定不同层次各指标之间的权重；第五步，最终量化评价战略性新兴产业，综合评价和反馈战略性新兴产业评价结果。由上述过程可以看出，对战略性新兴产业进行评价的关键有两点，一是确定指标体系，这是评价战略性新兴产业的基础；二是确定不同层面各指标的权重，这将直接关系到评价的客观性与准确性。

本节着重阐述战略性新兴产业评价的主要内容，根据战略性新兴产业的特性，本书认为，对战略性新兴产业进行评价的内容主要包括产业竞争力、产业带动力、产业创新力、产业发展力和产业碳减力。

（1）产业竞争力。产业竞争力主要衡量某一战略性新兴产业是否具有足够的规模，形成规模效应；是否能够有效促进经济增长；是否能有效解决就业问题，维护社会稳定。战略性新兴产业的产业竞争力事关国家的综合国力和经济实力，能够有效提高人民的收入水平，满足大众的消费需求。

（2）产业带动力。产业带动力主要衡量某一战略性新兴产业是否具有足够的产业关联能力，有效带动相关产业的发展；是否能在战略性新兴产业发展过程中实现产业结构的优化提升；是否能优化和完善产业链，形成完整的产业体系。战略性新兴产业的产业带动力在国民经济中发挥着基础性作用。

（3）产业创新力。产业创新力主要衡量某一战略性新兴产业是否以先进科学技术为依托，代表着先进生产力；是否聚集了一批创新人才，积累了一批创新技术；是否对战略性新兴产业发展所需的研发、人才、产业化等要素提供充足的资金等支持。战略性新兴产业的产业创新力是国民经济中创新最为集中的领域。

（4）产业发展力。产业发展力主要衡量某一战略性新兴产业的发展方向是否与经济发展趋势一致；是否具有较强的发展潜力，拥有良好的发展前景；是否能够有效聚集资金、人才、技术等优质要素；是否能够根据时代发展和科技进步适时调整发展方向。战略性新兴产业的产业发展力代表了国民经济未来的发展方向。

（5）产业碳减力。当前，低碳化甚至零碳化已成为世界经济未来发展的必然趋势，战略性新兴产业应该具备低能耗、低污染、低排放和高效能、高效率、高效益的典型特征，通过战略性新兴产业的发展，能够有效减少碳排放。战略性新兴产业的产业碳减力有利于推动整个经济的可持续发展。

7.2　战略性新兴产业评价指标体系

基于战略性新兴产业评价内容，本节重点展开战略性新兴产业评价指标体系的构建原则、指标体系设计思路、指标准则层及其细分和指标解释四部分。

7.2.1　指标体系构建原则

本书认为，指标体系的构建必须基于以下原则：

（1）系统性原则。对战略性新兴产业发展水平进行全面评价是一个系统工程，战略性新兴产业的特性也要求在选择指标体系时必须站在全局的角度，从整体入手，把评价战略性新兴产业视为一个系统问题。各指标之间要有一定的逻辑关系，既相互独立，又彼此联系，共同构成一个有机统一体。因此，构建的指标体系必须能够综合反映各层次指标之间的关系和相互作用，形成全面的综合性的评估内容。

（2）层次性原则。指标体系往往是由多个层级的内容和具体指标构成的，战略性新兴产业的多种特性决定了指标体系是由多层次构成，只有这样，才能从不同层面、不同侧面反映战略性新兴产业发展现实。这就要求指标体系的构建首先应在系统性原则的基础上整体把握各内容和指标的层次关系，其次指标体系的构建又要体现充分体现其逻辑构成关系，层层递进，层次分明，以此准确反映各评价内容和指标之间的关系。

（3）前瞻性原则。战略性新兴产业具有发展性的显著特征，是未来经济的发展方向，因此指标体系也应当具有前瞻性，评价结果要对战略性新兴产业发展趋势具有导向作用。另外，从产业未来发展角度看，当前的各类要素投入并不一定立即带来科技进步、产出增加和经济增长，而仅是形成一定的发展潜力。因此，指标体系中应增加未来和趋势指标，以体现短期和长期之间的平衡。

（4）可行性和可比性原则。可行性表现为评价指标的可观察性和可计量性，由此可以形成比较直观的现实资料，准确反映战略性新兴产业发展状况。可比性是指对各评价指标的度量标准必须统一，评价方法必须统一，注重指标体系总体的一致性，各指标具有很强的现实可操作性和可比性。因此，选择指标时要尽量数量化，易操作，要考虑能否通过实地调查或数据查询，直接获取各指标的定量数据。

（5）重要性原则。重要性原则是指指标的选择要富有代表性，避免指标之间的重复设置。由于评价战略性新兴产业的指标较多，必须根据重要程度，选择出符合战略性新兴产业发展特性和具有代表性的指标。遵循重要性原则，可以使指标体系更加全面和客观地反映战略性新兴产业各层级要素，全面评价战略性新兴产业发展情况。

（6）科学性原则。各指标体系的设计及评价指标的选择必须把握科学发展规律，以科学态度选取指标。必须在体现战略性新兴产业的特性基础上，把握产业发展规律和产业内涵要求，统筹兼顾，综合反映各指标对评价内容的关系。因此，评价指标的选择必须具备科学性，既不能太多导致重叠，又不能太少出现遗漏。

7.2.2 指标体系设计思路

合理的指标体系必须体现以下两点：一是指标体系必须具备前瞻性和预见

性。目前，我国战略性新兴产业发展正处于成长期，对战略性新兴产业进行评价更多的是面向未来的一种选择，所以，要能够通过设立的指标体系帮助国家在整体的产业布局中分辨现有战略性新兴产业的发展潜力，减少盲目性。二是指标体系必须具备可借鉴性，通过评价指标可以明确产业发展中存在哪些短板，弥补之前不具备的条件，为发展我国战略性新兴产业提供理论依据。

因此，评价指标体系的构建和选择将基于战略性新兴产业低能耗、低污染、高科技、高带动力等属性和产业特性，遵循系统性、层次性、前瞻性、可行性、可比性、重要性、科学性等原则，充分借鉴既有研究关于战略性新兴产业评价的成果，确保构建的指标体系具有真实性和客观性。

本书将评价指标体系分为三个层次。第一层是方向性规定，主要根据战略性新兴产业的特性和外在表象及支撑战略性新兴产业的主要内容进行选取。本书选取产业竞争力、产业带动力、产业创新力、产业发展力、产业碳减力五大方面进行评价。第二个层面是对第一层面具体解释说明，并加以量的规定。第三层是辅助指标，主要对二级指标进行解释说明。

7.2.3 指标准则层及其细分

根据指标体系的构建原则，结合战略性新兴产业的特性，本书从产业竞争力、产业带动力、产业创新力、产业发展力、产业碳减力五个方面来设计战略性新兴产业选择的指标体系。

（1）产业竞争力指标。该指标主要体现某一战略性新兴产业现有的产业基础，这对产业发展和结构优化提供基础的市场支持，主要包括战略性新兴产业的现有规模、市场销售、国际贸易和解决就业的能力。因此，本书将产业产值占比、新增固定资产占比、产品出口额占比、就业吸纳率等因素作为衡量战略性新兴产业产业竞争力的指标。

（2）产业带动力指标。主要是参考主导产业的选择标准而来，该指标主要体现某一战略性新兴产业的产业关联能力，这也是指标选择必须要考虑的因素，主要包括完善产业链和带动相关产业的能力。因此，本书将影响力系数、感应度系数等因素作为衡量战略性新兴产业产业带动力的指标。

（3）产业创新力指标。该指标主要体现某一战略性新兴产业的创新发展能力和科技发展水平，主要包括战略性新兴产业的科研投入水平、人才支持力度、商品化水平和生产效率。因此，本书将R&D经费投入占产值比重、R&D人员占从业人员比重、技术进步率、新产品销售收入占比、比较劳动生产率等作为衡量战略性新兴产业产业创新力的指标。

（4）产业发展力指标。该指标主要体现某一战略性新兴产业的发展可持续力和发展潜力，处于产业发展的上升期，能够引领经济发展的未来方向，指战略性新兴产业的上一期投入获得的本期发展优势，主要包括战略性新兴产业的增长速度、生产效率和市场扩张能力。因此，本书将需求收入弹性、产值增长率、生产率上升率等作为衡量战略性新兴产业产业发展力的指标。

（5）产业碳减力指标。主要是指战略性新兴产业的物质资源消耗少，能源利用效率较高，对环境污染和破坏较少，主要包括战略性新兴产业的能源利用和污染排放水平。因此，本书将单位能耗产值率、单位三废排放产值率等作为衡量战略性新兴产业产业碳减力的指标。

综上所述，本书构建了包含5个一级指标和16个二级指标的战略性新兴产业评价指标体系（见表7-1）。

表7-1　　　　　　战略性新兴产业评价指标体系及指标说明

准则层	指标	指标说明
产业竞争力指标	产业产值占比 A_1	表示某一产业在国民经济中的重要程度
	新增固定资产占比 A_2	表示某一产业的固定资产投入水平
	产品出口额占比 A_3	表示某一产业参与国际竞争的能力
	就业吸纳率 A_4	表示某一产业缓解就业压力的能力
产业带动力指标	感应度系数 B_1	表示某一产业受其他产业影响的水平
	影响力系数 B_2	表示某一产业影响其他产业的能力
	R&D人员占从业人员比重 C_1	表示某一产业技术含量和人力资本程度
	R&D经费投入占产业产值比重 C_2	表示某一产业科技经费投入水平
产业创新力指标	技术进步率 C_3	表示某一产业生产率对产值的贡献程度
	新产品销售收入占比 C_4	表示某一产业将知识转化为商品的能力
	比较劳动生产率 C_5	表示某一产业的劳动效率
产业发展力指标	产值增长率 D_1	表示某一产业的规模增长速度
	需求收入弹性 D_2	表示某一产业的未来需求对收入的反映水平
	生产率上升率 D_3	表示某一产业的生产效率的提高能力
产业碳减力指标	单位能耗产值率 E_1	表示某一产业单位产值的能源利用程度
	单位三废排放产值率 E_2	表示某一产业单位产值的污染排放水平

7.2.4　指标解释

7.2.4.1　产业竞争力指标

（1）产业产值占比。主要是指某一产业在一定时期内的总产值占整个国民生产总值（GDP）的比重，表示该产业在国民经济中的重要程度，其计算公式为：

$$A_i = X_i/X \tag{7.1}$$

其中，X_i代表第 i 产业的总产值，X 代表国内生产总值（GDP）。产业产值占比越高，产业增长带来的总就业和总产值效应越大。

（2）新增固定资产占比。指某一产业新增固定资产额占新增固定资产总额的比例，其计算公式为：

$$B_i = U_i/U \tag{7.2}$$

其中，U_i代表第 i 产业的新增固定资产额，U 代表新增固定资产总额。

（3）产品出口额占比。指战略性新兴产业产品出口额占出口总额的比例，反映战略性新兴产业参与国际竞争的能力，其计算公式为：

$$C_i = W_i/W \tag{7.3}$$

其中，W_i代表第 i 产业产品出口额，W 代表出口总额。

（4）就业吸纳率。此指标表明一定量产出使用的就业量，由此可以评价战略性新兴产业的发展是否具有缓解就业压力的功能，其计算公式为：

$$D_i = R_i/Y \tag{7.4}$$

其中，R_i代表第 i 产业的年均就业人数，Y 代表某产业总产值。

7.2.4.2 产业带动力指标

（1）感应度系数。指某一产业受关联产业的影响程度，其计算公式为：

$$E_i = \frac{\frac{1}{n}\sum_{j=1}^{n} A_{ij}}{\frac{1}{n^2}\sum_{i=1}^{n}\sum_{j=1}^{n} A_{ij}} (i = 1,2,\cdots,n)(j = 1,2,\cdots,n) \tag{7.5}$$

其中，A_{ij}是里昂惕夫矩阵（I–A）的逆阵 $(I-A)^{-1}$ 中第 i 行第 j 列的系数，用来表示 j 产业每发生一单位的变化，导致的 i 产业发生的产出水平的变化程度。

（2）影响力系数。指某一产业对其他关联产业或相关产业的影响程度，其计算公式为：

$$F_i = \frac{\frac{1}{n}\sum_{i=1}^{n} A_{ij}}{\frac{1}{n^2}\sum_{i=1}^{n}\sum_{j=1}^{n} A_{ij}} (i = 1,2,\cdots,n)(j = 1,2,\cdots,n) \tag{7.6}$$

同感应度系数一样，影响力系数用来表示 i 产业每发生一单位的变化，导致的其他产业发生的产出水平的变化程度。

7.2.4.3 产业创新力指标

(1) R&D 人员占从业人员比重。该指标表示某一产业的技术含量和人力资本程度,反映其人力资本投入水平,其计算公式为:

$$G_i = x_i / X_i \tag{7.7}$$

其中,x_i 表示 i 产业 R&D 人员数量,X_i 表示 i 产业的总就业数量。

(2) R&D 经费投入占产值比重。该指标表示某一产业的科技经费投入水平,其计算公式为:

$$H_i = Y_i / Z_i \tag{7.8}$$

其中,Y_i 表示 i 产业的 R&D 经费投入量,Z_i 表示 i 产业一定时期内的总产值。

(3) 技术进步率。该指标表示某一产业的生产率提升对总产值的贡献程度,其计算公式为:

$$I_i = (a_{in} - a_{i0}) / (z_{in} - z_{i0}) \tag{7.9}$$

其中,a_{in} 表示 i 产业第 n 年的生产率,z_{in} 表示 i 产业第 n 年的产值。

(4) 新产品销售收入占比。该指标反映某一战略性新兴产业将知识转化为商品的能力和自主创新能力,其计算公式为:

$$J_i = r_i / R \tag{7.10}$$

其中,r_i 表示 i 产业新产品销售收入,R_i 表示 i 产业总销售收入。

(5) 比较劳动生产率。该指标表示一个部门的产值同在此部门就业的劳动力比重的比率,反映的是一定比例的劳动力在某一产业创造的总产值比重,其计算公式为:

$$K_i = \frac{Z_i / Z}{L_i / L} \tag{7.11}$$

其中,Z 为总产值,L 为劳动力总数,Z_i 为某产业产值,L_i 为某产业劳动力数。

7.2.4.4 产业发展力指标

(1) 产值增长率。该指标表示某一产业的规模增长速度,是产业本期总产值减去上期总产值的增长额占上期总产出的比重,其计算公式为:

$$L_i = \frac{Z_i(t) - Z_i(t-1)}{Z_i(t-1)} \tag{7.12}$$

其中,$Z_i(t)$ 表示 i 产业第 t 年的产值。

(2) 需求收入弹性。该指标表示某一产业的市场需求对居民收入增长的反应程度,直观上是需求增长与收入增长的比值,其计算公式为:

$$M_i = \frac{\partial q_i}{\partial y} \times \frac{y}{q_i} \tag{7.13}$$

其中，q_i 表示 i 产业生产的产品需求数量，y 表示人均居民收入水平。

（3）生产率上升率。该指标表示某一产业的生产效率的提升能力，直观上是该产业本期的劳动生产率对上期劳动生产率的提升程度，其计算公式为：

$$N_i = \frac{a_i(t_n) - a_i(t_0)}{t_n - t_0} \tag{7.14}$$

其中，t_0 与 t_n 分别表示某一产业发展时间维度的起点和评价点，a_i 表示 i 产业某一时期的生产率。

7.2.4.5 产业碳减力指标

（1）单位能耗产值率。该指标表示某一产业的能源利用程度，直观上是总产值与总能耗的比值，其计算公式为：

$$O_i = Z_i / G_i \tag{7.15}$$

其中，O_i 表示 i 产业的单位能耗产值率，Z_i 表示 i 产业一定时期内的总产值，G_i 表示 i 产业一定时期内的能源消耗数量。

（2）单位三废排放产值率。该指标表示某一产业对环境污染和废物排放的程度，直观上是总产值与三废总排放的比值，其计算公式为：

$$P_i = Z_i / T_i \tag{7.16}$$

其中，P_i 表示 i 产业的单位三废排放产值率，Z_i 表示 i 产业一定时期内的总产值，T_i 表示 i 产业一定时期内的三废排放总量。

7.3 战略性新兴产业评价框架

本节主要围绕战略性新兴产业评价方法的选择、模型设计思路和评价指标权重的确定三部分展开。

7.3.1 评价方法选择

总结相关研究，现有对产业的评价方法主要包括层次分析法、模糊评价法、灰色关联分析与因子分析法等。

（1）层次分析法（AHP）。层次分析法是一种综合性的评价方法，其主要评价思路是，利用判断矩阵明确所建立的指标体系内每个层级和层级内部各指标之间的权重。层次分析法的计算步骤：首先是构造判断矩阵，判断矩阵是根据两两比较的相对重要程度来确定的；其次是通过计算对判断矩阵求解，得出相应的特征向量；最后进行一致性检验，如果通过检验，则判断矩阵的一致性较高，得出的权重有效。反之，则需要重新建立判断矩阵。

（2）模糊评价法。模糊评价法最大的特点是将对产业评价的一些边界不清的因素进行定量化分析。模糊评价法的计算步骤：一是明确评价内容，构建评价指标体系；其次是确定等级因素评价集，也就是评价等级，一般分为3~7等；然后构造模糊关系矩阵，计算每个因素对于各评价等级的隶属度，进而构成模糊关系矩阵；确定各因素的权重，确定评价对象因素集中各因素的权重；最后计算评价结果。

（3）灰色关联分析。灰色关联分析主要是衡量某一产业随着时间的推移在发展过程中的相对变化，往往用改变的大小和方向等指标进行定量分析，衡量评价对象各指标间的相关性。这种相关因子相关性的尺度就是关联度。灰色关联分析的计算步骤：一是明确分析序列，即确定产业评价的参考序列和比较序列；二是对目标数据和分析序列进行无量纲化处理；求差序列以及最大差和最小差；计算关联系数；计算因素的指标权重；三是计算关联度，关联度的大小，直接反映了比较序列与参考序列的趋近程度。

（4）因子分析法。因子分析法主要是利用降维的思想，用降维提取的个别指标反映某一产业的发展情况。因子分析法的计算步骤：一是收集变量的样本数据，并进行检验；再将样本数据进行无量纲化处理；二是在计算标准化矩阵的相关系数矩阵的基础上，求出矩阵的特征向量和特征值；确定综合因子数；因子旋转；三是计算最终各因子的得分，现有研究一般利用回归估计法等来计算因子得分。

总体来说，模糊评价法不能解决指标间的相关性，易造成信息重复；灰色关联分析需要对各指标的最优值进行确定，但实际上部分指标最优值很难确定；因子分析法各样本数据需要通过一致性检验，否则不适合进行因子分析。而层次分析法能够根据经验构造判断矩阵，思路比较简单、清晰，有较强的逻辑性，故本书采用层次分析法对中国战略性新兴产业发展进行现实评价。

7.3.2 模型设计思路

7.3.2.1 构造判断矩阵

根据前面确定的战略性新兴产业评价指标体系，设计出能够判断指标之间重要性的调查问卷,用以评估各指标两两之间的相对重要性,并邀请从事相关产业发展规划与相关领域研究的专家对调查问卷进行评分。具体评分标度值如表 7-2 所示。

表 7-2　　　　　　　　　　判断矩阵重要性标准及标度值

重要性标准	标度值
K_i 与 K_j 同等重要	$k_{ij}=1$;　$k_{ji}=1$
K_i 较 K_j 稍微重要	$k_{ij}=3$;　$k_{ji}=1/3$
K_i 较 K_j 明显重要	$k_{ij}=5$;　$k_{ji}=1/5$
K_i 较 K_j 强烈重要	$k_{ij}=7$;　$k_{ji}=1/7$
K_i 较 K_j 绝对重要	$k_{ij}=9$;　$k_{ji}=1/9$
相邻判断的中间值	$k_{ij}=2,4,6,8$;　$k_{ji}=1/2,1/4,1/6,1/8$

建立评估框架的判断矩阵,最终得到判断矩阵 K:

$$K\ (k_{ij}=1;\ k_{ji}=1/k_{ij};\ i,\ j=1,\ 2,\ \cdots,\ n) \tag{7.17}$$

7.3.2.2　确定指标权重

分别测算判断矩阵 K 中各行处理数据的几何平均值 $\bar{a}_i$:

$$\bar{a}_i = \sqrt[n]{\prod_{j=1}^{n} k_{ij}},\ (i=1,2,\cdots,n) \tag{7.18}$$

得到向量 $\bar{A}=(\bar{a}_1,\ \bar{a}_2,\ \cdots,\ \bar{a}_n)^T$,进而将 $\bar{a}_i$ 进行归一化处理,并单独依次测算 a_i,计算公式为:

$$a_i = \frac{\bar{a}_i}{\sum_{i=1}^{n} \bar{a}_i},\ (i=1,2,\cdots,n) \tag{7.19}$$

最后求解指标权重,即特征向量 $A=(a_1,\ a_2,\ \cdots,\ a_n)^T$。

7.3.2.3　测算最大特征根

测算 K 的最大特征根 λ_{max},计算公式为:

$$\lambda_{max} \approx \frac{1}{n}\sum_{i=1}^{n}\frac{(KA)_i}{A_i} = \frac{1}{n}\sum_{i=1}^{n}\frac{\sum_{j=1}^{n}k_{ij}A_j}{A_i},(i=1,2,\cdots,n) \tag{7.20}$$

7.3.2.4　一致性检验

测算一致性指标 CI,计算公式为:

$$CI = \frac{\lambda_{max}-n}{n-1} \tag{7.21}$$

依据 K 的阶数，查找对应的判断矩阵 RI 值算表，如表 7-3 所示。

表 7-3　　　　　　　　　判断矩阵平均随机一致性值算表

阶数	1	2	3	4	5	6	7	8	9	10
RI	0.00	0.00	0.58	0.90	1.12	1.24	1.32	1.41	1.45	1.49

测算指标的一致性比率 CR，计算方法：

$$CR = \frac{CI}{RI} \tag{7.22}$$

如果计算出的 CR < 0.1，则表明判断矩阵具有一致性，指标权重是可接受的。

7.3.3　确定指标权重

确定指标权重是对战略性新兴产业评价的关键环节，为此，本书采取调查问卷法得到指标之间的重要程度信息。根据调查目的、指标体系和层次分析法的要求，设计了包含产业竞争力、产业带动力、产业创新力、产业发展力、产业碳减力五个评价战略性新兴产业的主要标准。调查问卷还包括了如何赋权和评价指标体系等，为调查对象更好地理解战略性新兴产业的发展评价，正确填写问卷提供了依据。之后，对问卷数据进行加工整理，并依据前面所述指标权重确定过程测算指标权重。

7.3.3.1　测算一级指标权重

战略性新兴产业评价指标体系的一级指标有 5 个：M_a 产业竞争力指标、M_b 产业带动力指标、M_c 产业创新力指标、M_d 产业发展力指标、M_e 产业碳减力指标。综合判断矩阵 K 如表 7-4 所示。

表 7-4　　　　　　　　　　一级指标判断矩阵

K	M_a	M_b	M_c	M_d	M_e
M_a	1	3	2	2	2
M_b	1/3	1	2	1/2	2
M_c	1/2	1/2	1	2	3
M_d	1/2	2	1/2	1	2
M_e	1/2	1/2	1/3	1/2	1

分别测算判断矩阵 K 中各一级指标的几何平均值 $\bar{a}_i$，并对得到的几何平均值 $\bar{a}_i$ 进行归一化处理，得到 $\sum_{i=1}^{5} \bar{a}_i = 5.424$，由此可得特征向量的估算值，即评价体

系中一级指标之间的权重：

$$A = (a_1, a_2, a_3, a_4, a_5)^T = (0.348, 0.17, 0.2, 0.184, 0.098)^T$$

测算 $A = (a_1, a_2, a_3, a_4, a_5)^T$ 的最大特征根 λ_{max}，得到：

$$\lambda_{max} = \frac{1}{n}\sum_{i=1}^{n}\frac{(KA)_i}{w_i} = 5.312$$

随后对测算的指标展开一致性检验。根据公式 $CI = \frac{\lambda_{max} - n}{n-1}$，得到 $CI = 0.078$；通过查表测算可知，$CR = \frac{CI}{RI} = 0.070$，因为 $CR < 0.1$，可判定此结果具有一致性。

7.3.3.2 测算二级指标权重

（1）产业竞争力指标 M_a 的二级指标权重。产业竞争力涵盖四个二级指标：M_{a1} 产业产值占比、M_{a2} 新增固定资产占比、M_{a3} 产品出口额占比、M_{a4} 就业吸纳率，依前面方法构造产业竞争力指标的判断矩阵如表 7-5 所示。

表 7-5　　　　　　　　　产业竞争力指标判断矩阵

K_1	M_{a1}	M_{a2}	M_{a3}	M_{a4}
M_{a1}	1	1	3	3
M_{a2}	1	1	2	2
M_{a3}	1/3	1/2	1	2
M_{a4}	1/3	1/2	1/2	1

产业竞争力指标 M_a 二级指标权重向量：

$$A_a = (0.390, 0.318, 0.171, 0.121)^T$$

测算 A_a 的最大特征根 λ_{max}，得到 $\lambda_{max} = 4.157$，一致性检验得到 $CI = 0.052$；$CR = 0.058$，因为 $CR < 0.1$，可判定此结果具有一致性。

（2）产业带动力指标 M_b 的二级指标权重。产业带动力涵盖两个二级指标：M_{b1} 感应度系数、M_{b2} 影响力系数，依前面方法构造产业带动力指标的判断矩阵如表 7-6 所示。

表 7-6　　　　　　　　　产业带动力判断矩阵

K_2	M_{b1}	M_{b2}
M_{b1}	1	1/3
M_{b2}	3	1

产业带动力指标 M_b 二级指标权重向量：

$$A_b = (0.25, 0.75)^T$$

由于判断矩阵 K_2 为二阶矩阵,无须一致性检验,因此结果有效。

(3) 产业创新力指标 M_c 的二级指标权重。产业创新力涵盖五个二级指标:M_{c1} R&D 人员占从业人员比重、M_{c2} R&D 经费投入占产业产值比重、M_{c3} 技术进步率、M_{c4} 新产品销售收入占比、M_{c5} 比较劳动生产率。依前面方法构造产业创新力指标的判断矩阵如表 7-7 所示。

表 7-7　　　　　　　　产业创新力指标判断矩阵

K_3	M_{c1}	M_{c2}	M_{c3}	M_{c4}	M_{c5}
M_{c1}	1	1	3	3	2
M_{c2}	1	1	2	2	2
M_{c3}	1/3	1/2	1	2	1
M_{c4}	1/3	1/2	1/2	1	1
M_{c5}	1/2	1/2	1	1	1

产业创新力指标 M_c 二级指标权重向量:

$$A_c = (0.326, 0.277, 0.147, 0.111, 0.139)^T$$

测算 A_c 的最大特征根 λ_{max},得到 $\lambda_{max} = 5.273$,一致性检验得到 $CI = 0.068$;$CR = 0.061$,因为 $CR < 0.1$,可判定此结果具有一致性。

(4) 产业发展力指标 M_d 的二级指标权重。产业发展力涵盖三个二级指标:M_{d1} 产值增长率、M_{d2} 需求收入弹性、M_{d3} 生产率上升率。依前面方法构造产业发展力指标的判断矩阵如表 7-8 所示。

表 7-8　　　　　　　　产业发展力指标判断矩阵

K_1	M_{d1}	M_{d2}	M_{d3}
M_{d1}	1	2	2
M_{d2}	1/2	1	3
M_{d3}	1/2	1/3	1

产业发展力指标 M_d 二级指标权重向量:

$$A_d = (0.484, 0.349, 0.168)^T$$

测算 A_d 的最大特征根 λ_{max},得到 $\lambda_{max} = 3.069$,一致性检验得到 $CI = 0.035$;$CR = 0.059$,因为 $CR < 0.1$,可判定此结果具有一致性。

(5) 产业碳减力指标 M_e 的二级指标权重。产业碳减力涵盖两个二级指标:M_{e1} 单位能耗产值率、M_{e2} 单位三废排放产值率。依前面方法构造产业碳减力指标的判断矩阵如表 7-9 所示。

表 7-9　　　　　　　　产业碳减力判断矩阵

K_2	M_{e1}	M_{e2}
M_{e1}	1	2
M_{e2}	1/2	1

产业碳减力指标 M_e 二级指标权重向量：

$$A_e = (0.667, 0.333)^T$$

因为该判断矩阵为二阶矩阵，不需进行一致性检验。

7.3.3.3　评价指标总权重的确定

由上述可得战略性新兴产业评价体系各指标权重，如表 7-10 所示。

表 7-10　　　　　战略性新兴产业评价体系各指标权重

一级指标名称	权重	二级指标名称	权重
产业竞争力指标 M_a	0.348	产业产值占比 M_{a1}	0.390
		新增固定资产占比 M_{a2}	0.318
		产品出口额占比 M_{a3}	0.171
		就业吸纳率 M_{a4}	0.121
产业带动力指标 M_b	0.17	感应度系数 M_{b1}	0.25
		影响力系数 M_{b2}	0.75
产业创新力指标 M_c	0.2	R&D 人员占从业人员比重 M_{c1}	0.326
		R&D 经费投入占产业产值比重 M_{c2}	0.277
		技术进步率 M_{c3}	0.147
		新产品销售收入占比 M_{c4}	0.111
		比较劳动生产率 M_{c5}	0.139
产业发展力指标 M_d	0.184	产值增长率 M_{d1}	0.484
		需求收入弹性 M_{d2}	0.349
		生产率上升率 M_{d3}	0.168
产业碳减力指标 M_e	0.098	单位能耗产值率 M_{e1}	0.667
		单位三废排放产值率 M_{e2}	0.333

由表 7-10 可知，准则层中贡献最大的是产业竞争力指标，占到整个权重的 34.8%；其次是产业创新力指标，占到整个权重的 20%；产业发展力与产业带动力指标权重相近，分别占到整个权重的 18.4% 和 17%；产业碳减力指标占比不足 10%，权重最低。

第 8 章

中国战略性新兴产业发展评价

本章重点对 2013 年中国五大战略性新兴产业发展情况进行分类和综合评价，对 2009~2013 年五大战略性新兴产业发展趋势进行动态评价。

8.1 数据来源与处理

本节对中国战略性新兴产业评价的数据源进行详细说明，对数据处理方法进行进一步明确。

8.1.1 数据来源

中国战略性新兴产业评价体系中的各指标数据来源于《中国统计年鉴（2014）》《中国高技术产业统计年鉴（2014）》与《中国工业经济统计年鉴（2014）》。由于统计数据的局限性，中国战略性新兴产业数据无法直接获得，因此，本书根据《战略性新兴产业统计标准研究》[1]及国家统计局《战略性新兴产业分类》征求意见稿中战略性新兴产业的具体行业分类，结合本书实际情况，对中国战略性新兴产业进行具体评价。本书采用的具体行业分类见附表 7-1。[2]

---

[1] 周晶，何锦义. 战略性新兴产业统计标准研究 [J]. 统计研究，2011 (10)：3-8.
[2] 中国七大战略性新兴产业中，节能环保产业与新能源汽车产业对应的国民经济行业比较分散，大部分分类数据无法获得，因此，本书仅选择新一代信息技术、生物产业、新能源、高端装备制造业、新材料五大产业进行分析。

8.1.2 数据处理

指标体系之中的每个二级指标的单位存在较大的差别，不能直接将各指标按照指标权重加总，因为不同指标之间的数据没有可比性。因此，在评价之前有必要对指标体系中各指标的原始数据进行无量纲化处理，使数据之间具有可比性。本书采用最大值归一法对原始数据进行标准化处理，即用某一项指标数据中的最大值去除这一指标的所有数据，由此处理后的数值介于 0~1 之间。[①] 标准化后各变量取值将剔除原始数据中不同指标值的差别，其公式为：

$$Q'_i = Q_i/Q_{max}, \quad i = 1, 2, \cdots, n \tag{8.1}$$

2013 年原始数据无量纲化后的结果见附表 7-2。

对某战略性新兴产业进行评价的计算方法是将指标体系中二级指标的数值乘以其各自的权重后再求和，计算公式如下：

$$F = \sum_{i=1}^{n} G_i M_i \tag{8.2}$$

其中，G_i 表示某产业某一具体指标值；M_i 表示某一具体指标的权重。

8.2 中国战略性新兴产业分类评价

根据得到的数据结果，本节围绕中国 2013 年五大战略性新兴产业产业竞争力、产业带动力、产业创新力、产业发展力、产业碳减力进行分类评价。按照得分高低，将产业发展水平分为五个层次，得分在 0.8 分以上为很强，一般是指在该领域发展水平很高的战略性新兴产业；得分在 0.7~0.8 分之间的产业指在该领域发展水平很好的战略性新兴产业；得分在 0.6~0.7 分之间的产业为在该领域发展水平较好的战略性新兴产业；得分在 0.5~0.6 分之间的为在该领域处于一般水平的战略性新兴产业；0.5 分以下表示战略性新兴产业发展水平较弱。

8.2.1 产业竞争力评价

产业竞争力主要是指现有的产业基础能够为战略性新兴产业发展提供市场支

[①] 韩胜娟. SPSS 聚类分析中数据无量纲化方法比较 [J]. 科技广场, 2008 (3): 229-231.

持，通过产业产值占比、新增固定资产占比、产品出口额占比、就业吸纳率四个指标来反映。根据前面确定的指标权重，可得中国战略性新兴产业的产业竞争力指数，并根据结果进行排序，具体如表8-1所示。

表8-1　　　　　　　　　五大战略性新兴产业竞争力指数

产业	产业竞争力指数	排序
新一代信息技术产业	0.895 5	1
生物产业	0.465 5	3
新能源产业	0.307 3	5
高端装备制造业	0.455 5	4
新材料产业	0.477 7	2

根据表8-1的结果，从各产业发展情况看，新一代信息技术产业的产业竞争力得分超过0.8，排名第一，且远远高于其他产业，说明新一代信息技术产业在中国的发展水平很高，已具备一定的产业基础，为经济发展和开拓国外市场做出了较大贡献，同时，也吸纳了较多的就业，具有广阔的市场空间。新材料产业、生物产业和高端装备制造业的产业竞争力得分相当，但得分均低于0.5，说明三个产业虽然能够有效拉动经济增长，但总体竞争力较弱，尤其是在出口和解决就业方面表现一般。新能源产业得分最低，说明其产业竞争能力很弱。

总体来看，除新一代信息技术产业外，其余产业竞争力均较弱。根据表8-1得到我国战略性新兴产业的平均得分为0.520 3，说明我国战略性新兴产业的产业竞争力一般，这主要体现在：一是产业规模仍旧偏小。虽然近年来中国战略性新兴产业规模增长较快，但绝大多数战略性新兴产业企业实力较弱、规模偏小、基础薄弱，发展战略性新兴产业的能力和潜力较低。二是产品出口增长缓慢。近年来，中国战略性新兴产业领域的产品出口受到一定限制，贸易保护重现，导致产品出口增长缓慢甚至出现下降。另外，我国高技术产品的出口中，加工贸易所占比重过大，技术含量较低，出口创汇能力较弱。三是稳定就业能力较差。战略性新兴产业发展初期，企业蜂拥而入，吸纳了很多就业人口，随着产业发展和竞争加剧，企业开始成本控制，必然会挤出很多就业人口，近年我国太阳能产业的大量裁员很好地说明了这一点。

8.2.2　产业带动力评价

产业带动力主要指产业的波及效果，通过影响力系数和感应度系数两个指标来反映。根据前面确定的指标权重，可得产业带动力计算公式：

$$M_b = 0.25 \times M_{b1} + 0.75 \times M_{b2} \qquad (8.3)$$

根据 2010 年中国投入产出表数据进行分析，得出各行业的感应度系数和影响力系数，以此计算战略性新兴产业的产业带动力指数，并根据结果进行排序，具体如表 8-2 所示。

表 8-2　　　　　　　　　五大战略性新兴产业带动力指数

产业	产业带动力指数	排序
新一代信息技术产业	0.5626	5
生物产业	0.9803	1
新能源产业	0.7863	3
高端装备制造业	0.6084	4
新材料产业	0.9251	2

总体来看，中国战略性新兴产业的带动力较好，这是由产业属性决定的。根据表 8-2 得到我国战略性新兴产业的平均得分为 0.7725，说明我国战略性新兴产业的产业带动力很好，但个别产业和个别领域仍存在不小的差距，这主要体现在：一是产业链尚不完整。在产业链的关键环节上还依赖进口，在国际产业分工体系中的位置没有明显提升，在国际上参与竞争的能力不强。二是产业集聚水平还较弱。中国战略性新兴产业集聚区建设正处于起步阶段，还存在区域间低水平恶性竞争和重复建设等问题。三是同其他产业的关联度较低。我国战略性新兴产业的扩散性尚未充分发挥，改造传统产业的作用还不显著。

8.2.3　技术创新力评价

产业创新力主要指战略性新兴产业的发展应该有行业的先进技术作为支撑，通过 R&D 人员占从业人员比重、R&D 经费投入占产业产值比重、技术进步率、新产品销售收入占比、比较劳动生产率五个指标来反映。根据前面确定的指标权重，可得中国战略性新兴产业的产业创新力指数，并根据结果进行排序，具体如表 8-3 所示。

表 8-3　　　　　　　　　五大战略性新兴产业创新力指数

产业	产业创新力指数	排序
新一代信息技术产业	0.5505	4
生物产业	0.5669	3
新能源产业	0.1097	5
高端装备制造业	0.7164	1
新材料产业	0.7146	2

根据表8-3的结果,从各产业发展情况看,高端装备制造业和新材料产业的产业创新力得分超过0.7,说明两个产业的产业创新力发展水平很好,在高端装备制造业和新材料产业技术上研发投入较大,技术更新换代频率增加,新产品销售收入占比也都处于较高的水平。生物产业和新一代信息技术产业的产业创新力得分超过0.5,说明两个产业的产业创新力发展水平一般,研发人力和物力投入较多,研发频次较高,科技转化能力较强。新能源产业的产业创新力得分很低,说明其创新能力较差。

总体来看,除新能源产业以外,中国战略性新兴产业的产业创新力相差不大。根据表8-3得到我国战略性新兴产业的产业创新力平均得分为0.5316,说明我国战略性新兴产业的产业创新力一般,这主要体现在:一是企业研发投入较低。目前我国大部分企业的自主创新意识不强烈,研发投入较少,导致研发费用占销售收入比例很低。二是企业创新能力不足。一方面,由于研发投入不够,导致人才流失现象严重,反过来影响到研发的效果和效率。另一方面,拥有自主知识产权的新产品不多,技术储备不足,导致科技对产业的支撑和引领作用未能得到有效发挥,又反过来影响到企业对科技研发的积极性。三是研发力量比较分散。在企业创新投入不足的情况下,还存在大量的重复浪费现象,由于企业研发各自为政,造成研发层次重叠和科研资源浪费。而且由于研发力量分散,很难形成创新的大突破。

8.2.4 产业发展力评价

产业发展力主要是基于产业发展的可持续性而具有较大的增长潜力,通过产值增长率、需求收入弹性、生产率上升率三个指标来反映。根据前面确定的指标权重,可得中国战略性新兴产业的产业发展力指数,并根据结果进行排序,具体如表8-4所示。

表8-4　　　　　　　　　五大战略性新兴产业发展力指数

产业	产业发展力指数	排序
新一代信息技术产业	0.6881	3
生物产业	0.9759	1
新能源产业	0.2901	5
高端装备制造业	0.9016	2
新材料产业	0.3716	4

根据表8-4的结果,从各产业发展情况看,生物产业和高端装备制造业的产

业发展力得分超过0.8，说明近年来中国生物产业和高端装备制造业发展迅速，生产效率进一步提高，市场扩张能力也逐渐增强，居民消费需求也出现明显增长。新一代信息技术产业的产业发展力得分超过0.6，说明近年来中国居民对信息技术产品的需求持续上升。新材料产业和新能源产业的产业发展力得分低于0.5，说明这两个产业的产业发展力较弱，相较于上一年，其市场需求下降，发展潜力一般。

总体来看，中国战略性新兴产业的产业发展力两极分化现象明显。根据表8-4得到我国战略性新兴产业的产业发展力平均得分为0.6455，说明我国战略性新兴产业的产业发展力较好，但部分产业和领域仍存在一些突出问题。这主要体现在：一是市场需求仍不足。从外部看，贸易保护主义的存在，世界经济的缓慢复苏，金融危机的持续影响，导致产品出口难度重重，外需持续不足。从内部看，当前国内市场需求仍然偏弱，部分领域产能过剩十分严重。二是发展动力不可持续。虽然战略性新兴产业企业的生产率和生产效益呈增加趋势，但这主要是由于企业扩大生产，以及由此产生的规模效益，而作为持续推动战略性新兴产业发展动力的科技进步率和劳动生产率依然偏低，长期下去，很难保持战略性新兴产业的持续稳定发展。

8.2.5 产业碳减力评价

产业碳减力主要是指战略性新兴产业能源利用效率较高，对环境污染和破坏较少，通过单位能耗产值率、单位三废排放产值率来反映。根据前面确定的指标权重，可得中国战略性新兴产业的产业碳减力指数，并根据结果进行排序，具体如表8-5所示。

表8-5　　　　　　　五大战略性新兴产业碳减力指数

产业	产业碳减力指数	排序
新一代信息技术产业	0.9647	1
生物产业	0.4679	3
新能源产业	0.3431	4
高端装备制造业	0.5035	2
新材料产业	0.1723	5

根据表8-5的结果，从各产业发展情况看，新一代信息技术产业的产业碳减力得分超过0.8，说明目前中国新一代信息技术产业发展能耗较低，单位产值排放的三废较少，是环境友好型产业。高端装备制造业的产业碳减力得分超过0.5，说明该产业的产业碳减力发展水平一般，这主要是得益于其单位产值排放

的工业三废量较低，抵消了一部分能耗较大的劣势。生物产业、新能源产业和新材料产业的产业碳减力得分均低于0.5，说明这三个产业的产业碳减力发展水平较差，与其他战略性新兴产业相比，能耗较大，对环境存在一定的危害。

总体来看，中国战略性新兴产业的产业碳减力水平两极分化现象也很明显。根据表8-5得到战略性新兴产业的产业碳减力平均得分为0.490 3，说明我国战略性新兴产业的产业碳减力较差，仍存在一些突出问题。这主要体现在：一是部分产业领域能耗和排放仍较高。长期以来，我国经济发展方式仍未根本改变，部分战略性新兴产业对资源和能源的依赖性较强，单位国内生产总值（GDP）能耗较高。二是低碳领域的技术不足。低碳技术是降低战略性新兴产业能耗和排放的最大瓶颈，突破这一瓶颈还有很长的路要走。另外，部分企业出于生产成本考虑，低碳技术革新和购买的意愿不足。

8.3 中国战略性新兴产业发展综合评价

基于前面所述及五大战略性新兴产业产业竞争力、产业带动力、产业创新力、产业发展力与产业碳减力指标权重，经计算可得中国战略性新兴产业发展的综合评价，如表8-6所示。

表8-6　　　　　　　　五大战略性新兴产业综合评价

产业	产业竞争力	产业带动力	产业创新力	产业发展力	产业碳减力	总得分	总排序
新一代信息技术产业	0.895 5	0.562 6	0.550 5	0.688 1	0.964 7	0.738 5	1
生物产业	0.465 5	0.980 3	0.566 9	0.975 9	0.467 9	0.667 4	2
新能源产业	0.307 3	0.786 3	0.109 7	0.290 1	0.343 1	0.349 6	5
高端装备制造业	0.455 5	0.608 4	0.716 4	0.901 6	0.503 5	0.620 5	3
新材料产业	0.477 7	0.925 1	0.714 6	0.371 6	0.172 3	0.551 7	4

依据前面所述，将中国战略性新兴产业发展水平分为五个层次，得分在0.8分以上为很强，一般是指具有很高发展水平和发展潜力的战略性新兴产业；得分在0.7~0.8分之间指战略性新兴产业具有很强的发展水平和发展潜力；得分在0.6~0.7分之间指战略性新兴产业的发展水平和发展潜力较强；得分在0.5~0.6分之间指战略性新兴产业发展水平和发展潜力一般；得分在0.5分以下的表示战略性新兴产业发展水平很弱，在国内处于落后水平。

根据表8-7，从综合得分情况来看，目前中国五大战略性新兴产业中发最好的是新一代信息技术产业，评估值为 0.738 5 分，这个分值代表新一代信息技术产业在国内发展水平很好；其次是生物产业和高端装备制造业，评估值分别为 0.667 4 分和 0.620 5 分，这个分值代表生物产业和高端装备制造业在国内发展水平较好；新材料产业评估值 0.551 7 分，发展水平一般；新能源产业发展相对较差，评估值为 0.349 6 分，代表新能源产业发展水平较弱，在战略性新兴产业中处于落后水平。下面分别展开分析中国五大战略性新兴产业目前发展态势。

表 8-7 战略性新兴产业发展情况分类

类型	描述	得分	产业
第一类	好	(0.7~0.8)	新一代信息技术产业
第二类	较好	(0.6~0.7)	生物产业、高端装备制造业
第三类	一般	(0.5~0.6)	新材料产业
第四类	较差	(0.5 以下)	新能源产业

8.3.1 新一代信息技术产业

从图 8-1 可以看出，新一代信息技术产业的产业带动能力和创新能力一般，但产业竞争力和产业碳减力实力最强，且远高于其他产业，而且新一代信息技术产业具有较好的产业发展能力。从图 8-1 可以明显看出，新一代信息技术产业在产业竞争力和产业碳减力上优势明显。

图 8-1 新一代信息技术产业综合评价

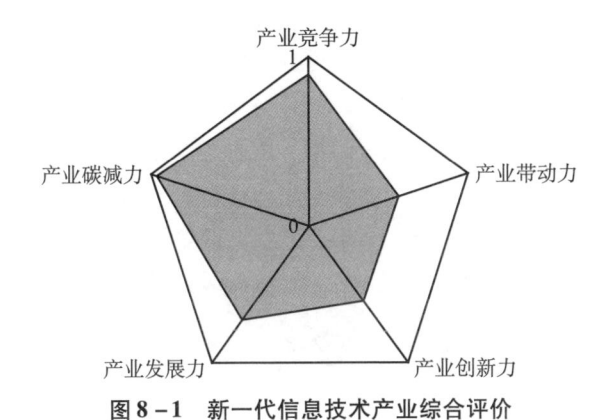

8.3.2 生物产业

从图 8-2 可以看出，目前生物产业发展态势良好，产业带动力和产业发展力均居五大战略性新兴产业之首，明显高于其他产业，而且生物产业在产业碳减力上的优势也比较明显。

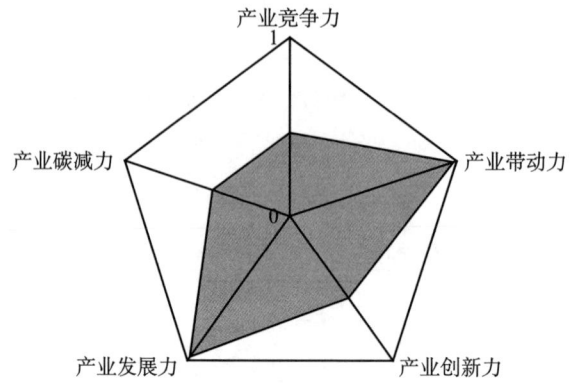

图 8-2　生物产业综合评价

8.3.3　新能源产业

从图 8-3 可以看出，目前中国新能源产业发展态势一般，除产业带动力较好之外，其余指标均明显低于其他战略性新兴产业。从表 8-2 中数据可以看出，目前中国新能源产业产值对国民经济的贡献还较低，新增固定资产和产品出口额占本产业新投资和产值的比重也较低，研发资金和人力投入较低，也因此导致新能源产业的技术进步率和新产品销售占比不高。在一定程度上，需求收入弹性较低阻碍了中国新能源的发展，但目前中国的新能源产业具有较好吸纳就业的能力。

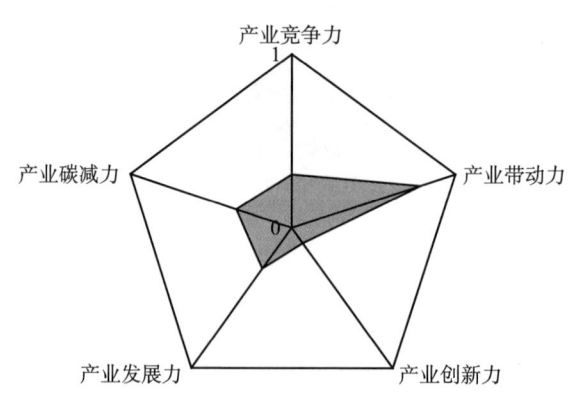

图 8-3　新能源产业综合评价

8.3.4 高端装备制造业

从图8-4可以看出，目前中国高端装备制造业在产业发展力和产业创新力上具有较明显的优势，尤其是研发人员占比较高，劳动生产率和技术进步率也均在五大战略性新兴产业中居于领先。但是其产业竞争力较弱，尤其是其对国民经济的贡献度一般。

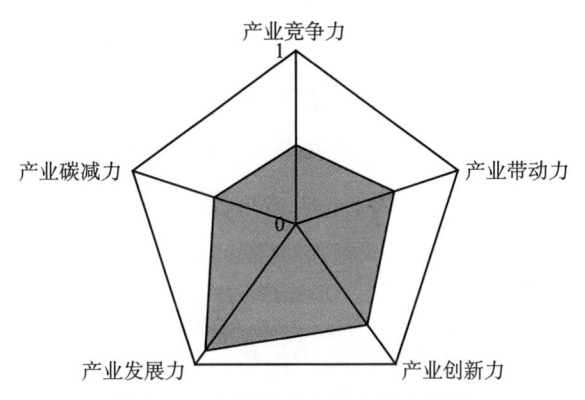

图8-4 高端装备制造业综合评价

8.3.5 新材料产业

从图8-5可以看出，中国新材料产业的产业带动力和产业创新力优势明显，尤其是研发人员和研发经费的相对投入均居五大战略性新兴产业之首，新产品销售收入与技术进步率等指标也优势明显。但其发展劣势也比较明显，在产业碳减力上明显落后，单位能耗和单位排放产值较低。

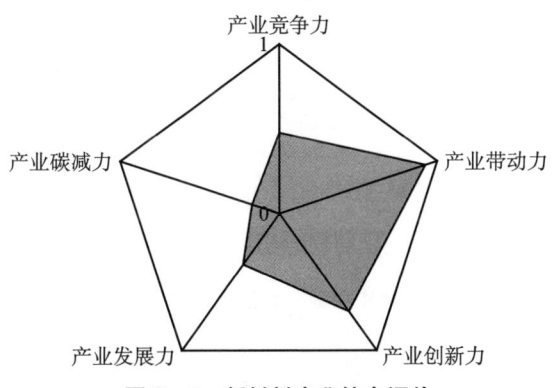

图8-5 新材料产业综合评价

8.4 中国战略性新兴产业发展动态评价

客观评价中国战略性新兴产业发展状况是本书的重要内容之一，因此，选取 2009~2013 年新一代信息技术产业、生物产业、新能源产业、高端装备制造业、新材料产业相关数据，依前面评价体系中的各指标数据来源、处理方法和指标权重，对 2009~2013 年中国战略性新兴产业进行动态评价。相关数据进行标准化处理后结果见附表 7-3、附表 7-4、附表 7-5 和附表 7-6。

依前面各指标权重情况，可计算 2009~2013 年中国五大战略性新兴产业产业竞争力、产业创新力、产业发展力、产业带动力和产业碳减力情况。

8.4.1 新一代信息技术产业

如图 8-6 所示，2009~2013 年，中国新一代信息技术产业各指数发展情况如下：在产业竞争力上，基本保持稳中有升，在五大战略性新兴产业中的地位有所提升；在产业创新力上，稍有下滑，但基本保持稳定；在产业碳减力上，也基本保持不变，即单位能耗和排放创造的总产值基本稳定；在产业发展力上，相对发展不平稳，2009~2011 年，产业发展力呈下行趋势，2011 年以后，产业发展力在五大战略性新兴产业中的相对地位又有所提升。总体来看，新一代信息技术产业各指数均保持基本稳定，在五大战略性新兴产业中的地位基本保持不变。

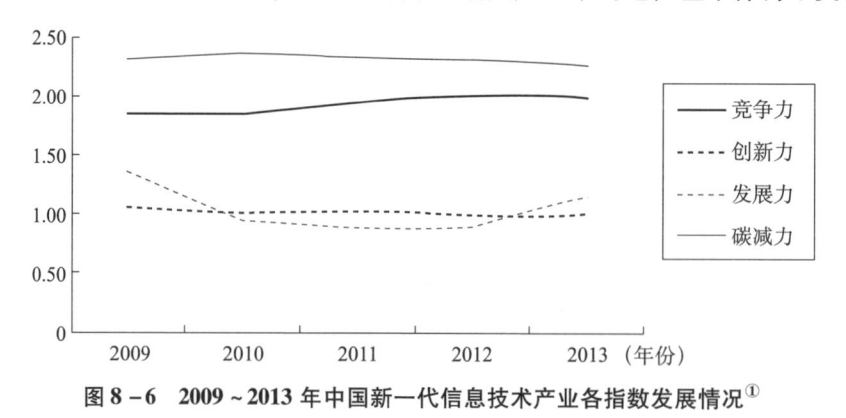

图 8-6 2009~2013 年中国新一代信息技术产业各指数发展情况[①]

---

① 由于本书对产业带动力的评价均基于 2010 年相关产业数据，故在动态评价中不涉及产业带动力，下同。

8.4.2 生物产业

如图 8-7 所示,2009~2013 年,中国生物产业四大指数发展情况如下:产业竞争力基本保持上升态势,在五大战略性新兴产业中的地位有所提升;产业创新力稍有提升,但基本保持稳定;产业碳减力也基本保持上升态势,但单位能耗和排放创造的总产值变化不大;产业发展力在曲折中明显上升,2009~2011 年,产业发展能力呈稳定上升趋势,2012 年稍有下降,之后产业发展力又迅速抬升。总体来看,生物产业各指数均出现不同程度的增长,在五大战略性新兴产业中的相对地位有所提升。

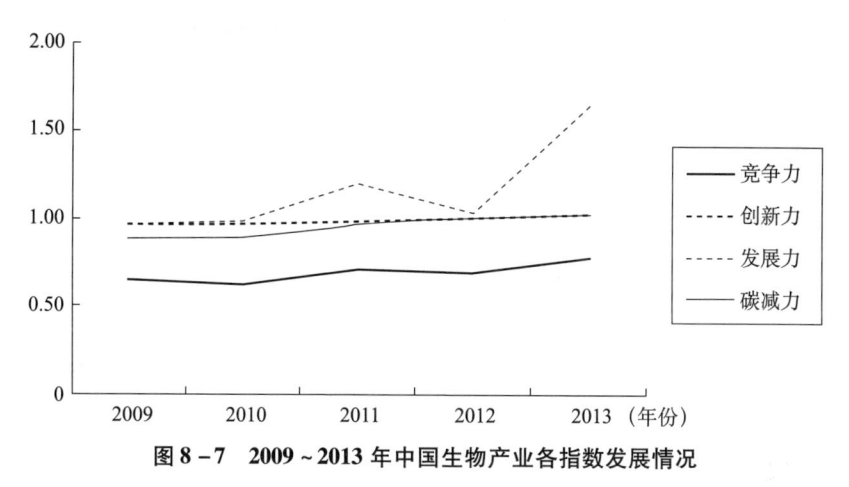

图 8-7 2009~2013 年中国生物产业各指数发展情况

8.4.3 新能源产业

如图 8-8 所示,2009~2013 年,中国新能源产业四大指数发展情况如下:产业竞争力在 2009~2011 年保持相对稳定,但之后出现下滑态势;产业创新力直线下降,说明在科研人员和科研经费上的投入不足,生产效率不高;产业碳减力也在五大战略性新兴产业中保持相对下滑的态势,但不太明显;产业发展力在曲折中出现下降趋势,2009~2012 年,产业发展能力呈稳定上升趋势,2013 年产业发展力出现明显下滑。总体来看,新能源产业各指数均出现不同程度的下降,在五大战略性新兴产业中的相对地位有所下滑。

8.4.4 高端装备制造业

如图 8-9 所示,2009~2013 年中国高端装备制造业四大指数发展情况如下:

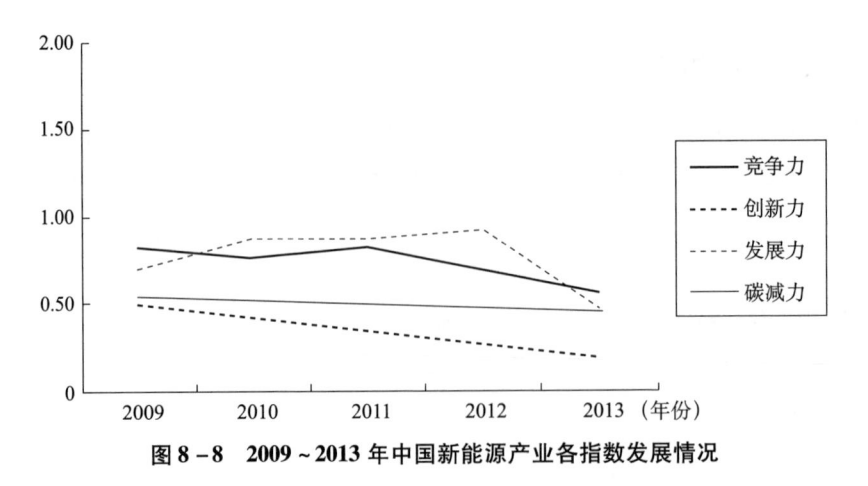

图 8-8 2009~2013 年中国新能源产业各指数发展情况

产业竞争力总体呈现浅 V 字形，2009~2011 年出现下滑趋势，随后在 2012~2013 年又形成了明显的拉升；产业创新力基本保持稳中有升，但上升态势不太明显；产业碳减力的基本发展态势与产业创新力同步，呈稳定上升趋势；产业发展力总体呈现上升趋势，2010 年出现明显下滑，之后稳定上升。总体来看，中国高端装备制造业各指数均出现不同程度的上升，在五大战略性新兴产业中的相对地位有所上升。

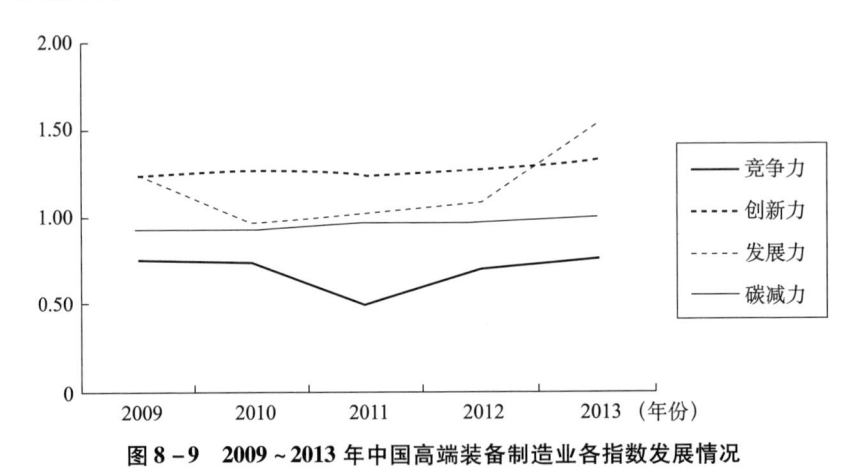

图 8-9 2009~2013 年中国高端装备制造业各指数发展情况

8.4.5 新材料产业

如图 8-10 所示，2009~2013 年，中国新材料产业四大指数发展情况如下：在产业竞争力方面，2009~2011 年略有上升，2012~2013 年又稍有下降，但总体保持稳定；在产业创新力方面，总体呈现出明显的上升态势；在产业碳减力方面，总体呈现缓慢下降的态势，说明其在战略性新兴产业中单位能耗下降速度相对较慢；在产业发展力方面，2010年明显上升，之后缓慢下降，2013年出现明显下滑，总体呈现出M形。总的来看，中国新材料产业各指数有升有降，在五大战略性新兴产业中的相对地位基本保持稳定。

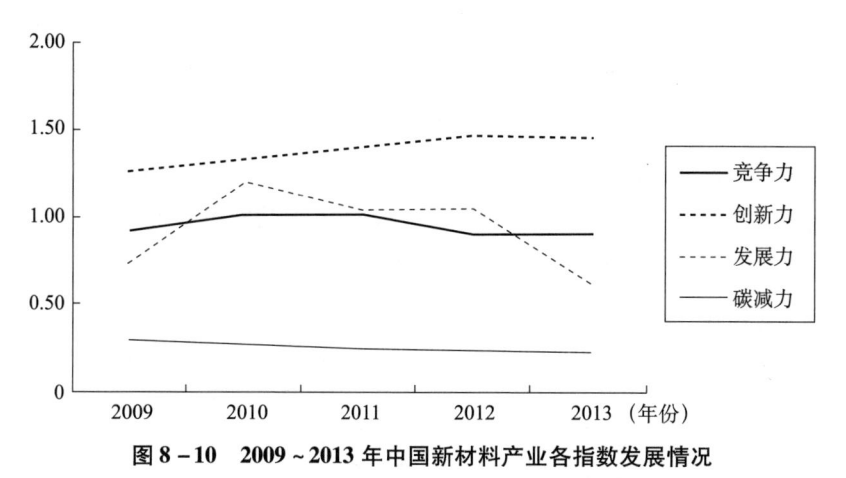

图 8-10　2009~2013年中国新材料产业各指数发展情况

依前面战略性新兴产业准则层权重，可计算2009~2013年五大战略性新兴产业综合发展指数和发展趋势，如图8-11所示。

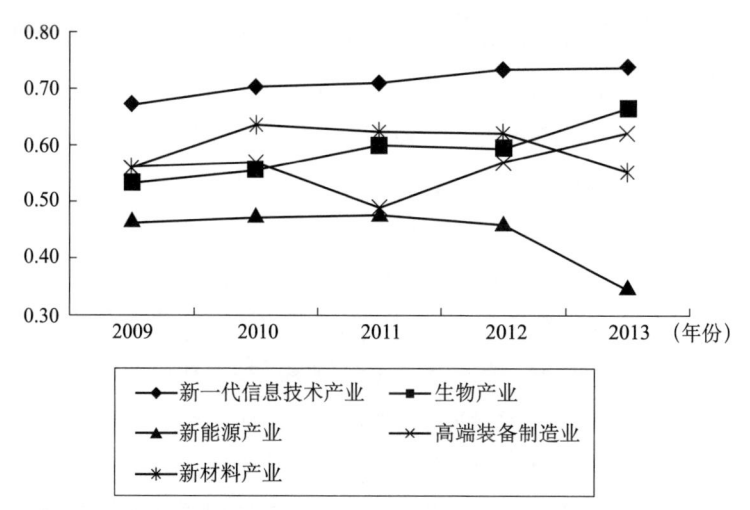

图 8-11　2009~2013年中国五大战略性新兴产业综合发展趋势情况

由图8-11可以看出，2009~2013年，中国五大战略性新兴产业综合发展情况和发展趋势如下：新一代信息技术产业基本保持缓慢上升的趋势，在五大战略性新兴产业中的发展情况一直处于最好，发展指数由2009年的0.6730上升至

2013 年的 0.738 5；生物产业基本保持了稳定上升的发展态势，在五大战略性新兴产业中的发展情况也由 2009 年的一般状态上升至 2013 年的较好状态；新能源产业则呈现持续收缩的发展态势，其综合发展指数也由 2009 年的 0.468 2 下滑至 2013 年的 0.349 6；高端装备制造业总体呈现先抑后扬的发展态势，其综合发展指数况由 2011 年低谷时的 0.488 2 上升至 2013 年的 0.620 5，发展情况也由 2009 年的一般上升至 2013 年的较好；新材料产业与高端装备制造业相反，基本呈现先扬后抑的发展态势，其综合发展指数由 2010 年高峰时的 0.635 2 下滑至 2013 年的 0.551 7，发展状况也相应由较好下降至一般。

由表 8-8 可以看出，2009~2013 年，中国五大战略性新兴产业综合发展趋势如下：生物产业发展趋势最好，高端装备制造业和新一代信息技术产业发展趋势较好，新材料产业发展趋势相对一般，新能源产业发展态势较差。

表 8-8　　　　　　　　　战略性新兴产业发展情况分类

类型	描述	得分趋势	产业
第一类	好	迅速上升	生物产业
第二类	较好	缓慢上升	新一代信息技术产业、高端装备制造业
第三类	一般	基本不变	新材料产业
第四类	较差	出现下降	新能源产业

本章基于中国五大战略性新兴产业发展现实，从产业竞争力、产业带动力、产业创新力、产业发展力和产业碳减力五个方面对中国战略性新兴产业发展进行分类评价、综合评价和动态评价。结果显示，从分类评价看，中国在五个方面还存在一些不足。在产业竞争力上，存在产业规模仍旧偏小、产品出口增长缓慢、稳定就业能力较差等问题。在产业带动力上，存在产业链水平较低且不完整、产业集聚水平还较弱、同其他产业的关联度较低等问题。在产业创新力上，存在企业研发投入较低、企业创新能力不足、研发力量比较分散等问题。在产业发展力上，存在市场有效需求不足、发展动力不可持续问题。在产业碳减力上，存在部分产业领域能耗和排放仍较高、低碳领域的技术不足问题。从综合评价看，目前中国五大战略性新兴产业中发展最好的是新一代信息技术产业，其次是生物产业和高端装备制造业，新材料产业发展水平一般，新能源产业发展相对落后。从动态来看，中国目前五大战略性新兴产业中生物产业发展态势最好，其次是高端装备制造业、新一代信息技术产业，新材料产业发展态势相对一般，新能源产业发展态势较差。

第 9 章

中国发展战略性新兴产业的路径选择

通过前述对发达国家和新兴经济体发展战略性新兴产业最新战略和主要举措的分析借鉴，针对中国战略性新兴产业发展现实和制约因素，结合战略性新兴产业发展评价结果，重点阐述中国战略性新兴产业发展的基本路径。即在发展前提上，必须处理好四个关系；在产业培育上，选择传统产业与新兴产业协同发展；在发展动力上，选择政府和市场共同推进；在集聚模式上，选择外源型与内源型共同发展；在发展布局上，选择总体非均衡与局部均衡发展。

9.1 发展战略性新兴产业必须处理好四个关系

基于中国战略性新兴产业发展现实，发展战略性新兴产业必须处理好以下四种关系，即处理好存量与增量的关系，政府与市场的关系，中央与地方的关系，短期与长期的关系。

9.1.1 处理好存量与增量的关系

目前，中国传统的经济发展方式亟须改变，产业结构亟须调整，资源和环境承载能力较弱的现状也亟须改变。要想调整结构，促进发展，实现经济持续增长，必须扩大战略性新兴产业"增量"，减少传统产业"存量"，使整个经济结构优化。因此，一方面，要充分利用现有的科技创新，培育和发展战略性新兴产业；另一方面，积极改造现有的产业链条。一是促进产业内的优化升级，即不断利用高新技术优化提升传统产业，提高其产品工艺水平，增强工业竞争力；二是促进产业间的优化升级，即不断延伸和完善产业链，提高产品的附加值，不断向上游环节、下游环节和相关产业拓展。

  传统产业与战略性新兴产业相互影响、相互促进。一方面，传统产业对战略性新兴产业具有促进作用。战略性新兴产业发展所需要的设备、人力、技术、厂房等都要有相关的传统产业的大力支撑，战略性新兴产业的发展需要依靠已有的产业基础、市场基础、人力基础、市场基础等条件，这样在操作上才具有一定的可行性，也降低了风险。首先，传统产业的资本积累有助于产生新兴产业，新兴产业多为科技含量高、产业壁垒高、资本消耗型产业，传统产业所积累的资本可以成为战略性新兴产业发展的基础；其次，传统产业通过转型升级，可以将其转为新兴产业；最后，对于一个地区而言，由于资源有限，要把区域的优势产业作为转型发展的重点，这也就确定了战略性新兴产业的发展方向，优先发展与传统优势产业相关的战略性新兴产业，才能更加稳妥地推进战略性新兴产业的发展。另一方面，战略性新兴产业对传统产业具有提升作用。传统产业在经营模式、科技水平、附加值水平上都不如战略性新兴产业，通过发展战略性新兴产业，将更新原有产业的发展模式，有益于传统产业结构改造和产品升级。首先，新兴产业为传统产业的改造提供技术支持。传统产业已经是发展较为成熟的产业，产业要进行跨越式发展，必须依靠改变现有的科学技术，战略性新兴产业将为传统产业带来新技术以及经济增长方式的转变，提高产品附加值和科技含量。其次，战略性新兴产业将打破原有的产业僵局。根据产业生命周期理论，当产业发展到成熟期，产业的上升空间将会缩小，而战略性新兴产业作为新兴力量，将优化原有的产业经营模式，有利于传统产业冲破产业增长桎梏，实现产业升级。

  发展战略性新兴产业，实现产业结构优化，必须以增量稀释现有存量。工业转型升级是转变经济发展方式的重要载体。产业转型升级一般有三种途径：一是制造业技术和产品技术的换代升级。二是在产业链上向高技术含量、高附加值的领域扩展。三是创建一个全新的行业，用更先进的产业替代夕阳产业。这三种实现途径，前两种途径是传统的开发模式，是维持和提高竞争力的基础。第三种途径更具有质变的特点，是一种新型的力量来促进经济增长和社会进步。中国目前的产业结构、传统产业的比例更大，因此，传统产业改造仍然是当前中国工业发展的一个重要任务。与此同时，要积极推动战略性新兴产业的发展，随着新兴产业的发展稀释传统产业的比重，将新兴工业技术渗透到传统产业之中促进转型发展，用新兴产业的扩张促进产业结构的优化升级。

具体来说，要实现传统产业转型升级，就要立足技术改造升级发展战略性新兴产业。传统产业通过产业技术改造，可以实现从传统产业向战略性新兴产业的跨越，依靠产业集聚区发展战略性新兴产业。传统产业已经具有一定的产业规模，具有很强的产业集聚效应和辐射效应，产业园区的便利是高科技产生的温床，通常具有战略性新兴产业孕育的有利环境。在考虑市场导向的同时，政府还要通过优惠政策，如低息贷款、税金抵扣等政策，对新兴产业发展积极扶持。此外，还要产业链延伸发展战略性新兴产业，通过将传统产业链向战略性新兴产业方向延伸，传统产品可以为新型产品的原材料进行供应，同样，新型产品也可以成为传统产品更加高效的机器设备和优质原材料。延长拓展原有的产业链，是传统产业更新换代的必由之路。

9.1.2 处理好政府与市场的关系

发展战略性新兴产业必须兼顾政府与市场的机制和作用，政府主要起到指导、激励、规范和服务的作用；市场主要是利用其自身的价格、竞争和供求等引导产业自行发展。

从市场作用看，供求机制是通过调节产业的供给和需求，达到供需平衡的目的。其中，需求是产业发展的根本动力，发展战略性新兴产业必须将以供给为主要推动力转向以需求为主要动力，以市场供求机制推动产业发展。发展战略性新兴产业，必须充分发挥竞争的作用，应该给予企业同等的发展平台。价格手段是市场经济最活跃的部分，合理的价格体系可以有效地促进战略性新兴产业的发展。因此，一方面，进一步扩大市场调节和监管的范围；另一方面，减少行政手段的使用，运用市场为导向的手段进行管理。另外，由于战略性新兴产业技术研发的不确定性，企业往往承担了较高风险，需要风险转换机制的支持，应鼓励各种形式的创新联盟的建立。

从政府作用看，政府的指导主要体现在积极制定和出台产业发展战略和规划，重在对产业体系的引导。政府的激励主要体现在通过创新创造各种有利条件，鼓励新技术研发和新产品消费，包括财税优惠政策、财政直接投资和政府采购政策等。政府的服务功能主要包括政府的人才政策，优化官产学研合作的环境，完善中介服务体系，为发展战略性新兴产业提供良好的政策环境和发展平台。政府的规范职能主要是维护产业发展所需的公平竞争和公平交易的市场秩序，对市场机制难以发挥作用的领域进行补充。

综上所述，市场机制和政府机制都不是万能的，都具有对方所不具备的作用，二者相互补充，紧密联系。因此，发展战略性新兴产业必须处理好政府与市场关系，做到到位不越位，形成统一的有机体，共同促进中国更快和更好地发展战略性新兴产业。

9.1.3 处理好中央与地方的关系

发展战略性新兴产业既必须反映国家总体战略，又必须体现地方发展特色。中国的地区经济发展水平差异明显，仅仅依靠中央统一部署很难做到面面俱到和因地制宜。另外，由于地方政府具有较大的自主性，如果没有统一的发展规划，仅仅依靠地方自行发展，必然导致地区间的恶性竞争，形成重复建设。因此，发展战略性新兴产业必须处理好中央与地方的关系，使两者具有整体一致性。当前，中央政府和地方政府存在利益目标差异，直接影响了相关经济政策的有效实施。因此，应当建立发展战略性新兴产业的主体激励相容机制及制度安排，从源头破解积弊已久的利益割据。

具体来看，在发展战略性新兴产业问题上，中央政府和地方政府存在利益博弈。从中央角度看，我国面临的日趋紧迫的人口、资源、环境压力，要求必须缓解资源环境瓶颈制约，促进产业结构升级和经济发展，必须加快培育和发展战略性新兴产业。从地方角度看，财政收入是地方政府政策制定的重要目标，在中央与地方之间形成了利益博弈。地方政府往往表现为短视，追求眼前效益，一些地方政府扶持新兴产业发展的动机也可能是为了获取地方税收。

总的来说，优化战略性新兴产业布局，国家必须明确各地区具体的功能定位和主要发展方向。但是，现在一些地方发展战略性新兴产业未从本地实际情况出发，没有结合当地产业的发展特点和差异化发展模式，产业规划同质化现象十分严重。一些地方甚至直接将传统产业当成战略性新兴产业并给予一定的政策支持。因此，地方政府不仅要关注行业的整体和长远规划，还要考虑到国家战略性新兴产业发展的总体布局和发展方向。中央层面则必须高度重视国家顶层设计和地方特色发展，构建和培养创新能力强，市场份额高，竞争优势明显的差异化、多样化产业集群。

9.1.4 处理好短期与长期的关系

发展战略性新兴产业是一项长期战略，而不是短期的任务。在短期内，将有限的资源投入新兴行业的建厂生产和规模扩张阶段，效果最明显，对GDP的拉动作用也最大，但是从长远来看，战略性新兴产业的发展必须紧紧围绕以科技为中心，以市场需求为导向，提高企业自主创新能力。必须建立一个有利于创新和激励的系统机制环境，引导企业把更多的资源投入研发中。只有这样，才能保证战略性新兴产业的长远发展。

在发展战略性新兴产业过程中，存在相关利益主体的短期利益与长远利益的博弈。发展战略性新兴产业是一项长期国家战略和主要宏观决策，是经过许多专家反复调查研究提出的战略举措。抢占未来经济发展制高点，是一种提高可持续竞争力的长远利益和战略利益。发展战略性新兴产业的主要目的不是在短期内解决经济的复苏，而是在于对中国未来10年甚至更长时间的产业结构调整，实现经济发展方式的根本性转变。从中国经济的发展现实看，在许多关键领域仍处于工业化的初期阶段，发展战略性新兴产业，提高技术水平，缩小与发达国家的差距，还有很长的路要走。要注意到，培育和发展战略性新兴产业过程中，不仅要占用有限资源，还可能挤压能够产生现实效益的传统产业的生存空间。因此，无论是从政府还是企业角度而言，都同样面临短期收益与长期收益的取舍。

从政府角度而言，传统产业是我国绝大多数地区的支柱产业和绝大部分地方政府财政税收的主要来源，是当前我国解决就业、实现社会和谐稳定的基石，战略性新兴产业是一个长期的系统工程，需要地方政府的大量前期投入。地方政府更多地会从现实利益角度出发，将经济发展重点锁定在能够带来现实GDP贡献和大量就业岗位的一些传统产业上。从企业角度而言，是否进入战略性新兴产业领域，取决于企业对短期利益和长期利益的综合考量。如果一个企业能够在当前经营领域内获得较大利润，进入新产业的可能性就比较小。如果新兴产业的市场需求大，利润空间大，发展前景广阔，即使进入的成本足够大，由于长期的利益的吸引，一些企业还是会选择进入新兴产业。

因而，发展战略性新兴产业切忌短期行为，必须根据行业的技术水平和市场的成熟程度，进行储备、培育和发展。对一些具有潜在产业化和市场需求前景的技术领域，进行重点支持和培育。对技术尚不成熟，还处于产业发展初期或成长期的产业，需要通过政策扶持实现科技成果转化。对技术比较成熟，应用前景广阔的产业，鼓励实现规模化发展。

9.2 在产业培育上，选择传统产业与新兴产业协同发展

通过前面对存量和增量关系的论述可以看出，培育战略性新兴产业有两个途

径：一是通过对满足需求的新的社会或者重大科技创新的支持形成全新的产业，二是通过先进技术改革传统产业。由于产业的周期性和研究与开发的长期性，仅仅依靠新技术的突破，在短期内很难实现产业体系质态的提升。同样的道理，仅依靠传统产业改造升级，很难使我们国家的科技实力实现重要的突破。因此，培育战略性新兴产业的路径必须是传统产业和新兴产业协同发展。对新兴产业培育不外乎满足全新的社会需求和科技产品的创新，在这里不再赘述，对传统产业的升级改造主要有以下三种途径：

一是用先进技术改造传统产业的生产流程、生产工艺及产品，使传统产业具备新的发展形式。传统产业往往是能源资源和劳动力的聚集地，主要包括钢铁、电力、建筑与纺织等行业，由于生产设备比较陈旧，生产技术比较落后，导致传统产业的成本居高不下，效益每况愈下，严重阻碍了经济的持续健康发展。为此，有必要将信息技术、物联网技术等引入传统产业发展中，以提高其生产效率，减少隐形或显性成本，使其成为新兴产业或赋予新的发展形式，以适应经济发展。

二是在传统产业研究和创新环节加大投资。使用更少的投资，更多的产出，达到资源优化配置是产业发展的终极目标。创新缺乏和研发不足是近年来传统产业发展速度明显放缓的最主要原因，由于传统产业正处于生命周期的成熟期，只有通过加大研发投入和持续的创新才能使传统产业焕发出新的生机，也是传统产业升级的最好机会。一个产业的技术水平决定了产业的生命力，在传统产业的研究和创新环节加大投资，可以保证新产品的开发和市场开拓，有助于提高传统产业整体竞争力，是产业优化的有效路径，也是促进经济持续发展的主要手段。

三是加快传统产业的有效整合。当今世界，跨国公司已成为国际经济领域竞争的最前沿。通过在全球开展并购，跨国公司可以迅速利用全球优质资源，提高科技利用水平，节约时间成本，得到快速发展，形成企业的整体竞争优势。中国的传统行业往往具有规模小、集中度不高的特点，企业的竞争力较弱。因此，加快企业的并购重组，整合现有的传统产业发展优势，形成集群力量和规模效应，也是传统产业优化升级的必由之路。从另一个角度看，中国的大部分传统行业为大型国有企业，政府在结合国际经济发展形势的基础上，通过行政干预加快企业合并重组和跨国并购进程，能够有效地节约交易成本，加快传统产业的优化升级步伐。

9.3 在发展动力上，选择政府机制与市场作用共同推进

按照发展动力的不同，发展战略性新兴产业可以有三种路径，即内生式的市场推进路径、外推式的政府推进路径、政府与市场共同推进的路径。

市场推进路径主要是指完全依靠市场自身的机制，战略性新兴产业通过发挥自身优势，主要是技术、市场和竞争优势，不断扩大市场份额，赢得市场竞争，并在市场机制作用下不断发展壮大，持续扩大其市场份额，形成影响力较大的产业。

政府推进路径主要指通过政府的政策扶持，将产业发展所需的生产要素和优惠政策主动投入战略性新兴产业发展领域，并在政府扶持下逐步发育、成长与发展的过程。政府推进路径的实质是使战略性新兴产业在人为的市场环境中开展竞争，并逐步发展。在政府推进路径中，政府政策是核心，按照经济发展总体目标，政府制定和出台产业发展长期规划和具体产业领域的发展目标，通过一系列行政措施、财政支持和政策保障等方式，将政府、企业和科研机构等有机融合，促进战略性新兴产业的发展。

政府与市场共同推进路径主要是指市场作用和政府作用有机结合的发展模式，纯粹的政府推进路径和市场推进路径是很少见的，因此，政府与市场共同推进路径应该是战略性新兴产业发展的主流，这一路径是指在市场机制和政府政策的共同作用下，产业在其中孕育和发展，并持续受到市场机制与政府政策不同程度的影响。在这种模式下，战略性新兴产业的发展是市场机制与政府政策共同作用的结果，政府与市场各司其职，其中，政府负责各种优惠政策的制定和实施，尤其是在税收、资金等方面进行支持，对企业研发进行"保驾护航"；企业则致力于产品创新研发和市场开拓，由于有政府政策的支持，企业的创新活动也有了保障，并与政府机制和政府政策有机结合，促进战略性新兴产业的形成和发展。

发展战略性新兴产业应该选择政府与市场共同推进的路径。新古典经济学理论认为，在完全竞争的条件下，通过市场的力量来实现资源有效配置。由于市场经济具有固有的发展缺陷，政府的经济干预非常有必要。同时，战略性新兴产业不同于传统产业，其发展需要政府提供政策支持等有力保障。政府通过制定产业政策和激励措施，优化产业环境，集聚优质要素资源，引导战略性新兴产业企业致力于技术创新，有利于战略性新兴产业的快速发展，并在此基础上，积极开拓

消费市场，增强综合竞争力。但与此同时，发展战略性新兴产业更离不开市场的导向作用。从长远来看，政府是外生因素，市场是内生因素，充分发挥市场作用，才能保证战略性新兴产业的持续发展和不断成长。

9.4 在集聚模式上，选择外源型与内源型共同发展

产业集群发展是战略性新兴产业的必然选择，产业集群拥有明显的整体竞争和规模效益优势，克鲁格曼认为，产业集聚具有路径依赖性，产业集聚一旦建立，就倾向于自我延续下去。产业集聚主要有外源型产业集聚和自发型产业集聚两种模式，外源型产业集聚主要是指由政府主导，抓住产业转移的机遇，利用政策和区位优势，引进新兴企业而形成；内源型产业集聚是一种自发型的产业集聚，由地区现有的产业基础和龙头企业为主，往前向、后向和旁侧衍生，形成产业集聚。

外源型产业集群强调土地、能源等生产要素的集约利用，具有高效的管理模式，能够有效实现技术扩散，更有利于创新。但是外源型产业集群企业间缺乏紧密的分工协作体系，相互依赖程度小，产业链不完整。而且由于产业集聚的发展过于依赖地方政府，缺乏自主发展能力，在政府政策失误或支持乏力时，容易出现发展停滞或衰落。内源型产业集群一般是由高度专业化分工的中小企业集聚而成，集群中的企业通过专业化的分工形成长期稳定的生产关系，产业集群之间的联系较强。但是内源型产业集群的创新能力较弱，难以推动产业升级。

因此，推进集群式发展，必须统筹考虑外源型和内源型发展模式，积极制定和出台有关产业政策，促进战略性新兴产业有效集聚。

第一，引导战略性新兴产业合理集群发展。高新区是战略性新兴产业集聚发展的主要载体，通过产业集聚的相互作用，对园区内的新兴产业与传统产业相互促进协调发展具有重要作用。因此，政府应在遵循经济原则的基础上，充分考虑资源、技术基础和区位优势，引导企业合理集聚，并科学调整和优化现有的战略性新兴产业集群布局。在科学布局、相对集聚、资源集约等要求下，政府要充分利用园区内现有核心企业和优势产业的基础作用，进一步强化和明确功能定位，在此基础上，出台政策措施引导现有定位所需要的企业和优质资源聚集，形成产业链完整、竞争力强的优质产业集群。与此同时，政府要对不合理的产业园区进行升级改造或改变功能定位。总之，通过政策引导产业集聚，促使竞争优势突出

的战略性新兴产业集群的形成。

第二，加强战略性新兴产业集聚服务体系建设。在创新方面，强化产业园区的科研开发、成果转化等方面的政策支持和改革力度，提高企业的自主创新能力。在基础管理方面，建设基础设施平台，优化交通运输设施和通信设施，优化技术研发中心和创业中心服务，为企业提供基本的便利，使之持续创新产品和工艺。另外，园区还要积极开展自身管理体制的创新，响应国家提高审批效率的号召，主动改革，加快审批流程和速度，达到节约时间成本的目的。在产业政策上，园区要充分考虑现有的产业基础和优势所在，并有针对性地制定出台招商引资政策，吸引相关产业和上下游产业入驻，通过重点对接、重点突破，吸进重点龙头项目投资，优化战略性新兴产业聚集。

第三，加强战略性新兴产业组织的集聚。产业组织在发达国家经济发展中起到明显的助推作用。产业组织的形式多种多样，以创新联盟为例，通过政府、企业、高校和科研机构的创新联合，可以共同突破产业发展所急需的技术和先进基础理论，并形成全新的利益共同体和良好的合作机制，在突破技术的基础上，共同开发新产品，开拓新市场。因此，战略性新兴产业集聚发展离不开各种产业组织的协调作用，园区或行业协会应积极组织相关企业、高校和科研机构强强联合，以组织优势保障战略性新兴产业集群发展。

第四，创新战略性新兴产业集群模式。产业模式上的创新程度决定了新技术的使用和推广速度。因此，政府要积极支持相关企业、行业与园区开展集聚模式的创新，放松管理和管制，打破行业垄断与市场垄断。与此同时，对合同能源管理等新型产业形态，提供财政、税收等政策支持。此外，相关体制改革必须以创新为导向，要兼顾社会需求、环境需求、企业需求和市场需求，只有这样，才能有效推进战略性新兴产业集群的发展。

9.5 在发展布局上，选择总体非均衡与局部均衡发展

基于发达国家的经验借鉴和我国经济发展的实际，提出在产业发展布局上，要做到总体非均衡和局部均衡。总体非均衡主要是指发展战略性新兴产业要从宏观上考虑不同地区的资源禀赋差异，因地制宜；局部均衡指在微观上具体到某一地区的产业集聚时，要充分发挥战略性新兴产业的带动作用，形成完整的产业链条，促进地区协调发展。

从宏观角度考虑，不平衡增长理论认为，一国的资本等资源有限，不可能普遍投向所有地区，只能集中力量投入到基础较好的关键地区。目前，中国的发展现实符合不平衡增长理论。一方面，在东部、中部、西部会形成一定的梯度，东部地区掌握高端产业，在服务业、研发和金融上的优势明显；中西部地区资源禀赋较好，随着新能源以及资源的开发，将形成一般性的制造业中心。另一方面，一些发达大城市拥有明显的技术、人才、金融等资源优势，发展战略性新兴产业的条件优越，落后地区则相反。因此，发展战略性新兴产业必须基于不同地区的资源禀赋和发展潜力，着力提升优势地区的产业发展水平。东部地区重点发展信息技术产业，中部地区重点发展高端装备制造业，西部地区重点发展新能源产业。东部地区由于区位优势明显并长期存在，利于对外经济交流与吸收投资，利于推动工业化与城市化进程，加之随着城市化进程的推进，人口向大城市集聚将释放出更多的产品需求，因此，东部地区仍是战略性新兴产业发展的主要地区支撑。

从微观角度考虑，一个地区发展战略性新兴产业不可能进行全方位的投资建设，必须培育一个中心增长极，并着重发展战略性新兴产业，以此带动周边经济与相关产业的均衡发展。

一是推动战略性新兴产业增长极效应。增长极主要是通过核心企业的技术创新，以及由于创新带来的产业集聚和辐射作用带动地区经济均衡发展。增长极又分为产业增长极和区域增长极。产业增长极和区域增长极是增长极的两个维度，相互联系，不可分割。从增长极的理论角度看，战略性新兴产业的引领带动作用，以及多种形式的关联效应和扩散效应能带动其他产业的协调发展。从地区角度看，某一地区的战略性新兴产业增长极，会强化本地及周边的经济活动，产生公共需求，出现相互关联。打造战略性新兴产业的增长极，必须通过具体的产业规划，促进地区经济发展，在此基础上，结合内外部条件，打造区域经济增长极，实现地区内的协调发展。

二是预防战略性新兴产业发展的极化效应。近几年，各地政府推动战略性新兴产业发展时，往往给予多方面的政策支持，导致资源、资本和人力的过分集中，对周围地区和其他产业产生一定的冲击，达不到均衡增长的预期。当前，许多地区均提出了建立国际性或全国性的产业基地，容易导致同质化竞争和区域发展的不协调。因此，有效预防增长极的极化效应很有必要。在培育战略性新兴产业增长极的产业选择和地域选择上，要综合考量，通过分析各种有利条件和不利因素，发展环境和创新条件等软硬约束，制定合理的产业发展规划和发展政策。

第 10 章

中国战略性新兴产业发展路径保障机制

与发达国家相比，我国国情有所不同，经济发展所处的阶段也不一样。因此，应立足自身实际，借鉴主要国家有效做法，从实际出发制定战略性新兴产业发展路径保障机制。本书主要基于构建"五大体系"推进中国战略性新兴产业发展，包括构建和完善产业政策保障体系，明确和优化区域空间产业体系，培育建设有效的市场供求体系，建立健全多层次资本市场体系，构建和完善产业技术创新体系。

10.1 构建和完善产业政策保障体系

由于中国发展战略性新兴产业还存在一定的投入制约和制度制约，因此，有必要构建和完善产业发展的政策保障体系，加强产业立法，强化政策支持，从制度上推进战略性新兴产业深入发展。

10.1.1 加强产业发展立法保护

推动战略性新兴产业健康持续发展，除了认真落实相关产业政策和战略规划，还应做好相关立法工作，加强对战略性新兴产业的法律保护。

第一，加强产业专项立法。目前，中国在新能源、节能环保新兴产业领域上的立法还基本上处在空白状态，即使是已经颁布的法律中关于战略性新兴产业方面的内容也较少，并亟须完善。因此，加强战略性新兴产业专项立法很有必要，相关法律应明确界定相关产业政策的边界，在充分发挥市场机制作用的同时，利用财政政策、税收和价格政策等政府调控手段引导战略性新兴产业的发展。

第二，加强产业政策立法。中国现有产业政策的法律化程度相对较低。因此，相关部门要抓紧制定指导出台战略性新兴产业领域的基本法律，提供基本的规范和保障，并以此为依据，制定战略性新兴产业促进法，从制度上保障战略性新兴产业的健康发展。另外，也可以考虑将现有的战略性新兴产业规划融入法律条文之中，相关部门和立法机关应配套出台相关产业法律的实施细则，确保法律规范的可操作性和权威性。同时，要明确新兴产业法律责任，制定统一的责任处置办法和条例，对相关责任性质、责任内容、责任风险、责任处置与程序等作出具体的规定。

第三，加强知识产权立法。战略性新兴产业的竞争主要是以科技进步为核心的创新力竞争，随着科技成果转化的节奏越来越快，依靠原始创新与集成创新等手段促进科技水平提高越来越普遍。因而，发展战略性新兴产业相关知识产权保护必不可少，一旦保护不力，容易造成知识产权流失和巨大损失。中国战略性新兴产业发展过程中，相关立法部门应特别注重与新兴产业的创新特性结合，针对不同的战略性新兴产业知识产权明确保护标准，扩大保护范围。

10.1.2 加大财政政策支持力度

发展战略性新兴产业需要较高的资金要求，而政府的作用是基础性的，政府的财政支持可以有效引导和拉动社会资金的投入，形成规模效应。因此，为满足战略性新兴产业发展的资金和政策需要，政府需要在提高财政资金投入的基础上，强化资金引导作用，促进相关产业的发展。要鼓励大学和科研机构自主创新，逐年提高对战略性新兴产业研发的专项预算经费，对具有关键性和前瞻性的技术与产品研发进行重点财政资金支持，对战略性新兴产业重大技术改造等项目给予特别的政策支持。此外，政府还需要综合运用财政支出的不同方式和不同手段，根据行业发展的不同特点，采取财政投资、财政贴息和财政补助等不同方式，找准突破口和关键点，使财政资金的作用充分发挥。比如，在产品的研发阶段，政府财政支持应以财政支付为主；在产品市场化阶段，应以财政补贴和担保方式为主；在市场培育阶段，应以财政补贴和财政补助等方式为主，以达到集中有限力量和资源，突破产业发展重点的目的。

在制定财政政策时，还应加大中央财政资金的整合力度，将财政资金切实投入到关键领域，以引导和调节市场资源，促进战略性新兴产业的持续发展。同时，有必要建立和完善财政政策扶持的考核机制，将重大专项研发投入等指标列入经济社会发展考核体系，提高科技投入在财政支出中的比重。

10.1.3　强化税收的杠杆作用

税收是国家宏观调控的重要手段，通过税率的变化、优惠及减免可以有效撬动战略性新兴产业的健康发展，一般来说，税收杠杆的作用主要体现在所得税和增值税的优惠和减免上。

一是扩大增值税优惠范围。产业发展需要大量的人力和财力支持，尤其是在产品研发时，重大设备的购买使企业承担了上游转嫁的增值税，加重了企业负担，不利于发挥企业的积极性。因此，有必要对企业研发环节的厂房和设备等所含增值税的进项税额进行一定时期内的免税或退税政策，以降低创新风险，激励企业自主创新。对部分战略性新兴产业领域的出口产品实行退税优惠，尤其是对国家重点关注的新产品，要有针对性地给予不同程度的税收优惠。按照一定比例对企业的研发费用与技术转让费用等扣除后计入税额。

二是扩大个人所得税优惠范围。人力资本是战略性新兴产业创新的重要保障，为有效提高高端人才研发的积极性，可以采取降低个人所得税的优惠手段。因此，可以对创新人才的各种收入所交个人所得税进行必要的生活费扣除，如本人及其子女的家庭教育费用等，以鼓励其加大个人教育投入，充分调动学习新技术、研发新技术的能动性。扩大个人所得税优惠范围，对创新人才取得的研发成果技术转让和服务收入给予一定的税收优惠，对创新人才获得的企业内部实物或货币奖励给予一定的个人所得税免除，对研发人才在战略性新兴产业企业中的技术入股所得收益免征个人所得税，以此调动科技人员和研发人员的工作积极性。另外，也可以针对产品消费者，给予一定的个人所得税减免，以刺激产品消费，促进战略性新兴产业的发展。

三是扩大企业所得税优惠范围。中国目前的税收优惠政策大多是直接优惠，方法比较简单。为了更有效地提高研发投入的积极性，应该更加注重运用间接优惠，如加速企业的折旧年限等。政府应放宽战略性新兴产业的折旧年限，尤其是要有别于正常折旧的特别折旧政策。此外，还有税收抵免和退税优惠政策，给予战略性新兴产业企业再投资用于研发的部分以一定比例的退税优惠，以鼓励企业更新固定资产和技术创新。在此基础上，进一步放宽费用扣除标准，扩大费用扣除，鼓励创新，如对战略性新兴产业部分教育培训费用进行税前列支，允许提取准备金等。

10.2　明确和优化区域空间产业体系

由于中国发展战略性新兴产业还存在产业链制约，产业带动力还需进一步提高，因此，必须明确和优化区域空间产业体系，主要指对战略性新兴产业布局实行政策引导，将高新区打造为战略性新兴产业的主要载体，推进优势产业差异化发展，推进产业链的有效延伸。着眼于区域比较优势和专业化分工，以产业合作为形式，不断延伸战略性新兴产业链和产业体系，促进产业结构优化升级。

第一，合理引导和规划战略性新兴产业布局。从国际经验看，政府可以通过出台发展规划引导战略性新兴产业布局，也可以通过制定的政策引导各种要素资源向战略性新兴产业集中。但与此同时，政府还应充分把握市场需求，搞好区域布局，防止恶性同质竞争。要继续加大基础设施和优惠政策服务，建立公共服务平台，吸引资本和人才等生产要素集聚，形成规模集聚发展的态势。合理集约利用土地等资源，有针对性地给予重点项目以一定的政策支持，完善要素供给，保障产业发展的重点方向，实现资源优化配置，确保项目建设用地需求。总之，战略性新兴产业的规划和布局必须充分考虑核心产业的发展趋势，体现地域特色的产业优势，和周围地区的功能定位协调发展。

第二，推进高新区布局优化和合理发展。当前，从中国战略性新兴产业发展实际看，高新区是发展的主要载体。一方面，高新区具备相当的产业基础、创新能力和创新服务环境，能够催生新兴产业的迅速崛起。另一方面，高新区拥有科技研发密集、人才资源丰富的优势，聚集了大量的创新资源，拥有适宜的配套和制度优势，建立了从技术研发到产业育成、产业集群的完整创新和培育体系，可以为战略性新兴产业发展提供内生动力。因此，一是要打破条块分割，实现高新区融合发展。充分调动各方积极性，按照市场经济的原则，发挥各方优势，实现融合发展。二是建立市场与政府共同调控的产业布局。一方面，充分发挥市场调控作用，采用协议分工、企业并购和战略联盟等形式，推动高新区布局结构的调整和优化。另一方面，通过政府调控，采取减免税费和财政补贴等手段，引导高新区布局优化。

第三，推进优势产业差异化发展。差异化发展是产业集群化的必然趋势，不同的产业集群必须体现地区差别和产业优势，因此，必须强化政府对战略性新兴产业空间布局的指导，使地方充分利用聚集内的竞争机制，形成互补和创新的动态机制。在选择和培育战略性新兴产业上，地方政府必须充分考虑资源禀赋基础和交通条件，通过政策引导的产业聚集，推动适合本地区发展的优质生产要素集中和集聚，以实现资源的优化配置，提高地域之间的差异化和集中度，形成层次分明、特色突出的产业链条。统筹国家和地方确定发展重点领域，避免求全，突出分工，在突显特色的基础上达到统筹布局的目标，以此提升国家和区域相关产业的核心竞争力。

第四，推动产业链的有效整合和延伸。一是推动产业链的有效整合，主要包括对产业链知识形态的整合，对产业链价值形态的整合，以及对产业链关系形态的整合三个方面。从知识形态看，发展战略性新兴产业，企业不可能精通所有的生产环节，各企业之间应充分利用其最擅长的领域，相互取长补短，尽可能实现价值增值。从价值形态看，企业可以与产业链上的其他企业共享价值链，形成企业的竞争优势，企业之间价值形态上的关联性也可以为企业带来竞争优势，因此产业链的价值整合也非常重要。从关系形态看，产业链呈现出一个链条式的关联关系，企业之间稳定和可靠的关系是信息传递的基础。其中，核心企业肩负的责任更大，需要注重其他企业的战略合作关系，甚至对整个产业链的关系进行协调，实现整个产业链的效率最大化和利润最大化。核心企业还需要根据实际情况对合作关系做出动态调整，确保整个产业链的良好运作。二是推动产业链的有效延伸。产业链的延伸主要是指向信息化、低碳化和高端化的产业延伸，相关企业要充分利用现有的先进技术和先进设备，对传统产业进行低碳化和高端化改造，并向产业链上游和下游附加价值高的两端延伸，向新兴产业的旁侧派生。政府要明确扶持特定的具体产业，对一般性加工企业设立明确的产业壁垒，对相关企业拓展产业链环节设定明确支持。

10.3 培育建设有效的市场供求体系

由于中国发展战略性新兴产业还存在市场制约，产业发展力还需进一步提升，因此有必要培育和建设有效的市场供求体系。长期稳定而广阔的市场供给和需求是战略性新兴产业发展的持续动力，加之战略性新兴产业还处于萌芽和上升阶段，更需要注重市场供给和需求的培育。

在需求领域，一方面，利用中国市场潜力大的经济优势，积极培育国内市场，引导和扩大国内需求。另一方面，积极拓展国外市场，通过出口补贴和担保贷款等政策手段，支持创新产品出口，帮助企业开拓海外市场。

第一，积极培育国内市场，扩大产业需求。主要内容包括积极实施相关公共项目规划和建设，充分发挥政府采购的引导作用，完善产品价格和相关政策支持，加强舆论宣传和消费引导，增强消费者信心等。

积极实施相关公共项目规划和建设。公共项目规划和建设可以直接有效地拉动战略性新兴产业的现实社会需求，尤其是在政府不适合采取直接采购的产业领域，可以通过公共项目规划和建设创造大量的社会需求。目前，中国已经实施的低碳城市试点、三网融合试点等，以及新能源发展规划和新能源汽车发展规划等均具有较强的需求拉动效应。应在此基础上，进一步强化生物产业、新材料产业等其他产业领域的项目规划和建设，并在扩量的基础上，提高项目的可操作性和针对性，以更加有效推进中国战略性新兴产业的发展。

充分发挥政府采购的引导作用。发展战略性新兴产业，政府采购是最直接的手段和最现实的购买力。因此，政府在战略性新兴产业产品时，应当完善政府采购预算和政府采购信息公开，精简采购程序，提高采购效率。逐步改进政府采购的评级方法，对战略性新兴产业产品给予特殊对待。建立购买战略性新兴产业自主创新产品的政府采购制度，刺激地方政府提高对于战略性新兴产业产品的采购数量和采购规模。此外，还要建立全国统一的政府采购标准和平台，提高战略性新兴产业产品采购的市场效率。

完善产品价格和相关政策支持。发达国家促进新产品消费的主要政策包括完善产品价格、消费税和贷款支持等。适应消费需求低碳化和绿色化的发展趋势，我国也应逐步完善低碳和绿色产品的价格和税费支持政策。一是制定和完善新产品购买的消费支持政策。对机关、企事业单位和居民购买绿色低碳、节能降耗、节水节材等产品，实施一定的消费减免、税费返还或价格补贴，对大额新产品给予特殊消费信贷支持等。二是制定和完善新产品使用的消费支持政策。对于产品使用过程中需要消费者继续付费的新产品，尤其是节能环保、降耗减材等领域的产品，对消费者进行保险补助和费用补贴等，在刺激新产品消费的同时，也激励产品生产厂家加强新技术研发和改造，进一步降低传统产品能耗。

加强舆论宣传和消费引导，增强消费者信心。战略性新兴产业与消费需求的关联性较高，因此，培育和改善战略性新兴产业发展的消费环境，引导最终消费需求对战略性新兴产业具有促进作用，如引导居民改善绿色产品消费环境，可以促进民众消费向低碳环保型和低能耗产品转移。要加快战略性新兴产业相关产品的认证，建立产品认证体系，使民众正确识别创新产品，充分了解创新产品的优越性。同时，要建立完善消费信用体系，大力发展信贷消费，引导公众的购买意愿。政府还要积极提供和购买新兴公共服务，主要包括新型文化娱乐、体育设施和职业教育等具有新消费性质的产品，通过各种形式促进相关战略性新兴产业的发展。

第二，瞄准国际市场，增强产业的国际竞争力。主要内容包括明确市场拓展策略，提升市场拓展能力，提高出口产品科技含量，做好市场拓展服务等。

明确市场拓展策略。拓展国际市场应该避免盲目性，应该针对不同类型的国家分类采取不同的拓展策略。对于经济发达国家的市场，要重点支持那些市场准入条件高、已经形成一定出口优势的行业，如新能源和新能源汽车产业等。对于新兴国家和欠发达国家的市场，出口企业必须强化自身的比较优势，瞄准市场需求，满足对方的迫切需求领域。对于科技领先国家的市场，应该积极加强合作，在出口产品和服务的同时，积极借鉴和吸收对方的先进技术成果，并努力实现转化，提升自身的科技发展水平。

提升市场拓展能力。支持和提升战略性新兴产业企业拓展国际市场的能力。一是支持重点企业的发展。培育和支持创新能力强、竞争能力高的骨干大型企业，以及部分灵活性强的中小企业走出去，并通过政府政策和各种措施引导企业提升自身能力，积极拓展国际市场。二是促进创新基地的发展。加强公共服务平台建设，充分发挥战略性新兴产业创新基地的规模化效应，促进新技术和新产品的研发生产效率，为企业拓展国际市场奠定坚实的基础。三是促进产业组织形式的创新。强化政府政策引导，支持企业等市场主体积极建立新型产业组织，形成产业联盟，并积极参与国际合作，提高自身竞争力。与此同时，还要充分发挥新型产业组织在国际标准制定等国际市场竞争方面的作用，提升企业的话语权。

提高出口产品科技含量。提高出口产品的科技含量才能真正彰显一国的国际竞争水平。一是积极引导企业增加高技术含量产品的出口数量，通过出台和明确具体的出口商品目录，提高战略性新兴产业领域的产品出口，对部分商品和产品实行政策优惠。二是加强资源综合利用，鼓励外国投资商将部分高技术产业终端生产吸引到国内来，以提高出口商品的科技含量。三是扩大服务出口规模。一方面，积极开展战略性新兴产业领域的服务外包转移，提高服务出口规模。另一方面，鼓励高新技术出口，支持国内企业通过合作、贸易和投资等方式出口高新技术及其产品，主要包括技术专利权转让、技术服务和咨询、专利实施许可等。

做好市场拓展服务。一是鼓励战略性新兴产业积极引进高端产品、关键技术设备和服务，鼓励战略性新兴产业企业开拓国际市场，加大产品、技术和服务的出口力度，做到国际贸易领域的进出口平衡。二是强化企业的竞争应对能力。一方面，对企业开展国际领域贸易保护主义的应对措施的培训，引导企业应对非关税壁垒的能力和水平，维护企业自身的合理权益。另一方面，支持企业加强知识产权保护的能力，切实保护自身的发展基础，以免受到恶意竞争，影响国际市场的开拓发展。三是强化政府服务平台建设。积极支持和引导相关行业建立中介组织和行业协会，并充分利用外资机构的信息优势，为出口企业及时提供真实有效的市场信息。另外，积极支持各类战略性新兴产业企业开展出口宣传活动，如产品展览和产品交流活动，提升国外企业对国内产品的了解程度，增强产品信息交流，扩大出口渠道。

在供给领域，主要是建立健全企业的参与机制。发展战略性新兴产业离不开企业的主体作用，必须围绕企业主体，建立重点企业研究的长效机制和推进机制。发展战略性新兴产业关键是有一批骨干企业，因此，应充分运用市场"倒逼"机制、行业"互逼"机制，充分发挥企业创新活力和发展的多样性，引导国有企业、民营企业、外资企业投向战略性新兴产业领域。

第一，推动国有企业向战略性新兴产业的转化。发挥国有经济的战略性主导作用，培育大型国有支柱企业是发展战略性新兴产业的重要内容。战略性新兴产业发展与国有经济相一致，国有企业是推动战略性新兴产业发展的重要推动力。一是引导国有企业科学选择发展方向。大型国有企业在转型战略性新兴产业时，应仔细分析、评估各类业务与新业务增长潜力，评估自主创新的能力，以规避风险，突破瓶颈，抓住机会进入市场，并保持对市场情况的紧密跟踪，及时调整现有业务的进展情况。二是提高国有企业的考核机制。国有企业要改变和创新业务指标评价体系，提高对战略性新兴产业市场表现为依据的评估比例，以权利和责任为评价原则，完善内部考核机制，鼓励适当的风险管理，激发内部能量，推动战略转型。三是建立创新人才培养机制。从内部培养和外部引进两个方面建立健全国有企业高层次专家梯队的培养和选拔制度，注重培养具有国际先进水平的创新企业领导人才。四是制定合理的策略推进国有企业的重组。集中国有资本投资在未来成为主导产业的战略性新兴产业，提高资源配置效率。政府应加大财政投入力度，拓宽融资渠道，破解融资难题，加强与金融机构的联系，鼓励符合条件的企业发行公司债券筹集资金，国有金融机构在项目批准过程中适当向战略性新兴产业倾斜。

第二，鼓励和支持中小企业投资战略性新兴产业。战略性新兴产业的兴起和发展，为中小企业带来了新的发展机遇，政府要积极鼓励、引导、支持和保障中小企业的发展，营造良好的发展环境。

鼓励中小企业转变观念，拓宽发展思路。政府应鼓励中小企业发展战略性新兴产业，制定相关政策，鼓励企业积极转变和调整发展思路，通过注资、合资、引资等方式，引导中小企业投资战略性新兴产业，并在此基础上促进自身发展。鼓励与其他大中型战略性新兴产业合作，共同创造条件开发商业项目，以解决中小企业资金、人才和技术问题，促进企业之间的优势互补，优化资源配置。

发挥政府在资源配置中的能动作用。在中小企业的产业准入和市场准入上，政府应该放松管制，除必须达到节能环保要求和按法律法规的资质外，减少中小企业和民间资本在其他领域的门槛。根据新的产业特点和需求，把握好产业支撑的节奏、力度和方向，注重培育企业自身的主体能力，为企业发展创造良好的环境。政府应充分发挥市场资源分配的作用，进行科学规划和产业发展的正确引导，避免盲目性和大规模重复建设，防止产生产能过剩。

提升中小企业的创新能力。首先，引导和强化中小企业的创新意愿，鼓励其将品牌创新和技术创新等纳入公司发展战略，通过自我管理，促进创新，树立企业良好的创新形象。其次，帮助中小企业吸引创新型人才。出台各种激励措施来支持中小企业提高技术入股，以股权和分红等方式吸引高科技人才到中小企业兼职或全职，以人才带动创新能力的提高。建立培养人才的系统高效的机制，培养和聚集一流的应用人才、经营人才和创新人才，为创新创业人才提供良好的工作条件和生活条件，在政治声誉、社会地位和收入等方面尽可能放宽政策，形成战略性新兴产业的智力支持。最后，为中小企业提供技术投入支持。鼓励中小企业加大对技术创新的投入，通过科学研究，形成和培育引领战略性新兴产业发展的核心技术，增强中小企业向新、专、精方向发展的能力。

积极开展信息平台建设。发展战略性新兴产业需要大量的信息支持和互动，需要建立一个完善的数据库和信息管理系统，使中小企业能够充分了解业务、市场发展，以及社会信息、技术信息、人才信息和法律信息等内容。开展技术改造和产品推广等活动，为中小企业提供产业化支持和信息平台建设，建立资源信息交流平台、信息数据库和技术发布平台等。

第三，鼓励外资企业投向战略性新兴产业。积极引进和利用外资投入新兴产业，改造提升传统产业，并给予外商投资企业和国内企业平等发展的政策和条件。引导外商投资企业和国内外高校、科研院所共同开展重大产业技术研究，推动科研成果的开发利用，提升产业核心竞争力。积极承接国际高端产业转移，鼓励跨国企业建立区域总部、研究中心、采购中心、结算中心等职能机构，鼓励外商投资、兼并和收购等形式参与国有企业、民营企业的重组和兼并，实现股权多元化。鼓励外商投资设立中小型企业担保公司、融资租赁公司、企业租赁公司和风险投资企业。

拓宽外商投资渠道。鼓励上市公司引进外国战略投资者，实现优势互补，强强联合，有效利用外资企业扩资或技术改造，鼓励中小外资企业积极利用民间投资基金、风险投资等资金，支持政策范围内的外资企业通过证券市场融资。加强招商引资工作，利用重大投资活动，加强对外企业对接，引进主要的外商投资项目；结合中国实际，根据产业基础和特点进行产业投资，促进产业集聚，提高外资利用水平。完善投资运行机制、建立快速处置机制、考核机制和目标责任制，加强对主要外商投资项目的跟踪服务，提高谈判的签约率和开工率。

营造良好的外商投资环境。下放外商投资项目审批，加强各级建设行政服务中心和"绿色通道"等服务方式，提高审批程序，简化审批手续，节约审批时间。逐渐推进外商投资企业的合同、章程、行政许可网上审批和许可证管理，大力推进行政管理行为。积极推动高新技术开发区的发展，发挥外资在开发区和平台的作用。支持现有的国家开发区做强，增强吸引外资的能力；鼓励各类开发区尤其是沿海地区的港口建立保税港区或园区。同时，在低碳和环保行业中的主要外国投资项目优先考虑，并提供相关的支持。此外，积极吸引国外高层次人才到中国投资创业，并在住房、医疗、职称评定、家庭安置等方面提供全面保障。

10.4 建立健全多层次资本市场体系

由于中国发展战略性新兴产业还存在投入制约，有必要建立健全多层次的资本市场体系，为发展战略性新兴产业提供充足的资金支持。

第一，建立风险投资体系。由于高风险是制约战略性新兴产业增加科技投入的关键性因素，因此，战略性新兴产业的发展需要政府加大投入，扶持战略性新兴产业突破资金瓶颈。战略性新兴产业与资本市场相结合，才能充分发挥市场的作用，通过市场使资金在短期内快速融资。风险投资是指把资金投向风险较大的高新技术与产品中，以及高技术及其产品的研究，以使高新技术及其成果能够尽

第10章　中国战略性新兴产业发展路径保障机制

快的产业化，并最终取得较高投资收益的投资行为。鼓励风投基金投资战略性新兴产业是促进高新技术产业化和商业化的有效手段。

第二，设立专项投资基金。近年来，中国的创新投资基金得到了迅速的发展，但仍然没有跟上战略性新兴产业的发展所需要的步伐，各种投资基金往往投资于稳健型的传统行业，而战略性新兴产业领域的投资较为冷清。因此，政府有必要强化投资基金支持，设立专项资金用于支持重大关键技术突破，以及重大示范工程，以此强化战略性新兴产业的发展基础。

第三，加大银行融资力度。一是充分发挥政策性银行的作用。利用国家开发银行等政策性银行的优势，开展时间长、利率低的贷款，集中资金资源对重大攻关项目与重点投资领域开展信贷支持，尤其是对中小企业发展战略性新兴产业提供资金支持。二是充分发挥商业银行的资金支持作用。强化政府对商业银行的指导，协调商业银行支持战略性新兴产业发展，放松信贷审批和业务创新能力限制，使更多的信贷资源投向战略性新兴产业。

第四，提高证券市场融资水平。探索债券市场创新手段，支持战略性新兴产业债务融资，为企业提供资本的发展，使行业做大做强。一是支持符合条件的企业发行企业债券、公司债券，以此获得企业发展所亟须的资金。二是鼓励符合条件的企业发行中期票据等债务融资手段，并在银行之间进行融资，以缓解企业发展的短期资金问题。三是探索发行新型债券和新型融资产品，支持战略性新兴产业募集资金，鼓励金融市场并购产品的创新，为战略性新兴产业企业并购和发展提供资金支持。四是完善证券市场融资的风险管理机制，探索新型担保模式，实现风险分散，提升战略性新兴产业投资者和债务者的信用水平。五是扩大创业板市场，为更多的战略性新兴企业创造融资条件。鼓励企业充分利用国内外证券市场融资，以满足战略性新兴产业发展的需要。

第五，积极吸引民间资本。在加强政府对民间资本的引导和规范基础上，提高民间资本的利用水平，扩展和吸收民间资本。一是降低民间资本准入门槛。当前，民间资本进入战略性新兴产业还存在一些隐藏的障碍，不能使民间资本充分发挥对市场和技术的敏感性和创新能力。因此，必须降低门槛，充分利用民间资本的风险承受能力，发展战略性新兴产业；二是政策引导民间资本流向战略性新兴产业。政府应出台相应政策措施，通过资源补偿、税收返还等方式来保护私有资本收入，使得私人投资有利可图，以提高投资积极性；三是促进民营企业的转型升级。要尊重市场规律，引导民营企业把握战略性新兴产业的国家产业转型升级和发展的有利时机，提高民间资本、私人资本在战略性新兴产业的竞争力；四是优化民间投资服务。建立社会投资服务体系，设立专门的投资服务机构，提高私人投资的综合服务项目，及时提供准确、全面的投资信息，以帮助人们了解政策、技术和市场。

10.5 构建和完善产业技术创新体系

由于中国发展战略性新兴产业还存在技术制约，产业创新力还有待进一步提高，因此，有必要构建和完善战略性新兴产业技术创新体系，形成产学研相结合的技术创新体系，充分发挥各种服务平台在发展战略性新兴产业中的桥梁纽带作用，增强企业的持续创新能力，扩大核心企业的辐射范围。

10.5.1 加强战略性新兴产业产学研联合

产学研联合是技术创新的必由之路。一是协调政府与企业之间的关系。政府在推进战略性新兴产业产学研合作中具有重要作用，战略性新兴产业的发展，同政府、市场和企业的共同努力是分不开的，根据战略性新兴产业的特点，仅仅依靠企业很难取得重大突破，政府通过税收优惠政策、市场准入和利益分配等手段，创造一个良好的外部发展环境，为战略性新兴企业的发展提供最好的服务。二是加强官产学研联合。通过官产学研合作，能够帮助企业增加 R&D 力度和 R&D 投入，形成以企业为主体，联合科研机构、高等院校、中介服务和政府机构的综合体，改变过去或依赖政府或依赖企业的不良模式，官产学研的跨部门性质，涉及许多方面，这也是符合战略性新兴产业的发展特征的，可大大缩短创新和技术改造的时间，提升国家科技投入的总体水平。在这种模式下，通过官产学研结合降低了银行信贷风险，可以积极发挥金融资本促进产业和研究的作用，解决部分战略性新兴产业企业的融资难，有利于企业进一步扩大规模。三是建立和完善中介服务体系。中介组织是联系和沟通政府和市场机制中各类资源的桥梁，可以有效优化创新等资源的配置。因此，健全完善中介服务体系势在必行。一方面，要通过出台优惠政策鼓励现有的中介服务组织努力提高其服务水平，不断拓展业务范围，以加快科技成果的产业化、商品化和市场化进程。另一方面，要逐步扩大中介服务组织的功能，充分发挥其在科技信息发布、创新咨询、风险投资以及创新成果转化等方面的作用。

10.5.2 加强战略性新兴产业创新能力建设

当前，中国战略性新兴产业正处在产业突破和产业化的关键时期，应在加强自身创新能力建设的同时，积极引进消化吸收国外先进产业技术，通过新技术的应用，快速提高战略性新兴产业产品的科技含量，通过再创新，打造我国的产业品牌。

第一，加强基础研究和应用研究。基础研究是一切先进生产力的根本，是科技成果转化的前提，而应用研究则是先进生产力的代表形式，更是科技成果转化的直接动力。从长远来看，创新能力建设必须是基础研究和应用研究并重，这样才能既保持理论和理念的先进性，又保证了技术的适用性，可以促进新兴产业持续发展。因此，必须鼓励科研机构和重点院校基于现实需求，对科技领域的关键前沿理论和技术深入开展攻关，实现理论突破。在此基础上，企业和科研机构必须强化应用研究，提高科技成果转化水平，特别要在生物技术、通用航空动力技术、海洋装备研发技术、新材料技术等技术上集中攻关，确保科学技术的发展跟上战略性新兴产业的发展步伐。

第二，加快科技成果产业化。技术密集型企业的一个显著特点就是其生产周期较长，即由技术转化为现实生产力的时间跨度较大，一项技术，即便再先进，起点再高，如果不能尽快实现产业化，那只能是领先了技术，却输在了产业化上。近年来，中国的科技自主创新和产业化水平不断提高，推动了一批战略性新兴产业的快速发展，形成了一些知名品牌。但总体来看，科技成果转化率低仍然是限制产业提升的主要制约因素。因此，发展战略性新兴产业必须充分发挥高校和科研院所的人才、技术等优势，并与接近市场、资金雄厚的企业建立起深入的联系，在此基础上各方紧密合作，加速科技成果的转化。此外，相关部门和机构要集中优势力量，对国际最新和最前沿的战略性新兴产业相关领域技术发展趋势和重点进行集体攻关，用集约化和规模化的科研手段缩短科技成果转化周期。与此同时，加快建设科技成果示范园区或示范基地，通过设立战略性新兴产业专项资金，支持示范基地的加速发展，加快科技成果转化。

第三，强化企业持续创新能力。企业是创新的主体，也具有创新的动力，经济全球化的今天，创新周期越来越短，创新速度越来越快，企业要想保持领先地位，就必须源源不断地进行技术创新、开发新产品。实践证明，一个企业是不是战略性新兴产业，必须看其是否掌握了核心技术和前沿理论。如果没有掌握，企业就不能保持持久的竞争力。因此，发展战略性新兴产业必须培育企业的持续创新能力，用政策引导企业开展技术创新，改变传统的规模生产倾向，形成创新习惯，保持创新态势。此外，还要鼓励企业加大技术研发的人力和物力投入，为发展战略性新兴产业提供长久的智力支持。

10.5.3 加强战略性新兴产业专业人才队伍建设

人才是战略性新兴产业发展的基础力量，无论是技术创新还是企业发展都不能忽视。由于高端人才具有稀缺性，需要政府提供相关政策支持，为发展战略性新兴产业提供一支数量充足、素质优秀的高端人才队伍。一是提高职业教育水平。积极推行订单式培养模式，根据目标企业发展需求，以就业为导向，提高职业教育的针对性和总体水平。整合现有的职业教育资源，选择适合的战略性新兴产业企业与职业教育基地合作，提高企业培训和职业教育的效果。提高对职业教育的资源投入力度，用财政政策手段引导企业参加职业培训，并出台政策提高职业培训的社会认可度，要求企业合理使用职工教育经费等专门费用，不断提高相关企业职工的能力建设。二是加强企校合作。鼓励企业通过订单培养、委托培养等途径与高校、科研机构开展全方位合作。高校和科研机构则需要搞好供需对接，按需培养人才。三是强化人才引进。当前，人才的流动速度不断加快，从事战略性新兴产业的企业必须高度重视人才引进工作。加大人才引进力度，培养和凝聚一批创新创业领军人才，尽快形成战略性新兴产业的人才高地。四是优化人才成长的环境。通过制定完善的政策措施，营造尊重创新、激励探索等社会环境和人才培养环境，提高人才的社会地位。要健全人才表彰制度，不仅在物质上，更要在精神层面进行奖励和鼓励。此外，还应不断强化人才考核机制，促使科研人员不断创新发展，为人才提供一个广阔的发展空间，吸引和支持人才积极参与国内外先进技术交流。

10.5.4 加强低碳技术和循环技术的研发和推广

低碳技术是战略性新兴产业发展的必然趋势，发展低碳循环技术必须建立健全低碳创新的制度体系，加大财政政策支持力度，并通过政策引导鼓励企业和个人投资低碳技术领域。

第一，健全低碳创新的制度体系。发展低碳技术离不开政府的导向作用，通过政府制定的创新政策和低碳要求，可以促使社会形成良好的低碳技术发展环境。一是建立健全低碳创新的法律支持体系，确保低碳领域的创新有法可依，提高低碳技术创新的能力和水平。二是构建低碳技术创新投融资服务平台，建立和完善碳金融制度，建设碳金融交易所，完善低碳技术创新的市场交易制度。三是明确碳交易和碳金融的政策和标准，加强碳资源管理，完善低碳技术信息库，为低碳技术领域的持续创新提供动力支持和研发保障。

第二，加大财政政策支持力度。一是提高低碳研发的财政支出水平，确保用于低碳研发的资金在预算中的最低比重，探寻支持低碳技术持续创新的长效机制。二是完善低碳技术和低碳产品的财政补贴政策，明确对节能产品、低碳产品、绿色产品等的补贴比例。三是形成政府低碳采购的长效机制，明确各级政府优先采购的低碳产品目录，强化政府以及其他企事业单位对低碳产品的强制性购买。四是加大财政转移支付力度，对地方政府的低碳技术研发投入予以一定的资金补偿，鼓励社会形成低碳技术研发的良好氛围。此外，还要积极制定低碳产品的明确标准，推行低碳认证标签，形成企业品牌优势和持续的创新动力。

第三，鼓励企业和个人投资低碳研发。通过财政补贴和税收优惠等手段，引导社会开展低碳技术研发，拓宽投资来源。一是借助民间资本助推低碳技术创新，以合理提高折旧率等手段吸引战略性新兴产业企业加强资源的综合利用，加强高效能、可循环技术研发，推广循环生产模式，构筑循环经济产业链。二是逐步放开能源市场，充分利用价格机制的调节作用，引导资金流向低碳领域，促进社会积极开展低碳技术创新，研究开发碳捕获和碳固化技术，促进单位产值二氧化碳排放强度不断下降。

结　论

本书在对国内外战略性新兴产业相关理论与相关研究进行系统梳理的基础上，采用主观赋权层次分析法对中国战略性新兴产业发展情况进行了实证分析，借鉴发达国家发展战略性新兴产业最新举措，结合实际，提出发展中国战略性新兴产业的现实路径和保障机制。通过定量与定性分析相结合，本书得到的主要结论如下：

第一，系统分析发达国家和新兴经济体发展战略性新兴产业的主要战略与最新举措，得到以下启示：发展战略性新兴产业要把握产业发展规律和趋势，制定战略规划；推进信息化和工业化深度融合，打造制造业升级版；加大市场培育力度，制定有效的产业政策；加强标准规范制定和推广，促进跨界互联互通；推动产学研与行业组织合作，促进高新技术产业化；引导资金投入方向，构建多方参与的投融资体系；优化产业布局，推进产业集群和集聚发展；优化智力支持，促进持续的技术创新。

第二，研究中国战略性新兴产业发展现实，指出中国战略性新兴产业发展的制约因素主要有投入制约、技术制约、制度制约、市场制约和产业链制约。投入制约主要是财政投入力度不足、政府采购效果不明显、资源能源供给不足等；技术制约包括科研成果转化率低、技术创新机制不完善、缺乏高端创新人才等；制度制约包括部门之间、地区之间的相互分割，尚未建立起比较完备的激励和约束机制；市场制约包括市场准入制度不完善、资本市场不健全等；产业链制约主要是科技研发偏重于单项技术，缺乏集成应用。

第三，构建以产业竞争力指标、产业带动力指标、产业创新力指标、产业发展力指标、产业碳减力指标为准则层的评价指标体系，用层次分析法对中国战略性新兴产业发展情况进行实证分析，结果显示：从分类评价看，中国在诸多领域还存在不足。在产业竞争力上，存在产业规模仍旧偏小、产品出口增长缓慢、稳定就业能力较差等问题。在产业带动力上，存在产业链水平较低且不完整、产业集聚水平还较弱、同其他产业的关联度较低等问题。在产业创新力上，存在企业研发投入较低、企业创新能力不足、研发力量比较分散等问题。在产业发展力上，存在市场有效需求不足、发展动力不可持续问题。在产业碳减力上，存在部分产业领域能耗和排放仍较高、低碳领域的技术不足问题。从综合评价看，目前，中国五大战略性新兴产业发展优劣情况依次排序为新一代信息技术产业、生物产业、高端装备制造业、新材料产业、新能源产业。从动态评价看，中国战略性新兴产业中生物产业发展形势最好，其次是高端装备制造业、新一代信息技术产业，新材料产业发展态势一般，新能源产业发展态势较差。

第四，提出中国发展战略性新兴产业的路径选择及保障机制。本书提出发展战略性新兴产业的路径选择：在发展前提上，应当处理好四个关系；在产业培育上，选择传统产业与新兴产业协同发展；在发展动力上，选择政府机制与市场作用共同推进；在集聚模式上，选择外源型与内源型共同发展；在发展布局上，选择总体非均衡与局部均衡发展。在此基础上，提出战略性新兴产业发展路径的保障机制：构建和完善产业政策保障体系，明确和优化区域空间产业体系，培育建设有效的市场供求体系，建立健全多层次资本市场体系，构建和完善产业技术创新体系。

由于能力有限与数据的不完善，导致本书研究尚有许多不足之处及今后仍需继续研究的问题：

第一，虽然当前政府已经出台了战略性新兴产业细分界定的分类标准，但相关产业数据仍处于缺失状态，致使没有完整可用的产业统计数据，因此，本书写作的难度较大，也是由于这一原因，本书仅对中国五大战略性新兴产业发展情况进行评价，导致数据支持略显不足。

第二，本书仅对中国战略性新兴产业发展现状进行了内部对比，未涉及与发达国家战略性新兴产业发展水平的横向对比，以及中国战略性新兴产业发展阶段的定量分析，这也是今后继续研究的主要方向。

附 录

附表 5-1　　　　　近年来我国战略性新兴产业政策出台情况

时间	名称	内容
2011年10月	关于促进战略性新兴产业国际化发展的指导意见	鼓励各引导企业积极参与国际竞争，开拓国际市场，逐步形成全方位、多层次的国际化发展体系
2011年11月	"十二五"产业技术创新规划	重点围绕七大战略性新兴产业发展需要，加大科技研究和创新力度，攻克核心技术，推动科技成果的应用
2012年4月	关于加强战略性新兴产业知识产权保护工作的若干意见	计划到2015年，战略性新兴产业领域的发明和专利比2010年翻一番，拥有一批结构优化的核心技术
2012年7月	"十二五"国家战略性新兴产业发展规划	计划到2015年战略性新兴产业增加值占GDP的比重达到8%，2020年争取15%
2012年9月	战略性新兴产业重点产品和服务指导目录	明确了七大战略性新兴产业所包括的139中重点产品和服务，可更好地引导社会投资于战略性新兴产业
2012年12月	关于组织实施2012年高技术服务业研发及产业化专项的通知	以服务战略性新兴产业发展为目标，提升高技术服务业创新能力，强化技术支撑，推动服务模式创新
2015年5月	培育发展战略性新兴产业2015年工作安排	落实创新驱动发展战略，加大要素投入；狠抓改革攻坚，推动全面创新；实施重大工程，推动产业集聚
2016年11月	关于印发"十三五"国家战略性新兴产业发展规划的通知	把战略性新兴产业摆在经济社会发展更加突出的位置，大力构建现代产业新体系，推动经济社会持续健康发展

资料来源：根据中经网相关资料整理。

附表 5-2　　　　近年来我国节能环保产业政策出台情况

时间	名称	内容
2011年4月	关于环保系统进一步推动环保产业发展的指导意见	重点在中小城镇污水处理和工业废水处理及污水处理厂的升级改造
2011年6月	节能技术改造财政奖励资金管理办法	对节能在5000吨标准煤以上的节能项目，按不同标准给予中西部地区不同奖励
2011年9月	"十二五"节能减排综合性工作方案	重点推广低温余热发电、高压变频调速、高效换热器和能量梯级利用等技术
2012年1月	大宗工业固体废弃物综合利用"十二五"规划	计划到2015年大宗工业固体废弃物综合利用率到达50%
2012年2月	工业节能"十二五"发展规划	计划到2015年规模以上工业能耗下降20%左右
2012年3月	环保装备"十二五"发展规划	计划到2015年环保装备总产值年均增长20%，出口增长30%以上
2012年4月	关于印发工业循环经济重大示范工程的通知	明确并发布了23项工业循环经济重大示范工程
2012年6月	"十二五"节能环保产业发展规划	计划2015年节能环保产业增加值占GDP的比重达到2%
2012年7月	节能产品惠民工程推广信息监督实施方案	对推广的节能高效空调、电视、电冰箱、洗衣机等进行监管
2012年7月	关于进一步加强工业节能工作的意见	加强高能耗行业项目建设管理，淘汰落后产能，加强技术改造
2012年8月	节能减排"十二五"发展规划	计划到2015年单位国内生产总值能耗下降16%，共计节约标准煤6.7亿吨
2013年8月	关于加快发展节能环保产业的意见	到2015年，节能环保产业总产值要达到4.5万亿元，产值年均增速保持15%以上，成为国民经济新的支柱产业。
2016年12月	关于印发《"十三五"节能环保产业发展规划》的通知	到2020年，节能环保产业快速发展、质量效益显著提升，高效节能环保产品市场占有率明显提高，一批关键核心技术取得突破

资料来源：根据中经网相关资料整理。

附表 5-3　　　　　近年来我国新一代信息技术产业政策出台情况

时间	名称	内容
2011 年 2 月	进一步鼓励软件产业与集成电路产业发展的若干政策	明确政策向导，在财政、税收、资金、研发等方面给予支持，推动软件产业和集成电路产业的发展
2011 年 4 月	网联网发展专项资金管理暂行办法	发挥财政资金引导作用，规范物联网领域资金使用管理
2011 年 10 月	关于软件产品增值税政策的通知	销售自行研发的计算机软件，对实际税负超过3%的部分即征即退
2012 年 2 月	电子信息制造"十二五"发展规划	计划到 2015 年电子信息制造业销售收入保持10%的增长
2012 年 2 月	集成电路产业"十二五"发展规划	计划到 2015 年产业规模翻一番，年均增长18%，占世界市场的 15%
2012 年 2 月	物联网"十二五"发展规划	计划到 2015 年核心技术与研发产业化，关键标准取得明显突破，产业链条逐步完善
2012 年 3 月	关于下一代互联网"十二五"发展建设的意见	计划到 2015 年互联网普及率达到 45%，推动实现三网融合等
2012 年 3 月	电子商务"十二五"发展规划	计划到 2015 年电子商务交易额翻两番，突破 18 万亿元
2012 年 4 月	软件与信息服务业"十二五"发展规划	计划到 2015 年占信息产业的比重达到 25%，出口达 600 亿美元
2012 年 5 月	互联网行业"十二五"发展规划	计划到 2015 年建成宽带高速、安全可靠、绿色健康的网络环境
2012 年 5 月	通讯业"十二五"发展规划	计划到 2015 年初步建成宽带、安全、融合的下一代信息基础设施
2012 年 6 月	中国云科技发展"十二五"发展规划	计划到 2015 年突破与计算设备、核心软件与平台的突破
2012 年 7 月	关于大力推进信息化发展和切实保障信息安全的若干意见	计划到 2015 年国家电子政务网络基本建成，3G 网络覆盖城乡
2013 年 4 月	关于实施宽带中国 2013 专项行动的意见	2013 年网络覆盖能力明显增强，总体提升我国宽带用户接入率

资料来源：根据中经网相关资料整理。

附表 5-4　　　　　　　　近年来我国生物产业政策出台情况

时间	名称	内容
2012年1月	生物工业"十二五"规划	大力发展生物医药，改造传统产业，深化医药体制改革，增强产业核心竞争力
2012年3月	关于组织实施生物育种能力建设与产业化专项的通知	培育一批成长性好，创新强，具有带动示范作用的企业和一体化企业集团，提升品种培育和产业化能力
2012年7月	中医药事业"十二五"发展规划	推进中医药科技创新，提升重要发展水平，促进中药服务业发展
2013年2月	生物产业发展规划	计划到2015年生物产业占GDP的比重比2010年翻一番，形成特色的产业发展能力，到2020年把生物产业发展成支柱产业
2016年12月	"十三五"生物产业发展规划	到2020年，生物产业规模达到8万~10万亿元，生物产业增加值占GDP的比重超过4%，成为国民经济的主导产业，生物产业创造的就业机会大幅增加

资料来源：根据中经网相关资料整理。

附表 5-5　　　　　　近年来我国高端装备制造产业政策出台情况

时间	名称	内容
2011年9月	海洋工程装备产业创新发展战略（2011-2020年）	重点启动一批新型装备和关键设备核心技术研发和产业化
2011年9月	仪器仪表行业"十二五"发展规划	加快发展自动控制系统、大型精密仪器设备和新型仪器仪表等
2012年2月	重大技术装备自主创新指导目录	主要包括交通设备、海洋工程装备、机场专业设备及精密仪器等
2012年3月	海洋工程装备制造业中长期发展规划	计划到2015年工程装备销售收入2000亿元，海洋油气开发装备国际市场占比20%
2012年4月	关于组织实施卫星及应用产业发展专项的通知	主要是支持自主卫星通信、导航和遥感三大应用和推广
2012年4月	高速列车科技发展"十二五"专项规划	主要是高速铁路安全保障、装备谱系化、能力保持、可持续性四大技术
2012年4月	智能制造科技发展"十二五"专项规划	重点攻克一批智能化高端装备
2012年5月	高端装备制造业"十二五"发展规划	计划到2015年，高端装备制造业在制造业中占比15%，工业增加值率28%
2012年7月	"数控一代"装备创新工程行动计划	数控装置和技术广泛应用，实现产业化，装备水平和增加值显著提升
2017年11月	高端智能再制造行动计划（2018-2020年）	到2020年，突破一批制约我国高端智能再制造发展的关键共性技术，发布50项高端智能再制造标准，推动建立100家高端智能再制造示范企业

资料来源：根据中经网相关资料整理。

附表 5-6　　　　　　　近年来我国新能源产业政策出台情况

时间	名称	内容
2012 年 2 月	国家能源科技"十二五"规划	通过重大能源技术研发，示范工程实施，形成较为完善的能源科技创新体系，提高能源生产和利用效率
2012 年 2 月	太阳能光伏产业"十二五"发展规划	重点发展多晶硅、硅电池、薄膜电池等领域，促进产业向规范化发展
2012 年 3 月	智能电网产业化工程"十二五"专项规划	重点突破新能源电源并网、储能、智能配电、智能装备等核心关键技术
2012 年 3 月	风力发电科技发展"十二五"专项规划	产品性能达到国际先进水平，突破整机和零部件设计关键技术
2012 年 5 月	国家能源科技重大示范工程管理办法	完善四位一体的能源科技创新体系，加强和规范能源示范工程管理
2012 年 6 月	关于鼓励和引导民间资本进一步扩大能源领域投资的实施意见	鼓励和支持民间资本以多种形式进入能源领域，提高民营能源发展水平
2012 年 6 月	生物质能源科技发展"十二五"重点专项规划	重点是生物质能的收集、存储、资源培育以及提高生物质能燃料与热电转换
2012 年 10 月	能源发展"十二五"规划	加快能源生产和利用改革，提高能源领域效率，构建现代能源产业体系
2012 年 11 月	关于出台页岩气开发利用补贴政策的通知	2012~2015 年对企业开发页岩气给予 0.4 元/立方米的补贴
2017 年 1 月	可再生能源"十三五"规划	到 2020 年，水电装机达到 3.8 亿千瓦、风电装机达到 2.1 亿千瓦以上、太阳能发电装机达到 1.1 亿千瓦以上、生物质能发电装机达到 1500 万千瓦、地热供暖利用总量达到 4200 万吨标准煤

资料来源：根据中经网相关资料整理。

附表 5-7　　　　　　近年来我国新材料产业政策出台情况

时间	名称	内容
2012年1月	有色金属工业"十二五"发展规划	计划至2015年产业布局及组织结构得到优化，产品品种和品质满足市场需求
2012年2月	新材料产业"十二五"发展规划	计划至2015年建立规模较大、产业配套齐全的新材料产业体系，重点突破引领未来发展的关键材料和技术
2012年7月	半导体照明科技发展"十二五"专项规划	培育20~30家拥有核心技术和知识产权的龙头企业，提高半导体照明材料国际竞争力
2012年8月	高品质特殊钢科技发展"十二五"专项规划	重点突破高温合金、耐热钢、耐磨钢等特殊钢关键材料技术和工艺
2012年9月	高性能膜材料科技发展"十二五"专项规划	计划至2015年产业规模突破千亿元，陶瓷膜、高分子超滤微滤膜等市场占有率得到明显提高
2014年11月	关键材料升级换代工程实施方案（2014-2016年）	到2016年，推动产业发展急需的大尺寸单晶硅、宽禁带半导体及器件、新型平板显示玻璃等20种左右重点新材料实现批量稳定生产和规模应用
2016年6月	关于加快新材料产业创新发展的指导意见	到2020年加快发展先进基础材料，突破一批关键战略材料，积极开发前沿材料
2016年12月	新材料产业发展指南	到2020年，新材料产业规模化、集聚化发展态势基本形成，突破金属材料、复合材料、先进半导体材料等领域技术装备制约

资料来源：根据中经网相关资料整理。

附表 5-8　　　　　　近年来我国新能源汽车产业政策出台情况

时间	名称	内容
2012年3月	关于节约能源 使用新能源车船车船税政策的通知	自2012年起对节约能源的车船减半征税；对使用新能源的车船免税
2012年4月	电动汽车科技发展"十二五"专项规划	确立纯电驱动的技术专项战略，争取在整车、关键零部件等方向上实现突破
2012年7月	节能与新能源汽车产业发展规划（2012—2020年）	重点推进纯电动车和插电式混合动力车产业化，提升我国汽车产业整体技术水平
2012年10月	关于组织开展新能源汽车产业技术创新工程的通知	实施新能源汽车产业技术创新工程，推动企业联合开展自主技术创新
2014年7月	关于加快新能源汽车推广应用的指导意见	以纯电驱动为新能源汽车发展的主要战略取向，重点发展纯电动汽车、插电式混合动力汽车和燃料电池汽车
2015年9月	关于加快电动汽车充电基础设施建设的指导意见	到2020年部署500万套电动汽车充电桩

资料来源：根据中经网相关资料整理。

附表5-9　　　　　　　我国国家级高新技术开发区地区分布①

地区	省份	国家级高新技术开发区
东部地区 (57个)	北京	中关村
	福建	厦门、福州、泉州、莆田、漳州
	广东	中山、广州、惠州、佛山、珠海、东莞、肇庆、深圳、江门
	广西	桂林、南宁、柳州
	海南	海口
	河北	石家庄、保定、唐山、燕郊、承德
	江苏	南京、苏州、无锡、常州、泰州、昆山、江阴、徐州、常州、南通
	辽宁	沈阳、大连、鞍山、辽阳、营口、本溪
	山东	济南、威海、潍坊、青岛、淄博、烟台、济宁、临沂、泰安
	上海	张江、紫竹
	天津	滨海
	浙江	杭州、宁波、绍兴、温州、衢州
中部地区 (34个)	安徽	合肥、芜湖、蚌埠、马鞍山
	河南	郑州、洛阳、南阳、安阳、新乡
	黑龙江	哈尔滨、大庆、齐齐哈尔
	湖北	东湖、襄樊、宜昌、孝感、荆门
	湖南	长沙、株洲、湘潭、益阳、衡阳
	吉林	长春、吉林、延吉、净月、通化
	江西	南昌、景德镇、新余、鹰潭
	内蒙古	包头、呼和浩特
	山西	太原
西部地区 (23个)	重庆	重庆
	甘肃	兰州、白银、酒泉
	贵州	贵阳
	宁夏	银川、石嘴山
	青海	青海
	陕西	西安、宝鸡、杨凌、渭南、榆林、咸阳
	四川	成都、绵阳、自贡、乐山
	新疆	乌鲁木齐、昌吉、石河子
	云南	昆明、玉溪

资料来源：根据科技部相关资料整理。

① 数据截至2014年5月。

附表 7-1　　　　我国七大战略性新兴产业对应行业细分

战略性新兴产业	行业	细分	来源
新一代信息技术产业	电子通信设备制造、计算机及办公设备制造业	通信设备制造、雷达及配套设备制造、广播电视设备制造、电子器件制造、电子元件制造、计算机整机及零部件制造	2014年中国高技术年鉴
生物产业	医药制造业	医药制造业	2014年中国高技术年鉴、2014年中国统计年鉴
新能源产业	电力热力生产和供应	风力发电、太阳能发电、核力发电、其他电力生产	2014年中国统计年鉴
高端装备制造业	航空航天器及设备制造业、医疗仪器设备	飞机制造、航天器制造、航空航天相关设备制造、医疗仪器设备及器械制造	2014年中国高技术年鉴
新材料产业	黑色及有色金属冶炼及压延加工业、化学纤维制造业、化学原料及化学制品制造业、金属制品业	铁合金冶炼业、重轻有色金属冶炼业、贵金属及稀土冶炼业、有色金属合金业及压延加工业、有色金属冶炼及压延加工业、合成纤维制造业、有机化学原料制造业、金属结构制品业、切削工具制造业	2014年中国统计年鉴

附表 7-2　　　　2013 年我国五大战略性新兴产业无量纲化后数据

指标	新一代信息技术产业	生物产业	新能源产业	高端装备制造业	新材料产业
产业产值占比 M_{a1}	1.0000	0.2443	0.1343	0.1397	0.2881
新增固定资产占比 M_{a2}	0.9334	1.0000	0.3920	0.9859	0.7249
产品出口额占比 M_{a3}	1.0000	0.1045	0.0542	0.2657	0.3594
就业吸纳率 M_{a4}	0.3117	0.2835	1.0000	0.3477	0.6060
感应度系数 M_{b1}	0.8595	0.9212	0.8374	1.0000	0.9480
影响力系数 M_{b2}	0.4636	1.0000	0.7693	0.4778	0.9175
R&D 人员占从业人员比重 M_{c1}	0.5497	0.5958	0.0877	0.8901	1.0000
R&D 经费投入占产业产值比重 M_{c2}	0.2073	0.1856	0.0762	0.3656	1.0000
技术进步率 M_{c3}	0.5203	0.8560	0.0879	1.0000	0.0696
新产品销售收入占比 M_{c4}	1.0000	0.5084	0.0687	0.5825	0.3277
比较劳动生产率 M_{c5}	0.9093	1.0000	0.2835	0.8154	0.4678
产值增长率 M_{d1}	0.6629	1.0000	0.3184	0.8807	0.4271
需求收入弹性 M_{d2}	0.6629	1.0000	0.3184	0.8807	0.4271
生产率上升率 M_{d3}	0.8090	0.8508	0.1483	1.0000	0.0943
单位能耗产值率 M_{e1}	1.0000	0.4050	0.0151	0.3242	0.0070
单位三废排放产值率 M_{e2}	0.8941	0.5938	1.0000	0.8625	0.5035

附表 7-3　2012 年我国五大战略性新兴产业无量纲化后数据

指标	新一代信息技术产业	生物产业	新能源产业	高端装备制造业	新材料产业
产业产值占比 M_{a1}	1.000 0	0.231 7	0.142 3	0.135 0	0.299 6
新增固定资产占比 M_{a2}	1.000 0	0.839 0	0.734 9	0.843 1	0.743 8
产品出口额占比 M_{a3}	1.000 0	0.109 2	0.078 8	0.273 6	0.372 6
就业吸纳率 M_{a4}	0.383 5	0.350 5	1.000 0	0.437 6	0.587 4
感应度系数 M_{b1}	0.859 5	0.921 2	0.837 4	1.000 0	0.948 0
影响力系数 M_{b2}	0.463 6	1.000 0	0.769 3	0.477 8	0.917 5
R&D 人员占从业人员比重 M_{c1}	0.488 6	0.525 0	0.087 4	0.738 1	1.000 0
R&D 经费投入占产业产值比重 M_{c2}	0.265 9	0.205 4	0.157 6	0.436 9	1.000 0
技术进步率 M_{c3}	0.599 1	0.864 9	0.129 7	1.000 0	0.096 9
新产品销售收入占比 M_{c4}	1.000 0	0.541 7	0.078 9	0.682 8	0.354 1
比较劳动生产率 M_{c5}	0.819 6	1.000 0	0.385 6	0.735 5	0.657 9
产值增长率 M_{d1}	0.826 0	1.000 0	0.396 0	0.836 5	0.443 8
需求收入弹性 M_{d2}	0.479 3	0.396 0	1.000 0	0.473 4	0.892 2
生产率上升率 M_{d3}	0.342 8	0.474 1	0.526 9	0.943 3	1.000 0
单位能耗产值率 M_{e1}	1.000 0	0.384 0	0.015 9	0.313 1	0.007 3
单位三废排放产值率 M_{e2}	0.844 2	0.531 6	1.000 0	0.786 6	0.494 2

附表 7-4　2011 年我国五大战略性新兴产业无量纲化后数据

指标	新一代信息技术产业	生物产业	新能源产业	高端装备制造业	新材料产业
产业产值占比 M_{a1}	1.000 0	0.225 0	0.153 4	0.134 7	0.320 3
新增固定资产占比 M_{a2}	0.917 8	0.836 8	1.000 0	0.332 3	0.886 7
产品出口额占比 M_{a3}	1.000 0	0.117 5	0.133 2	0.255 1	0.427 5
就业吸纳率 M_{a4}	0.405 4	0.387 6	1.000 0	0.500 7	0.607 9
感应度系数 M_{b1}	0.859 5	0.921 2	0.837 4	1.000 0	0.948 0
影响力系数 M_{b2}	0.463 6	1.000 0	0.769 3	0.477 8	0.917 5
R&D 人员占从业人员比重 M_{c1}	0.475 8	0.528 4	0.095 7	0.702 2	1.000 0
R&D 经费投入占产业产值比重 M_{c2}	0.317 8	0.213 2	0.257 0	0.502 4	1.000 0
技术进步率 M_{c3}	0.661 3	0.933 4	0.130 7	1.000 0	0.108 3
新产品销售收入占比 M_{c4}	1.000 0	0.473 0	0.075 3	0.609 5	0.325 8
比较劳动生产率 M_{c5}	0.838 1	1.000 0	0.382 2	0.681 5	0.604 1
产值增长率 M_{d1}	0.560 8	1.000 0	0.372 7	0.809 8	0.239 5
需求收入弹性 M_{d2}	0.427 0	0.239 5	0.642 4	0.295 7	1.000 0
生产率上升率 M_{d3}	0.592 0	1.000 0	0.644 1	0.731 8	0.848 3
单位能耗产值率 M_{e1}	1.000 0	0.373 0	0.017 2	0.312 6	0.007 8
单位三废排放产值率 M_{e2}	0.782 7	0.478 8	1.000 0	0.728 0	0.490 0

附表 7–5　　2010 年我国五大战略性新兴产业无量纲化后数据

指标	新一代信息技术产业	生物产业	新能源产业	高端装备制造业	新材料产业
产业产值占比 M_{a1}	1.000 0	0.204 1	0.160 5	0.127 3	0.346 3
新增固定资产占比 M_{a2}	0.662 1	0.655 0	0.824 6	1.000 0	0.953 0
产品出口额占比 M_{a3}	1.000 0	0.122 8	0.161 8	0.213 3	0.331 5
就业吸纳率 M_{a4}	0.417 5	0.452 4	1.000 0	0.569 7	0.565 1
感应度系数 M_{b1}	0.859 5	0.921 2	0.837 4	1.000 0	0.948 0
影响力系数 M_{b2}	0.463 6	1.000 0	0.769 3	0.477 8	0.917 5
R&D 人员占从业人员比重 M_{c1}	0.549 2	0.489 8	0.104 3	0.720 2	1.000 0
R&D 经费投入占产业产值比重 M_{c2}	0.272 6	0.255 4	0.422 6	0.586 5	1.000 0
技术进步率 M_{c3}	0.680 1	0.886 7	0.145 4	1.000 0	0.117 1
新产品销售收入占比 M_{c4}	1.000 0	0.608 5	0.079 9	0.696 3	0.297 5
比较劳动生产率 M_{c5}	0.907 3	1.000 0	0.409 5	0.717 5	0.621 8
产值增长率 M_{d1}	1.000 0	0.883 7	0.509 2	0.836 0	0.244 9
需求收入弹性 M_{d2}	0.244 9	0.277 2	0.480 6	0.293 0	1.000 0
生产率上升率 M_{d3}	0.258 5	0.589 2	0.607 1	0.666 0	1.000 0
单位能耗产值率 M_{e1}	1.000 0	0.338 5	0.018 0	0.295 4	0.008 4
单位三废排放产值率 M_{e2}	0.748 4	0.415 2	1.000 0	0.657 8	0.506 4

附表 7–6　　2009 年我国五大战略性新兴产业无量纲化后数据

指标	新一代信息技术产业	生物产业	新能源产业	高端装备制造业	新材料产业
产业产值占比 M_{a1}	1.000 0	0.208 7	0.177 1	0.131 5	0.404 7
新增固定资产占比 M_{a2}	0.653 6	0.685 1	0.942 2	1.000 0	0.708 7
产品出口额占比 M_{a3}	1.000 0	0.113 2	0.159 0	0.191 4	0.277 6
就业吸纳率 M_{a4}	0.479 8	0.512 9	1.000 0	0.645 1	0.526 5
感应度系数 M_{b1}	0.859 5	0.921 2	0.837 4	1.000 0	0.948 0
影响力系数 M_{b2}	0.463 6	1.000 0	0.769 3	0.477 8	0.917 5
R&D 人员占从业人员比重 M_{c1}	0.580 2	0.470 4	0.108 6	0.703 6	1.000 0
R&D 经费投入占产业产值比重 M_{c2}	0.352 4	0.269 9	0.569 0	0.584 7	1.000 0
技术进步率 M_{c3}	0.597 3	0.916 6	0.195 7	1.000 0	0.110 2
新产品销售收入占比 M_{c4}	1.000 0	0.599 4	0.095 8	0.689 1	0.246 4
比较劳动生产率 M_{c5}	0.966 0	1.000 0	0.408 1	0.707 4	0.578 2
产值增长率 M_{d1}	0.044 2	0.659 6	0.318 1	1.000 0	0.273 8
需求收入弹性 M_{d2}	1.000 0	0.066 9	0.138 8	0.044 1	0.161 2
生产率上升率 M_{d3}	0.323 4	0.733 3	0.828 6	0.516 2	1.000 0
单位能耗产值率 M_{e1}	1.000 0	0.346 0	0.019 8	0.305 0	0.009 9
单位三废排放产值率 M_{e2}	0.678 1	0.384 8	1.000 0	0.615 4	0.536 4

参考文献

[1] [美] 艾伯特·郝希曼. 经济发展战略 [M]. 北京: 经济科学出版社, 1991.

[2] [美] 保罗·克鲁格曼. 战略性贸易政策与新国际经济学 [M]. 北京: 中国人民大学出版社, 2000.

[3] 陈爱雪. 我国战略性新兴产业发展研究 [D]. 吉林大学, 2013.

[4] 陈日生, 等. 促进我国战略性新兴产业发展的税收政策建议 [J]. 科技进步与对策, 2012 (18): 18-19.

[5] 陈志, 刘峰. 战略性新兴产业发展中的有形之手 [J]. 中国科技论坛, 2013 (2): 60-64.

[6] 程郁, 王胜光. 培育战略性新兴产业的政策选择——风能产业国际政策经验的比较与借鉴 [J]. 中国科技论坛, 2011 (3): 146-152.

[7] 程新章, 吴勇刚. 中国发展战略性新兴产业的政策选择——主流经济学和演化经济学的比较分析 [J]. 江苏社会科学, 2011 (1): 90-100.

[8] 崔焕金, 刘传庚. 全球价值链驱动型产业结构演进机理研究 [J]. 经济学家, 2012 (10): 88-96.

[9] 邓龙安, 刘文军. 产业技术范式转移下区域战略性新兴产业自适应创新管理研究 [J]. 科学管理研究, 2011 (4): 7-11.

[10] 段小华. 战略性新兴产业的投入方式、组织形式与政策手 [J]. 改革, 2011 (2): 89-94.

[11] 范拓源, 尤建新. 战略性新兴产业发展规划与管理 [M]. 北京: 化学工业出版社, 2011.

[12] 樊锐, 于艳. 山东省产业竞争力评价与对策 [J]. 山东社会科学, 2005 (4): 71-74.

[13] 费钟琳, 魏巍. 扶持战略性新兴产业的政府政策——基于产业生命周期的考量 [J]. 科技进步与对策, 2013 (3): 104-107.

[14] 冯春林. 国内战略性新兴产业研究综述 [J]. 经济纵横, 2011 (1): 110-112.

[15] 冯赫. 关于战略性新兴产业发展的若干思考 [J]. 经济研究参考, 2010 (43): 62-68.

[16] 付广军. 税收与战略性新兴产业 [M]. 北京：中国市场出版社，2011.

[17] 高东方，方晓琳. 我国战略性新兴产业税收政策的问题与完善研究 [J]. 经济体制改革，2012（4）：118–121.

[18] 龚惠群，黄超，梅妹娥. 全球化背景下新兴产业发展路径研究及对我国的启示 [J]. 科技进步与对策，2013（3）：51–54.

[19] 顾海峰. 战略性新兴产业演进的金融支持体系及政策研究——基于政策性金融的支持视角 [J]. 科学学与科学技术管理，2011（7）：98–103.

[20] 桂黄宝. 战略性新兴产业成长动力机制分析——以我国新能源汽车为例 [J]. 科学管理研究，2012（3）：48–51.

[21] 郭晓丹，何文韬，肖兴志. 战略性新兴产业的政府补贴、额外行为与研发活动变动 [J]. 宏观经济研究，2011（11）：63–69.

[22] 郭晓丹，宋维佳. 战略性新兴产业的进入时机选择：领军还是跟进 [J]. 中国工业经济，2011（5）：119–128.

[23] 国务院. 国务院关于加快培育和发展战略性新兴产业的决定 [R]. 2010.

[24] 贺正楚，吴艳，蒋佳林，陈一鸣. 生产服务业与战略性新兴产业互动与融合关系的推演、评价及测度 [J]. 中国软科学，2013（5）：129–143.

[25] 贺正楚，张训，周震虹. 战略性新兴产业的选择与评价及实证分析 [J]. 科学学与科学技术管理，2010（12）：62–67.

[26] 贺正楚，吴艳，周震虹. 战略性新兴产业评估指标的实证遴选及其应用 [J]. 中国科技论坛，2011（5）：10–14.

[27] 贺俊，吕铁. 战略性新兴产业：从政策概念到理论问题 [J]. 财贸经济，2012（5）：106–113.

[28] 侯云先，王锡岩. 战略产业博弈分析 [M]. 北京：机械工业出版社，2004.

[29] 胡振华，黎春秋，熊勇清. 基于 AHP–IE–PCA，组合赋权法的战略性新兴产业选择模型研究 [J]. 科学学与科学技术管理，2011（7）：104–110.

[30] 胡莺，赵景兰. 应用分子分析法对战略性新兴产业的选择研究 [J]. 社会科学辑刊，2010（6）：127–129.

[31] 胡建绩，张锦. 基于产业发展的主导产业选择研究 [J]. 产业经济研

究，2009（4）：38-43．

[32] 胡海峰，胡吉亚．美日德战略性新兴产业融资机制比较分析及对中国的启示［J］．经济理论与经济管理，2011（8）：62-74．

[33] 黄先海．浙江发展战略性新兴产业的基本思路和对策建议［J］．浙江社会科学，2010（12）：14-16．

[34] 黄幸婷，杨煜．后危机时代战略性新兴产业发展研究——基于核心技术联盟知识创造过程的视角［J］．中国科技论坛，2010（8）：36-40．

[35] 黄庆华，刘建徽．重庆市战略性新兴产业发展策略及其启示［J］．西南大学学报（社会科学版），2012（2）：167-172．

[36] 黄鲁成，等．战略性新兴产业技术特性评价指标与标准［J］．科学学与科学技术管理，2012（7）：103-108．

[37] 黄永春，等．后发地区发展战略性新兴产业的时机选择与赶超路径［J］．科学学研究，2012（7）：31-70．

[38] 霍影．战略性新兴产业发展潜力评价方法研究［J］．科学管理研究，2012（1）：5-9．

[39] 韩雪莲．企业进入战略性新兴产业的影响因素与绩效分析［M］．大连：东北财经大学出版社，2012．

[40] 纪经华，许正良．发展战略性新兴产业的关键是实现自主创新［J］．经济纵横，2013（1）：98-100．

[41] 蒋震，梁军．促进战略性新兴产业发展的税收政策［J］．税务研究，2010（8）：8-12．

[42] 姜大鹏，顾新．我国战略性新兴产业现状分析［J］．科技进步与对策，2010（17）：65-70．

[43] ［英］克利斯·弗里曼．工业创新经济学（第三版）［M］．北京：北京大学出版社，2004，7．

[44] 李赶顺．河北省战略性新兴产业的培育与发展创新研究［J］．河北学刊，2001（3）：201-206．

[45] 李赶顺．河北省战略性新兴产业发展的创新路径优化［J］．河北大学学报（哲学社会科学版），2011（4）：44-48．

[46] 李传喜，胡筱瑜．我国战略性新兴产业规模结构效率及其优化研究［J］．经济问题探索，2013（7）：82-86．

[47] 李士梅，张倩．国有经济向战略性新兴产业集中的理性思考［J］．学

习与探索，2012（7）：93 - 96.

［48］李晓华，吕铁. 战略性新兴产业的特征与政策导向研究［J］. 宏观经济研究，2010（9）.

［49］李姝. 中国战略性新兴产业发展思路与对策［J］. 宏观经济研究，2012（2）：50 - 55.

［50］李金华. 中国战略性新兴产业发展的若干思辨［J］. 财经问题研究，2011（5）3 - 10.

［51］黎春秋. 县域战略性新兴产业选择与培育研究［D］. 中南大学，2011.

［52］黎春秋，熊勇清. 传统产业优化升级模式研究：基于战略性新兴产业培育外部效应的分析［J］. 中国科技论坛，2011（5）：32 - 37.

［53］林平凡，刘城. 广东省战略性新兴产业的成长条件和培育政策［J］. 科技管理研究，2010（20）：67 - 70.

［54］林民书，刘名远. 区域战略性新兴产业发展困境与策略选择——以海西经济区为例［J］. 福建论坛（人文社会科学版），2013（1）：131 - 136.

［55］林毅夫. 发展战略与经济发展［M］. 北京：北京大学出版社，2004.

［56］柳光强，田文宠. 完善促进战略性新兴产业发展的税收政策设想［J］. 中央财经大学学报，2012（3）：1 - 5.

［57］刘红玉. 战略性新兴产业的形成机理与成长路径［J］. 科技进步与对策，2012（6）：46.

［58］刘佳刚. 政府在战略性新兴产业发展中的作用［J］. 湖南社会科学，2012（3）：139 - 142.

［59］刘明远. 我国战略性新兴产业发展基础和支撑体系构建研究［J］. 科技进步与对策，2012（6）：46 - 47.

［60］刘洪昌. 中国战略性新兴产业的选择原则及培育政策取向研究［J］. 科学学与科学技术管理，2011（3）：87 - 92.

［61］刘志阳，程海狮. 战略性新兴产业集群培育与网络特征［J］. 改革，2010（5）：36 - 42.

［62］刘玉忠. 后危机时代中国战略性新兴产业发展战略的选择［J］. 中国科技论坛，2011（2）：45 - 49.

［63］刘志彪. 战略性新兴产业的高端化：基于，链，的经济分析［J］. 产业经济研究，2012（3）：9 - 17.

[64] 刘澄, 顾强, 董瑞青. 产业政策在战略性新兴产业发展中的作用 [J]. 经济社会体制比较, 2011 (1): 196-203.

[65] 陆国庆. 论产业演进的系统动力机理——兼论产业衰退的原因 [J]. 江汉论坛, 2001 (7): 83-87.

[66] 吕明元. 产业政策、制度创新与具有国际竞争力的产业成长研究 [J]. 经济社会体制比较, 2007 (1): 134-137.

[67] 吕铁, 余剑. 金融支持战略性新兴产业发展的实践创新, 存在问题及政策建议 [J]. 宏观经济研究, 2012 (5): 18-26.

[68] [美] 迈克尔·波特. 国家竞争优势 [M] 北京: 华夏出版社, 2002.

[69] 宁凌, 等. 海洋战略性新兴产业选择基本准则体系研究 [J]. 经济问题探索, 2012 (9): 107-111.

[70] 牛立超. 战略性新兴产业发展与演进研究 [D]. 首都经济贸易大学, 2011.

[71] 牛立超. 主导产业变迁规律对战略性新兴产业发展的借鉴与启示 [J]. 商业时代, 2011 (30): 109-110.

[72] 欧阳晓, 生延超. 战略性新兴产业研究述评 [J]. 湖南社会科学, 2010 (5): 111-115.

[73] 潘晗. 区域主导产业选择的理论模型及其应用 [D]. 郑州大学, 2004.

[74] 潘娟. 战略性新兴产业发展的金融支持作用机制分析 [J]. 商业时代, 2013 (10): 45.

[75] 裴长洪, 郑文. 发展战略性新兴产业: 制造业与服务业并重 [J]. 当代财经, 2010 (1): 81-88.

[76] 乔晓楠, 李宏生. 中国战略性新兴产业的成长机制研究——基于污水处理产业的经验 [J]. 经济社会体制比较, 2011 (2): 69-77.

[77] [美] 沃尔特·罗斯托. 经济成长的阶段 [M]. 北京: 商务出版社, 1995.

[78] 芮明杰. 战略性产业和国有战略控股公司模式 [J]. 财经研究, 1999 (9): 35-39.

[79] 上海财经大学产业经济研究中心. 2011 中国产业发展报告——战略性新兴产业发展研究 [M]. 上海: 上海财经大学出版社, 2011.

[80] 申俊喜. 创新产学研合作视角下我国战略性新兴产业发展对策研究 [J]. 科学学与科学技术管理, 2012, 33 (2): 37-43.

［81］申俊喜．基于战略性新兴产业发展的产学研创新合作研究［J］．科学管理研究，2011（12）：1－5．

［82］［美］斯蒂格勒．产业组织和政府管制［M］．上海：上海三联书店，1996．

［83］史忠良．产业兴衰与转化规律［M］．北京：经济管理出版社，2004，12．

［84］苏东水．产业经济学［M］．北京：高等教育出版社，2000．

［85］孙庆．战略性新兴产业宏观管理的国际经验及启示［J］．科技进步与对策，2013（10）：51－54．

［86］涂文明．我国战略性新兴产业区域集聚的发展路径与实践模式［J］．现代经济探讨，2012（9）：54－59．

［87］万钢．把握全球产业调整机遇培育和发展战略性新兴产业［J］．求是，2010（1）：28－31．

［88］王昌林．中国产业发展报告2010——培育战略性新兴产业的对策研究［M］．北京：经济管理出版社，2011．

［89］王宏起，苏红岩，武建龙．战略性新兴产业空间布局方法及其应用研究［J］．中国科技坛，2013（4）：28－34．

［90］王利，尚晓坤．我国战略性新兴产业发展研究［J］．科技进步与对策，2012（6）：52－56．

［91］王利政．我国战略性新兴产业发展模式分析［J］．中国科技论坛，2011（1）：12－15．

［92］王新新．战略性新兴产业发展规律及发展对策分析研究［J］．科学管理研究，2011（8）1－5．

［93］王新新．战略性新兴产业的理论研究及路径选择［J］．科技进步与对策，2012（8）：52－57．

［94］王永顺，沈炯等．战略性新兴产业——成长、结构和对策［M］．南京：东南大学出版社，2012．

［95］王宇，李佳．新形势下的战略性新兴产业需求侧培育模式分析［J］．科技管理研究，2013（3）：78－81．

［96］韦福雷，胡彩梅．中国战略性新兴产业空间布局研究［J］．经济问题探索，2012（9）：112－115．

［97］魏丽华，冷宣荣．中部地区吸引区域性战略投资者发展新兴战略产业

的作用机制探析 [J]. 湖北社会科学, 2010 (5): 59-62.

[98] 武瑞杰. 区域战略性新兴产业的评价与选择 [J]. 科学管理研究, 2012 (2): 42-45.

[99] 吴福象, 王新新. 行业集中度、规模差异与创新绩效——基于 GVC 模式下要素集聚对战略性新兴产业绩效影响的实证分析 [J]. 上海经济研究, 2011 (7): 69-76.

[100] 吴佐, 许千里, 聂鹏程. 我国战略性新兴产业的竞争力与经济贡献度——以光伏产业为例 [J]. 西安交通大学学报 (社会科学版), 2013 (2): 15-21.

[101] 向吉英. 产业成长的动力机制和产业成长模式 [J]. 学术论坛, 2005 (4): 45-65.

[102] 向贤敏, 张梅青. 基于战略性新兴产业的创新型城市建设研究 [J]. 现代城市研究, 2012 (2): 73-81.

[103] [日] 筱原三代平. 产业结构论 [M]. 北京: 中国人民大学出版社, 1990.

[104] 肖曙光. 战略性新兴产业组织的劳资分配 [J]. 中国工业经济, 2011 (2): 100-109.

[105] 肖兴志. 发展战略、产业升级与战略性新兴产业选择 [J]. 财经问题研究 2010 (8): 40-47.

[106] 肖兴志. 中国战略性新兴产业发展研究 [M]. 北京: 科学出版社, 2011.

[107] 邢红萍, 卫平. 我国战略性新兴产业企业技术创新特征分析——基于全国七省市战略性新兴产业企业问卷调查 [J]. 中国科技论坛, 2013 (7): 66-71.

[108] 熊勇清, 李世才. 战略性新兴产业与传统产业耦合发展的过程及作用机制探讨 [J]. 科学学与科学技术管理, 2010, 31 (11): 84-86.

[109] 熊勇清, 李世才. 战略性新兴产业与传统产业耦合发展研究 [J]. 财经问题研究, 2010 (10): 41-44.

[110] 熊勇清, 等. 战略性新兴产业培育和成长环境评价模型及应用 [J]. 软科学, 2012 (8): 55-64.

[111] 熊勇清. 战略性新兴产业与传统产业互动耦合发展研究 [M]. 北京: 经济科学出版社, 2013.

[112] 杨帆. 防止跨国公司整合中国战略产业 [J]. 福建论坛: 人文社会科学版, 2006 (10): 24-26.

[113] 杨公朴、夏大慰. 现代产业经济学 [M]. 上海: 上海财经大学出版社.

[114] 杨林, 马顺. 促进战略性新兴产业发展的财政政策研究 [J]. 山东社会科学, 2012 (2): 146-149.

[115] 杨忠泰. 地方培育发展战略性新兴产业与高新技术产业差异分析 [J]. 科技管理研究, 2013 (11): 127-131.

[116] 闫应福. 产业经济学 [M]. 北京: 中国财政经济出版社, 2003, 7: 21.

[117] 易高峰, 邹晓东. 面向战略性新兴产业的高端产学研用合作平台研究 [J]. 科技进步与对策, 2012 (22): 79-83.

[118] [美] 约瑟夫·熊彼特. 经济发展理论 [M]. 北京: 商务印书馆, 2000.

[119] 喻登科, 涂国平, 陈华. 战略性新兴产业集群协同发展的路径与模式研究 [J]. 科学学与科学技术管理, 2012, 33 (4): 114-120.

[120] 于新东, 等. 培育发展战略性新兴产业的背景分析、国际比较与对策研究 [J]. 经济研究参考, 2011 (6): 2-39.

[121] 张少春. 中国战略性新兴产业发展与财政政策 [M]. 北京: 经济科学出版社, 2010.

[122] 张天维, 胡莺. 新兴产业的战略性体现、相关问题及对策 [J]. 学术交流, 2010 (7): 97-101.

[123] 张烁, 程家瑜. 我国战略性新兴产业发展阶段研究 [J]. 中国科技论坛, 2011 (6): 15-18.

[124] 张峰, 杨建君, 等. 战略性新兴产业研究现状述评: 一个新的研究框架 [J]. 科技管理研究, 2012 (5): 18-20.

[125] 张国强, 汤向俊. 区域战略性新兴产业竞争力比较 [J]. 经济问题探索, 2012 (8): 42-47.

[126] 张建民. 安徽省战略性新兴产业选择和发展研究 [D]. 安徽工业大学, 2011.

[127] 张晓东, 霍国庆. 战略性新兴产业信息资源服务模式与竞争力分析 [J]. 科技进步与对策, 2013 (2): 74-78.

[128] 张亚峰. 基于多层次灰色评价的河南省战略性新兴产业发展战略研究 [J]. 科技管理研究, 2013 (4): 47.

[129] 赵玉林, 张倩男. 湖北省战略性主导产业的选择研究 [J]. 中南财经政法大学学报, 2007 (2): 30-35.

[130] 赵强, 胡荣涛. 加快传统产业改造和升级的步伐 [J]. 经济经纬, 2002 (1): 28-31.

[131] 周程, 周辉. 合成氨何以在德国率先实现了产业化？——兼谈我国战略性新兴产业的培育政策取向 [J]. 科学学与科学技术管理, 2011 (3): 78-86.

[132] 周民良. 大力培育发展战略性新兴产业, 促进国民经济结构的战略性调整 [J]. 经济纵横, 2011 (2): 27-31.

[133] 周新生. 产业兴衰论 [M] 西安: 西北人学出版社, 2003.

[134] 钟清流. 战略性新兴产业发展思路探析 [J]. 中国科技论坛, 2010 (11): 41-45.

[135] 中国电子信息产业发展研究院, 赛迪顾问股份有限公司, 北京赛迪经略管理顾问有限公司. 中国战略性新兴产业发展及管理实践 [M]. 北京: 机械工业出版社, 2012.

[136] 中国电子信息产业发展研究院, 赛迪顾问股份有限公司. 战略性新兴产业发展及应用实践 [M]. 北京: 机械工业出版社, 2012.

[137] 中国工程技术发展战略研究院. 2013 中国战略性新兴产业发展报告 [M]. 北京: 科学出版社, 2013.

[138] 祝尔娟, 王天伟, 陈安国, 等. 津京冀产业发展升级研究——重化工业和战略性新兴产业现状、趋势与升级 [M]. 北京: 中国经济出版社, 2011.

[139] 朱瑞博, 刘芸. 我国战略性新兴产业发展的总体特征、制度障碍与机制创新 [J]. 社会科学, 2011 (5): 65-72.

[140] 王晓鸿, 吕璇. 经济新常态下甘肃省战略性新兴产业创新发展模式探索 [J]. 科学管理研究, 2018, 36 (4): 35-39.

[141] 李紫薇. 战略性新兴产业自主研发激励机制研究——以新通信网络业税收政策为例 [J]. 宏观经济研究, 2018 (8): 94-100.

[142] 兰筱琳, 洪茂椿, 黄茂兴. 面向战略性新兴产业的科技成果转化机制探索 [J]. 科学学研究, 2018, 36 (8): 1375-1383.

[143] 陈洋林, 宋根苗, 张长全. 税收优惠对战略性新兴产业创新投入的激

励效应评价——基于倾向评分匹配法的实证分析［J］.税务研究,2018（8）:80-86.

［144］李星,刘林.我国战略性新兴产业生态创新能力的国际比较研究［J］.生态经济,2018,34（8）:52-57.

［145］南晓莉,张敏.政府补助是否强化了战略性新兴产业的成本粘性?［J］.财经研究,2018,44（8）:114-127.

［146］陈美华,刘彦宏,黄新建.江西战略性新兴产业与区域经济耦合协调发展研究［J］.江西师范大学学报（哲学社会科学版）,2018,51（4）:90-95.

［147］刘洪昌,刘洪.创新双螺旋视角下战略性海洋新兴产业培育模式与发展路径研究——以江苏省为例［J］.科技管理研究,2018,38（14）:131-139.

［148］王志平,齐亚伟.战略性新兴产业路径突破的商业模式创新［J］.改革与战略,2018,34（7）:82-88.

［149］王欢芳,张幸,宾厚,李密.共享经济背景下战略性新兴产业协同创新机制研究［J］.科学管理研究,2018,36（4）:28-31.

［150］王宇,汤家红,江静.补贴门槛调整与战略性新兴产业发展［J］.中国经济问题,2018（4）:38-50.

［151］李荣,张冀新,胡维丽.战略性新兴产业创新转化效率及极化效应研究［J］.科技管理研究,2018,38（12）:172-177.

［152］张路蓬,薛澜,周源,张笑.战略性新兴产业创新网络的演化机理分析——基于中国2000-2015年新能源汽车产业的实证［J］.科学学研究,2018,36（6）:1027-1035.

［153］李苏秀,刘颖琦,张力,Ari Kokko.战略性新兴产业商业模式创新的系统理论框架［J］.科学学研究,2018,36（6）:1110-1118.

［154］张莉芳.政府补贴、国际化战略和企业创新能力——基于中国战略性新兴产业的经验研究［J］.商业研究,2018（6）:151-160.

［155］李东阳,蔡甜甜,崔晔.中国战略性新兴产业企业国际化能力影响因素研究［J］.财经问题研究,2018（6）:35-40.

［156］熊勇清,郭三温.战略性新兴产业规模化的节能减排效应研究——基于厦门高新区的实证分析［J］.江西社会科学,2018,38（5）:65-73.

［157］马静洲,伍新木.战略性新兴产业政策的国际对比研究——基于中、美、德、日四国的对比［J］.河南社会科学,2018,26（4）:22-28.

[158] 陈红玲. 环境约束下中国战略性新兴产业的技术创新效率研究 [J]. 经济经纬, 2018, 35 (3): 90-95.

[159] 马军伟, 王剑华. "走出去" 战略下的战略性新兴产业金融支持研究 [J]. 商业经济研究, 2018 (9): 167-169.

[160] 张雪芹. 谈战略性新兴产业在资源型地区产业集聚区内的集聚发展 [J]. 商业经济研究, 2018 (6): 187-189.

[161] 白恩来, 赵玉林. 战略性新兴产业发展的政策支持机制研究 [J]. 科学学研究, 2018, 36 (3): 425-434.

[162] 方来. 战略性新兴产业发展的金融支持机制及效率评价——以甘肃省为例 [J]. 哈尔滨商业大学学报 (社会科学版), 2018 (2): 28-37.

[163] 盛朝迅. 战略性新兴产业政策转型方向和重点 [J]. 经济纵横, 2018 (3): 58-66.

[164] 吕洪渠, 任燕燕. 产业集聚、制度环境与中国战略性新兴产业的效率特征 [J]. 山东大学学报 (哲学社会科学版), 2018 (2): 101-110.

[165] 张会新, 白嘉. 模块化视角下战略性新兴产业突破式创新路径选择 [J]. 科技进步与对策, 2018, 35 (5): 60-67.

[166] 龚立新, 吕晓军. 政府补贴与企业技术创新效率——来自2009—2013年战略性新兴产业上市公司的证据 [J]. 河南大学学报 (社会科学版), 2018, 58 (2): 22-29.

[167] 王宏起, 杨仲基, 武建龙, 李玥. 战略性新兴产业核心能力形成机理研究 [J]. 科研管理, 2018, 39 (2): 143-151.

[168] 杨松令, 吴平, 刘亭立. 我国战略性新兴产业资本配置效率的测算及分析——基于 Wurgler 模型的实证研究 [J]. 科技管理研究, 2018, 38 (3): 76-85.

[169] 申俊喜, 杨若霞. 长三角地区战略性新兴产业 TFP 增长差异及高端化发展路径研究 [J]. 科技进步与对策, 2018, 35 (3): 35-42.

[170] 伍健, 田志龙, 龙晓枫, 熊琪. 战略性新兴产业中政府补贴对企业创新的影响 [J]. 科学学研究, 2018, 36 (1): 158-166.

[171] 申俊喜, 杨若霞. 长三角地区战略性新兴产业全要素生产率及其影响因素研究 [J]. 财贸研究, 2017, 28 (11): 24-33.

[172] 龙跃. 基于生态位调节的战略性新兴产业集群协同演化研究 [J]. 科技进步与对策, 2018, 35 (3): 52-59.

[173] 薛凤冠,季芳桐.南京战略性新兴产业发展现状与对策研究[J].南京社会科学,2017(12):150-156.

[174] 刘荫,曾春水,王军礼,李成林.经济新常态下东北地区战略性新兴产业发展路径研究[J].科技管理研究,2017,37(23):207-211.

[175] 李桥兴,徐思慧,宋山梅.基于生态和发展底线的贵州省战略性新兴产业选择[J].贵州社会科学,2017(12):163-168.

[176] 杨朝继.我国战略性新兴产业自主创新驱动因素测度研究[J].生态经济,2017,33(12):61-65.

[177] 商华,邱赵东.战略性新兴产业人才生态环境定量评价研究[J].科研管理,2017,38(11):137-146.

[178] 霍国庆,李捷,张古鹏.我国战略性新兴产业技术创新理论模型与经典模式[J].科学学研究,2017,35(11):1623-1630.

[179] 张曼,菅利荣.战略性新兴产业集群创新网络形成机制研究——基于灰靶双边匹配的决策方法[J].工业技术经济,2017,36(11):88-95.

[180] 李坤,殷朝华.需求、创新与战略性新兴产业成长研究——基于2000-2015年的省级面板数据[J].商业经济研究,2017(21):161-163.

[181] 赵天宇,修静.政府补贴与战略性新兴产业资本配置——来自上市公司样本的实证研究[J].经济经纬,2017,34(6):87-92.

[182] 李捷,霍国庆.我国战略性新兴产业技术创新模式初探[J].科技管理研究,2017,37(23):31-39.

[183] 张敬文,吴丽金,喻林,黄婕.战略性新兴产业集群知识协同行为及促进策略研究[J].宏观经济研究,2017(10):74-82,168.

[184] 杨荣海,李亚波.战略性新兴产业企业治理金融支持动力源分析[J].软科学,2017,31(10):47-51.

[185] 孙丽艳,苗成林,杨力.技术创新对战略性新兴产业可持续发展的驱动效应——基于非参数随机前沿分析方法的实证研究[J].北京理工大学学报(社会科学版),2017,19(5):53-60.

[186] 何立峰.发展战略性新兴产业 加快培育壮大新动能[J].宏观经济管理,2017(8):4-6,10.

[187] 剧宇宏.我国战略性新兴产业改革路径分析[J].河南社会科学,2017,25(7):79-85.

[188] 范晓莉,黄凌翔,卢静,王丽艳.战略性新兴产业集聚发展及影响因

素分析 [J]. 统计与决策, 2017 (14): 139 - 143.

[189] 张晴. 战略性新兴产业集聚与区域经济竞争力关系的实证检验 [J]. 统计与决策, 2017 (12): 134 - 136.

[190] 张志华, 赵波. 战略性新兴产业促进区域经济转型升级的机制与路径——以江苏物联网产业为例 [J]. 江苏社会科学, 2017 (3): 266 - 272.

[191] 王琼, 耿成轩. 金融生态环境、产权性质与战略性新兴产业融资效率 [J]. 经济经纬, 2017, 34 (3): 87 - 92.

[192] 王智新, 梁翠. 科技服务业与战略性新兴产业融合发展对产业升级的影响研究 [J]. 科学管理研究, 2017, 35 (2): 58 - 61.

[193] 王剑华, 马军伟, 洪群联. 促进战略性新兴产业与金融业共生发展 [J]. 宏观经济管理, 2017 (4): 24 - 28.

[194] 周城雄, 李美桂, 林慧, 李培楠, 洪志生. 战略性新兴产业: 从政策工具、功能到政策评估 [J]. 科学学研究, 2017, 35 (3): 346 - 353.

[195] 霍国庆, 李捷, 王少永. 我国战略性新兴产业战略效应的实证研究 [J]. 中国软科学, 2017 (1): 127 - 138.

[196] 李巍, 郗永勤. 战略性新兴产业创新系统协同度的测度 [J]. 统计与决策, 2017 (2): 60 - 63.

[197] 郭旭红, 李玄煜. 新常态下我国战略性新兴产业竞争力的经济学分析——以波特"钻石模型"为视角 [J]. 湖北社会科学, 2016 (12): 84 - 89.

[198] 吕晓军. 政府补贴与企业技术创新投入——来自 2009 ~ 2013 年战略性新兴产业上市公司的证据 [J]. 软科学, 2016, 30 (12): 1 - 5.

[199] 康翠玉, 陈彪. 产业集聚视角下战略性新兴产业发展的对策与建议 [J]. 东北师大学报 (哲学社会科学版), 2016 (6): 139 - 143.

[200] 张敬文, 李晓园, 徐莉. 战略性新兴产业集群协同创新发生机理及提升策略研究 [J]. 宏观经济研究, 2016 (11): 106 - 113.

[201] 何继业. 我国战略性新兴产业金融支持体系构建论略 [J]. 山东社会科学, 2016 (11): 160 - 164.

[202] 李东霖. 战略性新兴产业金融支持效率提升路径探索 [J]. 河北学刊, 2016, 36 (6): 209 - 213.

[203] 储德银, 杨姗, 宋根苗. 财政补贴、税收优惠与战略性新兴产业创新投入 [J]. 财贸研究, 2016, 27 (5): 83 - 89.

[204] 曹虹剑, 贺正楚, 熊勇清. 模块化、产业标准与创新驱动发展——基

于战略性新兴产业的研究［J］．管理科学学报，2016，19（10）：16-33.

［205］郭璐，田珍．FDI 与战略性新兴产业技术进步——基于中国企业微观数据的半参数最小二乘法［J］．经济问题探索，2016（10）：138-144.

［206］吴俊，张家峰，黄东梅．产学研合作对战略性新兴产业创新绩效影响研究——来自江苏省企业层面的证据［J］．当代财经，2016（9）：99-109.

［207］吕静韦，金浩．基于产业链创新的战略性新兴产业发展策略研究［J］．河北学刊，2016，36（5）：217-221.

［208］李萌，包瑞．风险投资支持战略性新兴产业发展分析［J］．宏观经济研究，2016（8）：123-128.

［209］张会新，白嘉．中国省域战略性新兴产业发展绩效评价［J］．统计与决策，2016（15）：67-70.

［210］姜永玲，雷潇雨．风险投资对战略性新兴产业融资的溢出作用研究［J］．科技管理研究，2016，36（14）：160-164.

［211］赵先进，李雪．风险投资、研发资本与战略性新兴产业的技术创新［J］．科技管理研究，2016，36（13）：90-95，101.

［212］王欢芳，李密．促进战略性新兴产业集群协同发展［J］．宏观经济管理，2016（7）：65-67.

［213］董登珍，吴翠，龚明．湖北省战略性新兴产业自主创新能力评价研究［J］．科技进步与对策，2016，33（12）：143-147.

［214］付永萍，芮明杰，马永．研发投入、对外直接投资与企业创新——基于战略性新兴产业上市公司的研究［J］．经济问题探索，2016（6）：28-33.

［215］张敬文，江晓珊，周海燕．战略性新兴产业技术创新联盟合作伙伴选择研究——基于 PLS-SEM 模型的实证分析［J］．宏观经济研究，2016（5）：79-86，159.

［216］靳光辉，刘志远，花贵如．政策不确定性、投资者情绪与企业投资——基于战略性新兴产业的实证研究［J］．中央财经大学学报，2016（5）：60-69.

［217］李萌，包瑞．风险投资支持战略性新兴产业发展探究［J］．宏观经济管理，2016（5）：55-58，65.

［218］李小静，孙文生．政府干预、所有权与战略性新兴产业自主创新效率研究［J］．河北经贸大学学报，2016，37（3）：89-95.

［219］祝滨滨，吴明东．基于生态视角下东北地区战略性新兴产业发展路径

选择 [J]. 东北师大学报（哲学社会科学版），2016（2）：125 – 128.

[220] 李东霖. 战略性新兴产业财税政策实施效果实证分析 [J]. 辽宁大学学报（哲学社会科学版），2016，44（2）：58 – 69.

[221] 吕静韦，金浩，李睿. 我国战略性新兴产业影响因素研究 [J]. 商业经济研究，2016（4）：197 – 198.

[222] 陈文锋，刘薇. 区域战略性新兴产业发展质量评价指标体系的构建 [J]. 统计与决策，2016（2）：29 – 33.

[223] 朱艳鑫，朱艳硕，薛俊波. 地方政府产业政策的文本量化研究——以战略性新兴产业政策为例 [J]. 经济问题探索，2016（2）：127 – 133.

[224] 曹勇，蒋振宇，孙合林，阮茜. 知识溢出效应、创新意愿与创新能力——来自战略性新兴产业企业的实证研究 [J]. 科学学研究，2016，34（1）：89 – 98.

[225] 董明放，韩先锋. 研发投入强度与战略性新兴产业绩效 [J]. 统计研究，2016，33（1）：45 – 53.

[226] 谭蓉娟，刘贻新. 战略性新兴产业科技创新与金融创新耦合效率研究——基于上市公司数据的实证分析 [J]. 科技管理研究，2015，35（24）：110 – 115.

[227] 胡静，赵玉林. 新常态下我国战略性新兴产业对策调整研究 [J]. 科学管理研究，2015，33（6）：56 – 59.

[228] 高智林. 战略性新兴产业经营业绩评价系统设计与评价模式 [J]. 商业经济研究，2015（34）：120 – 122.

[229] 欧阳峰，曾靖. 基于主成分——粗糙集方法的战略性新兴产业创新驱动绩效评价——以战略性新兴产业上市公司为样本 [J]. 工业技术经济，2015，34（12）：30 – 39.

[230] 杨娜曼. 战略性新兴产业发展路径选择——基于湖南的实证分析 [J]. 山东社会科学，2015（S2）：143 – 144.

[231] 李方旺. 发挥政府采购对战略性新兴产业发展的扶持作用 [J]. 财政研究，2015（12）：61 – 67.

[232] 胡静，赵玉林. 我国战略性新兴产业集聚度及其变动趋势研究——基于上市公司的经验证据 [J]. 经济体制改革，2015（6）：102 – 106.

[233] 徐斌. 昌九战略性新兴产业对接长江经济带协同发展研究 [J]. 江西社会科学，2015，35（11）：68 – 72.

[234] 芮红霞,郑江淮,杨以文.战略性新兴产业与我国技术进步方式[J].上海经济研究,2015(11):3-11.

[235] 赵玮.我国战略性新兴产业非效率投资的测度[J].中国管理科学,2015,23(S1):411-418.

[236] 李燕,李应博.战略性新兴产业的空间分布特征及集聚动力机制研究[J].统计与决策,2015(20):130-133.

[237] 杨飞虎,万春,许莉.公共投资对战略性新兴产业效应的实证研究[J].经济问题探索,2015(11):72-78.

[238] 刘晶,黄涛,张楚.从产业主导权审视战略性新兴产业的发展路径——以光伏产业的双反争端为例[J].科学管理研究,2015,33(5):51-54.

[239] 徐示波,仲伟俊,黄超.后发国家战略性新兴产业技术创新及其挑战研究[J].科技管理研究,2015,35(20):16-20.

[240] 李胜会,刘金英.中国战略性新兴产业政策分析与绩效评价——"非政策失败理论"及实证研究[J].宏观经济研究,2015(10):3-13,23.

[241] 向阳,曹勇.企业创新网络知识治理与知识转移:基于战略性新兴产业的实证研究[J].管理评论,2015,27(9):48-58.

[242] 苑清敏,高凤凤,邱静,申婷婷.我国战略性新兴产业与传统产业耦合影响力研究[J].科技管理研究,2015,35(19):103-107,129.

[243] 吕波,李家祥.京津冀协同视阈下天津战略性新兴产业的发展[J].天津师范大学学报(社会科学版),2015(5):24-28.

[244] 程贵孙,张雍.战略性新兴产业民营上市公司生产率变动及影响因素[J].东南大学学报(哲学社会科学版),2015,17(5):79-86,155.

[245] 徐斌,杨留洋.战略性新兴产业的地区差异分解与影响因素——基于江西省2005—2013年的面板数据[J].经济问题探索,2015(9):119-125.

[246] 李方旺.构建战略性新兴产业发展的税收激励机制[J].税务研究,2015(9):39-45.

[247] 马荣华.战略性新兴产业与传统产业互惠共生研究——基于共生经济视角[J].科技进步与对策,2015,32(19):61-65.

[248] 王维成,朱欣民.基于创新双螺旋理论的战略性新兴产业应用创新研究[J].科技管理研究,2015,35(16):106-109,128.

[249] 特日昆,宋波,徐飞.技术与制度协同创新的战略性新兴产业演化机

理研究 [J]. 科学管理研究, 2015, 33 (4): 50-53.

[250] 石璋铭, 谢存旭. 银行竞争、融资约束与战略性新兴产业技术创新 [J]. 宏观经济研究, 2015 (8): 117-126.

[251] 孙早, 肖利平. 产业特征、公司治理与企业研发投入——来自中国战略性新兴产业 A 股上市公司的经验证据 [J]. 经济管理, 2015, 37 (8): 23-34.

[252] 谢黎. 战略性新兴产业竞争力评价方法探讨 [J]. 统计与决策, 2015 (15): 60-62.

[253] 朱之鑫. 新常态下战略性新兴产业发展的形势 [J]. 宏观经济管理, 2015 (8): 4-5, 18.

[254] 张敬文, 谢翔, 陈建. 战略性新兴产业协同创新绩效实证分析及提升路径研究 [J]. 宏观经济研究, 2015 (7): 108-117.

[255] 张琳彦. 基于空间自相关的中国战略性新兴产业布局分析 [J]. 统计与决策, 2015 (13): 139-142.

[256] 洪勇, 张红虹. 新兴产业培育政策传导机制的系统分析——兼评中国战略性新兴产业培育政策 [J]. 中国软科学, 2015 (6): 8-19.

[257] 洪志生, 薛澜, 周源. 战略性新兴产业运营模式创新类型及策略研究 [J]. 科技进步与对策, 2015, 32 (13): 52-58.

[258] 王向华, 王明海, 李小静. 战略性新兴产业上市公司创新绩效测度 [J]. 江西社会科学, 2015, 35 (6): 35-40.

[259] 吕静韦, 李睿, 徐剑. 战略性新兴产业成长绩效分析 [J]. 河北工业大学学报, 2015, 44 (3): 113-118.

[260] 王欢芳, 陈建设, 宾厚. 促进战略性新兴产业集聚区发展的对策研究 [J]. 经济纵横, 2015 (6): 27-30.

[261] 余剑. 新常态下战略性新兴产业发展路径选择及其金融政策响应——基于需求端视角的研究 [J]. 财政研究, 2015 (6): 70-75.

[262] 刘佳刚, 袁宇心. 我国战略性新兴产业发展环境的灰关联分析 [J]. 经济问题探索, 2015 (6): 137-143.

[263] 梁威, 廖进球. 江西战略性新兴产业竞争力分析及提升对策研究 [J]. 江西财经大学学报, 2015 (3): 73-83.

[264] 张其春, 郗永勤. 基于"四链"协同升级的战略性新兴产业发展研究——以我国稀土产业为例 [J]. 当代财经, 2015 (5): 86-96.

[265] 张正玉, 张璇. 中国战略性新兴产业发展的主要障碍及政策建议 [J]. 当代经济, 2015 (13): 18-21.

[266] 宋波, 赵良杰. 战略性新兴产业公私合作研发分析——基于不完全合同理论 [J]. 软科学, 2015, 29 (6): 28-32.

[267] 何立春. 新型城镇化、战略性新兴产业与经济发展 [J]. 财经问题研究, 2015 (5): 48-52.

[268] 迟梦筠, 龚勤林. 基于创新驱动的后发地区战略性新兴产业发展 [J]. 贵州社会科学, 2015 (5): 137-140.

[269] 张志彤, 李天柱, 银路, 马佳. 战略性新兴产业载体配置研究 [J]. 科研管理, 2015, 36 (4): 73-81.

[270] 陈郁青, 王文平. 基于服务型制造的战略性新兴产业集群服务绩效评价 [J]. 商业经济研究, 2015 (9): 125-127.

[271] 任征宇. 战略性新兴产业的市场绩效评价——以上市公司为例 [J]. 当代经济, 2015 (9): 36-37.

[272] 罗晓梅, 黄鲁成, 王凯. 基于 CiteSpace 的战略性新兴产业研究 [J]. 统计与决策, 2015 (6): 142-145.

[273] 戴志颖. 战略性新兴产业协同演化动力机制研究 [J]. 统计与决策, 2015 (6): 51-54.

[274] 张治河, 潘晶晶, 李鹏. 战略性新兴产业创新能力评价、演化及规律探索 [J]. 科研管理, 2015, 36 (3): 1-12.

[275] 赵玮, 温军. 风险投资介入是否可以提高战略性新兴产业的绩效？[J]. 产业经济研究, 2015 (2): 79-89.

[276] 卢阳春. 战略性新兴产业集群发展的资金资源整合机制研究——以四川省高端装备制造业为例 [J]. 西南民族大学学报（人文社会科学版）, 2015, 36 (3): 144-150.

[277] 李鹏飞, 杨丹辉, 渠慎宁, 张艳芳. 稀有矿产资源的全球供应风险分析——基于战略性新兴产业发展的视角 [J]. 世界经济研究, 2015 (2): 96-104, 129.

[278] 康健, 胡祖光. 战略性新兴产业与生产性服务业协同创新研究：演化博弈推演及协同度测度 [J]. 科技管理研究, 2015, 35 (4): 154-161.

[279] 李晓东. 经济新常态下战略性新兴产业市场培育机制探索 [J]. 改革与战略, 2015, 31 (2): 133-137.

[280] 徐晔, 陶长琪. 中国战略性新兴产业环境技术效率研究 [J]. 当代经济研究, 2015 (2): 56-61.

[281] 孙蕊, 吴金希. 我国战略性新兴产业政策文本量化研究 [J]. 科学学与科学技术管理, 2015, 36 (2): 3-9.

[282] 李少林. 战略性新兴产业与传统产业的协同发展——基于省际空间计量模型的经验分析 [J]. 财经问题研究, 2015 (2): 25-32.

[283] 胡绪华, 陈丽珍, 蒋苏月. 战略性新兴产业遭遇贸易限制措施的冲击与防范——以太阳能电池产业为例 [J]. 经济问题探索, 2015 (2): 133-139.

[284] 王辉, 张月友. 战略性新兴产业存在产能过剩吗?——以中国光伏产业为例 [J]. 产业经济研究, 2015 (1): 61-70, 82.

[285] 方芳. 我国战略性新兴产业效率的测算 [J]. 统计与决策, 2014 (24): 124-126.

[286] 周绍东, 王昌盛. 基于合作博弈的战略性新兴产业技术路线选择研究 [J]. 科技管理研究, 2014, 34 (24): 90-95.

[287] 张敬文, 吴昌南, 谢翔. 战略性新兴产业联盟网络企业间知识共享策略研究 [J]. 宏观经济研究, 2014 (12): 104-111.

[288] 郑凌霄, 周敏. 战略性新兴产业与区域经济发展的耦合研究 [J]. 工业技术经济, 2014, 33 (12): 28-32.

[289] 程贵孙, 乔巍然, 黎倩. 我国战略性新兴产业的形成动因、机理与路径 [J]. 经济体制改革, 2014 (6): 107-110.

[290] 巫强, 刘蓓. 政府研发补贴方式对战略性新兴产业创新的影响机制研究 [J]. 产业经济研究, 2014 (6): 41-49.

[291] 王斌斌. 战略性新兴产业发展的财政政策: 效果测度与实证分析 [J]. 东北财经大学学报, 2014 (6): 53-58.

[292] 陈喜乐, 朱本用. 我国战略性新兴产业协调发展策略 [J]. 广西大学学报 (哲学社会科学版), 2014, 36 (5): 1-5.

[293] 殷琪, 薛伟贤. 以产学对接推动我国战略性新兴产业发展研究 [J]. 经济问题探索, 2014 (10): 98-103.

[294] 张永安, 邬龙. 战略性新兴产业生命周期规律及产业转化研究——基于技术推动的视角 [J]. 工业技术经济, 2014, 33 (8): 3-8.

[295] 陆国庆, 王舟, 张春宇. 中国战略性新兴产业政府创新补贴的绩效研究 [J]. 经济研究, 2014, 49 (7): 44-55.

［296］尹艳冰. 基于 ANP 的战略性新兴产业遴选研究［J］. 统计与决策, 2014（12）：63－65.

［297］施卓宏, 朱海玲. 基于钻石模型的战略性新兴产业评价体系构建［J］. 统计与决策, 2014（10）：51－53.

［298］李金华. 中国战略性新兴产业空间布局雏形分析［J］. 中国地质大学学报（社会科学版）, 2014, 14（3）：14－21, 138.

［299］任保全, 王亮亮. 战略性新兴产业存在规模效应吗？——基于产业分类、政策和产权层面的分析［J］. 产业经济研究, 2014（3）：42－50, 90.

［300］胡斌, 汪泓. 战略性新兴产业发展的需求创新政策框架体系设计［J］. 工业技术经济, 2014, 33（5）：117－123.

［301］Alessandra C., Stoneman P.. Financial constraints to innovation in the UK：evidence from CIS2 and CIS3［J］. Oxford Economic Papers, 2008（4）：711－730.

［302］Andrew Arbuthnott, Jessica Eriksson, Joakim Wincent. When a new industry meets traditional and declining ones：an integrative approach towards dialectics and social movement theory in a model of regional industry emergence processes［J］. Scandinavian Journal of Management, 2010（26）：290－308.

［303］Audretsch D. B., Lehmann E. E.. Mansfield's missing link：the impact of knowledge spillovers on firm growth［J］. Journal of Technology Transfer, 2005（2）：11－17.

［304］A. Rai, P. Pavlou, G. Im, S. Du. IT Capability profiles and communications for cocreating relational value：evidence from the logistics industry［J］. MIS Quarterly, 2012（1）：233－262.

［305］Baumol W. J.. The free market innovation machine analyzing the growth miracle of Capitalism［M］. Boston：Princeton University Press. 2004.

［306］Bleaney M., Vargas L. C.. Real exchange rates, valuation effects and growth in emerging markets［J］. Open Economies Review, 2009（5）：631－643.

［307］Bryan A. Lukas, C. Ferrell. The effect of maricet orientation on product innovation［J］. Academy of Marketing Science, 2000（8）：239－247.

［308］Buch－Hansen, Hubert, Wigger, Angela. Revisiting 50 years of market－making：the neo－liberal transformation of European competition policy［J］. Review of International Political Economy, 2010（1）：20－44.

[309] Caballero R. J.. Macroeconomics after the crisis: time to deal with the pretense – of – knowledge syndrome [J]. Journal of Economic Perspectives, 2010 (4): 85 – 102.

[310] Caballero R. J., Gourinchas P.. An equilibrium model of global imbalances and low interest rates [J]. American Economic Review, 2008 (1): 358 – 393.

[311] Calvin Taylor. Beyond advocacy: developing an evidence base for regional creative industry strategies [J]. Cultural Trends, 2006 (16): 3 – 18.

[312] Carlota Perez. Technological revolutions and financial capital [M]. Edward Elgar Publishing, 2003.

[313] Carlota Perez. The double bubble at the turn of the century: technological roots and structural implications [J]. Cambridge Journal of Economics, 2009 (4): 779 – 805.

[314] Caroline Lanciano – Morandat, Eric Verdier. Higher education systems and industrial innovation [J], The European Journal of Social Science Research, 2006 (19): 33 – 41.

[315] Christensen C. M., Roth E. A., Anthony S. D.. Seeing what's next: using theories of innovation to predict industry change [M]. New York: Harvard Business School Press, 2004.

[316] Daniel L. J.. Leveraging bioindustry knowledge: clusters of globally competitive knowledge and innovation [J]. International Journal of Globalisation and Small Business, 2012 (4): 221 – 241.

[317] Daniel P. Forbes, David A. Kirsch. The study of emerging industries: recognizing and responding to some central problems [J]. Journal of Business Venturing, 2011 (26): 589 – 602.

[318] Dani Rodrik. Industrial policy for the twenty – first century, one economics, many recipes: globalization, institutions and economic growth [M]. Boston: Princeton University Press, 2007.

[319] Dinlersoz E., MacMillan G.. The industry life cycle of the size distribution of firms [J]. Review of Economic Dynamics, 2009 (12): 648 – 667.

[320] Elisa Giuliani, Roberta Rabellotti. Universities in emerging economies: bridging local industry with international science – evidence from Chile and South Africa [J]. Cambridge Journal of Economics, 2012 (36): 679 – 702.

[321] Feldman Maryann, Lendel Iryna. The geographic context of emerging industries [C]. Organizations of Science and Innovation, 2009.

[322] F. Malerba. Innovation and the evolution of industries [J]. Journal of Evolutionary Economics, 2006 (16): 3 –23.

[323] Forbes D. P., Kirsch A. D. The study of emerging industries: recognizing and responding to some central problems [J]. Journal of Business Venturing, 2011 (9): 589 –602.

[324] Garud W, Alfred Kame. Design patent map: an innovative measure for corporative design strategies [J]. Engineering Management Journal, 2007 (19): 14 –30.

[325] Gassmann O.. Opening up the innovation process: towards an agenda [J]. R&D Management, 2006 (3): 18 –27.

[326] George A. E., Brad R. W.. Emerging industries: looking beyond the usual suspects [R] 2007.

[327] Guellec D., Pottelsberghe B.. The impact of public R&D expenditure on business R&D [C]. Paris; DSTI Working Paper, 2000.

[328] Guellec Pottelsberghe. Competitive advantage in SMES [C]. Organizing for Innovation and Change, 2003.

[329] Hall R. E.. Why does the economy fall to piecesafter a financial crisis [J]. Journal of Economic Perspectives, 2010 (4): 3 –20.

[330] Hill E., Brennan J.. A methodology for identifying the drivers of industrial clusters: the foundation of regional competitive advantage [J]. Economic Development Quarterly, 2000 (1): 65 –96.

[331] Jai S. M.. Industrial policy and economic development: Korea's experience [J]. Journal of Economic Issues, 2007 (1): 77 –92.

[332] James B. Research, technological change and financial liberalization in South Korea [J]. Journal of Macroeconomics, 2010 (32): 457 –468.

[333] John Humphrey, Hubert Schmitza. How does insertion in global value chains affect upgrading in industrial clusters [J]. Regional Studies, 2002 (9): 1017 –1027.

[334] Joseph Schumpeter. The theory of economic development [M]. New York: Magdeburger Allee, 2003.

[335] Joyce P., Nabar M. Sudden stops, banking crises and investment collapses in emerging markets [J]. Journal of Development Economics, 2009 (2): 314 – 322.

[336] Kauffinan J. R. Mapping the multitier impacts on the growth of IT industries in India: a combined scale – and – scope externalities perspective [J]. Information Technology for Development, 2008 (3): 45 – 51.

[337] Keith Bradsher. China's green energy gap [M]. New York Times, 2007 – 11 – 24.

[338] Keller W. International technology diffusion [J]. Journal of Economic Literature, 2004 (10): 752 – 782.

[339] Kojima, Kiyoshi: The "flying geese" model of Asian economic development: origin, theoretical extensions, and regional policy implications [J]. Journal of Asian Economics, 2000 (4): 375 – 401.

[340] Lange D., Boivie S., Henderson A. The parenting paradox: how multi – business diversifiers endorse disruptive technologies while their corporate children struggle [J]. Academy of Management Journal, 2009 (2): 179 – 198.

[341] Lee K., Lim C.. Technological regimes, catching – up and leap frogging: findings from Korea industries [J]. Research Policy, 2001 (3): 459 – 483.

[342] Leo Baas. Industrial symbiosis in the Rotterdam Harbour and industry complex: reflections on the interconnection of the techno – sphere with the social system [J]. Business Strategy and the Environment, 2008, (5): 330 – 340.

[343] Luigi B., Fabio S., Alessandro S.. Banks and innovation: micro – econometric evidence on Italian firms [J]. Journal of Financial Economics, 2008 (2): 197 – 217.

[344] Marco Da Rin, Thomas Hellmann. Banks as catalysts for industrialization [J]. Journal of Financial Intermediation, 2002 (4): 366 – 397.

[345] Maryann P. Feldman, Iryna Lendel. The geographic context of emerging industries [R]. North Carolina: Georgia Institute of Technology, 2009.

[346] Maryann P. Feldman, Iryna Lendel. Under the lens: the geography of optical science as an emerging industry [J]. Economic Geography, 2010 (86): 147 – 170.

[347] Matthew Higgins, Paula E. Stephan, Jerry G Thursby. Conveying quality and value in emerging industries: star scientists and the role of signals in biotechnology

[J]. Research Policy, 2011 (40): 605 - 617.

[348] Matti Projola. The new economy: facts, impacts and policies [J]. Review of Economics and Statistics, 2002 (14): 21 - 26.

[349] Mendoza, E. G Financial globalization financial crises and contagion [J]. Journal of Monetary Economics, 2010 (1): 24 - 39.

[350] Meng Bo, Qu Chao. Application of the input - output decomposition technique to China's regional economics [C]. The 16th International Input - Output Conference, 2007 (1): 1 - 11.

[351] Michael Porter. Location, completion and economic development: location cluster in global economy [J]. Economic Development Quarterly, 2000 (14): 15 - 20.

[352] Narjess Boubakri, Jean - Claude Cosset, Omrane Guedhami. From state to private ownership: issues from strategic industries [J]. Journal of Banking & Finance, 2009 (33): 367 - 379.

[353] Nemet G. F.. Demand - pull, technology - push, and government - led incentives for non - incremental technical change [J]. Research Policy, 2009 (38): 700 - 709.

[354] Nicola Cetorelli, Michele Gambera. Banking market structure, financial dependence and growth: international evidence from industry data [J]. The Journal of Finance, 2001 (2): 617 - 648.

[355] Nichola Lowe, Maryann Feldman. Constructing entrepreneurial advantage: consensus building, technological uncertainty and emerging industries [J]. Cambridge journal of Regions, Economy and society, 2008 (1): 265 - 284.

[356] Nicole Pohl. Industrial revitalization in Japan: the role of the government vs the market [J]. Asian Business & Management, 2005 (4): 45 - 65.

[357] Osaka, T.. Regional economic development: case studies in the US and comparative finland [C]. IEEE International Engineering Management Conference, UK Cambridge, 2002.

[358] Ozawa, Terutomo. The hidden side of the flying - geese catch - up model: Japan's digital institutional setup and a deepening financial morass [J]. Journal of Asian Economics, 2001 (4): 471 - 491.

[359] Ricard Hausmann, Rani Rodrik. Doomed to choose: industrial policy as

predicament [R]. 2009.

[360] Rioja F. , Valev N. . Does one size fit all: a reexamination of the finance and growth relationship [J]. Journal of Development Economics, 2004 (2): 429 - 447.

[361] Ryo Horii. Wants and past knowledge: growth cycles with emerging industries [J]. Journal of Economic Dynamics & Control, 2012 (36): 220 - 238.

[362] Saaty T. L. , Vargas L. G. . An innovative orders - of - magnitude approach to AHP - based multicriteria decision making: prioritizing divergent intangible humane acts [M]. Springer US, New York: 2013.

[363] Saaty T. L. . New concepts and applications of AHP in the internet era [J]. Journal of Multi - Criteria Decision Analysis, 2012 (1): 1 - 2.

[364] Santos F. , Eisenhardt K. Constructing markets and shaping boundaries: entrepreneurial power in nascent fields [J]. Academy of Management Journal, 2009 (7): 643 - 671.

[365] Spencer J. W. , Murtha T. P. , Lenway S. A. How governments matter to new industry creation [J]. Academy of Management Review, 2005 (2): 321 - 337.

[366] Staffan Jacobsson, Anna Bergek. Innovation system analyses and sustainability transitions: contributions and suggestions for research [J]. Environmental Innovation and Societal Transitions, 2011 (7): 41 - 57.

[367] Stepnan J. D. . Business dynamics: systems thinking and modeling for a complex world [M]. New York: McGraw Hill, 2000.

[368] Steven Casper. Institutional adaptiveness, technology policy, and the diffusion of new business models: the case of german biotechnology [J]. Organization Studies, 2000 (5): 887 - 891.

[369] Steven Klepper. Firm survival and the evolution of oligopoly [J]. Journal of Economies, 2002 (1): 37 - 61.

[370] Taylor, C. . Beyond advocacy: developing an evidence base for regional creative industry strategies [J]. Cultural Trends, 2006 (15): 3 - 18.

[371] United States Congress. American recovery and reinvestment act of 2009 [P]. 2009.

[372] Vivekananda Mukherjee, Shyama V. Ramani. R&D cooperation in emerging industries, asymmetric innovative capabilities and rationale for technology parks [J].

Theory Dec. 2011 (71): 373 - 394.

[373] Li - yan Sun, Cheng - lin Miao, Li Yang. Ecological environmental early - warning model for strategic emerging industries in China based on logistic regression [J]. Ecological Indicators, 2018, 84.

[374] Chenglin Miao, Debin Fang, Liyan Sun, Qiaoling Luo, Qian Yu. Driving effect of technology innovation on energy utilization efficiency in strategic emerging industries [J]. Journal of Cleaner Production, 2018, 170.

[375] Li - yan Sun, Cheng - lin Miao, Li Yang. Ecological - economic efficiency evaluation of green technology innovation in strategic emerging industries based on entropy weighted TOPSIS method [J]. Ecological Indicators, 2017, 73.

后　记

时光荏苒，书稿终告段落。在著书过程中，深刻感受到"学无止境"，饮水思源，没有各位亲朋、老师的帮助，本书不可能付梓。在此向所有关心和帮助过我的师长、亲朋、同事致以最诚挚的问候和感谢！

本书是在我博士学位论文的基础上反复修改而成的，衷心感谢恩师李赶顺教授的悉心指导和谆谆教诲。李老师知识渊博、治学严谨，在论文选题、开题、初稿直至最终定稿，以及论文的结构体系、语言表述等方面都倾注了大量的心血与精力，提出了宝贵的指导意见。导师敏锐的思维和独特的研究视角，使我拓宽了研究思路，提高了学术和科研能力。导师的鼓励与鞭策，激励我在今后的工作中不断进取。师恩难忘，在此向导师致以真诚的谢意和崇高的敬意！感谢导师组的王金营教授、李惠茹教授、马文秀教授对我写作过程中的指导和帮助。几位老师渊博的专业知识、开阔的学术视野、严谨的治学态度，使我受益匪浅，在此，向几位老师致以深深的谢意和崇高的敬意！

感谢我的同窗好友陶永朝博士对我论文写作期间的支持，老大哥不仅为我顺利完成学业提供力所能及的帮助，还对我以后的人生规划提供了建设性意见，为我提供了较为理想的发展方向。感谢同门李敏副教授对我生活和学习的无私帮助，也给了我很多有益启迪。感谢学院崔巍老师、李梅老师对我学业的大力支持！

感谢河南省哲学社会科学规划项目（2017CJJ096）对本书研究和出版提供的帮助；感谢信阳师范学院商学院提供的学术平台。感谢郑云教授对我科研工作的鼓励与支持；感谢杜辉副教授对本书出版的大力支持与鞭策，以及对我科研工作提供的帮助与建议，使我获益良多。

感谢出版社编辑的用心勘误与建议；感谢对所引用书籍和文献作者的无私奉献，本书也是在前人研究的基础上完成的，在此对他们表示崇高的敬意和真挚的谢意！

最后，感谢家人在我写作期间给予的支持与鼓励，他们的无私付出、理解与包容，使我能够全身心投入到本书的写作之中。感谢父母在背后的默默支持，使我能够继续安心求学；感谢岳父母对于家庭无微不至的照顾，使我能够倾力完成论文和书稿的写作；还有我的妻子张元女士，在照顾家庭的同时，还要努力工作，她一路的支持、鞭策、包容使我能够保持不断前进的动力，在此说声，幸好

后　记

有你！

在此一并感谢支持和帮助我完成本书的所有朋友。我会继续努力，回报一直以来支持和关爱我的师长、亲朋和同事！

由于水平有限，书中难免有不妥和错漏之处，敬请相关专家、学者批评指正。

曹江宁

2019 年 5 月 10 日于河南信阳